高等职业教育航空运输类专业系列教材

航空服务营销实务

肖温雅　胡　月　主　编

魏　彬　杨　琦　副主编

周　颖　潘正高

科学出版社

北　京

内 容 简 介

本书共 8 章，内容包括服务营销概论、航空服务市场细分及定位、航空服务消费行为分析、民用机场营销、航空公司营销、航空货运营销、航空服务营销技巧和服务营销新理念。全书结构明晰、体例新颖。在内容编排上做到理论适度，侧重于对学生实践能力的培养，融入了资料链接和拓展阅读，并精心设置了实训主题模块。

本书既可作为高等职业教育院校航空服务及相关专业教材，也可作为五年制高职、中职学生用书，还可作为航空服务从业人员参考用书。

图书在版编目（CIP）数据

航空服务营销实务/肖温雅，胡月主编．—北京：科学出版社，2015
（高等职业教育航空运输类专业系列教材）
ISBN 978-7-03-044493-6

Ⅰ．①航…　Ⅱ．①肖…　②胡…　Ⅲ．①民用航空 - 商业服务 - 市场营销学 - 高等职业教育 - 教材　Ⅳ．① F560.9

中国版本图书馆 CIP 数据核字（2015）第116245号

责任编辑：唐寅兴　高立凤/责任校对：王万红
责任印制：吕春珉/封面设计：艺和天下

科 学 出 版 社 出版
北京东黄城根北街16号
邮政编码：100717
http://www.sciencep.com

北京中科印刷有限公司 印刷

科学出版社发行　　各地新华书店经销

*

2015年6月第 一 版　　开本：787×1092 1/16
2023年1月第五次印刷　　印张：17
字数：376 400

定价：69.00元
（如有印装质量问题，我社负责调换〈中科〉）
销售部电话 010-62134988　编辑部电话 010-62135120-2019（VZ02）

何　锋　（三亚航空旅游职业学院）

张　燕　（临沂大学）

张国艳　（哈尔滨科学技术职业学院）

张明明　（哈尔滨职业技术学院）

张荣娟　（辽宁现代服务职业技术学院）

张胜华　（四川工业科技学院）

陈红霞　（江苏海事职业技术学院）

陈燕声　（青岛求实职业技术学院）

岳继勇　（信阳职业技术学院）

周红雨　（山东商业职业技术学院）

周孟华　（上海东海职业技术学院）

赵　影　（海口经济学院）

赵永义　（河北东方学院）

赵旭望　（电子科技大学成都学院）

胡成富　（陕西青年职业技术学院）

费　寅　（无锡南洋职业技术学院）

徐　飞　（正德职业技术学院）

高　臣　（辽宁现代服务职业技术学院）

郭召德　（山东信息职业技术学院）

黄　华　（浙江育英职业技术学院）

符　明　（海南职业技术学院）

梁　政　（集宁师范学院）

董旭锋　（西安航空旅游学院）

韩昕葵　（云南旅游职业学院）

赖　斌　（成都职业技术学院）

熊越强　（桂林航天工业学院）

秘书　高立凤　（科学出版社职教技术出版中心）

序

PREFACE

　　民航业是我国经济社会发展的重要战略产业，"十二五"期间，民航业仍处于较快的发展阶段，主要发展指标仍然保持两位数增长。按照建设民航强国战略"两步走"的推进方案，至2020年我国将初步建成民航强国。"十三五"是实现民航强国战略构想的重要时期和全面夯实民航强国建设基础的关键阶段。《中国民用航空发展第十三个五年规划》提出："到2020年，基本建成安全、便捷、高效、绿色的现代民用航空系统，满足国家全面建成小康社会的需要。"同时指出："完善现代民航教育培训体系。以行业需求为导向，建成与民航持续安全和民航强国建设相匹配的教育和培训体系。"《民航教育培训"十三五"规划》明确指出："继续支持和引导行业外教育培训机构，提高民航专业人才培养能力，到'十三五'末满足行业发展50%以上新增人才需求。"

　　高职教育的培养目标是培养合格的高技能人才，即从事生产、建设、管理、服务第一线工作的高素质技能型人才。我国高职教育在借鉴世界职教先进国家的教育经验特别是对德国职教理念进行了较为深入的研究后，走上了一条具有中国特色的改革之路。改革的主导思想是：以岗位工作的各项要素为基础，以典型工作任务为整合能力目标和知识点组织教学内容，注重学生知识运用、解决问题和自我发展能力的培养；以任务驱动、项目导向为主要内容的教学方式，替代原有的以课堂知识讲授引领的教学形式；强调学生职业岗位工作任务的胜任度。

　　依据这一主导思想，我们组织民航专家和相关院校的教师编写了全国高等职业教育"十二五"规划教材·航空服务类专业教材系列。这套教材自2011年出版以来，受到用书院校的不断好评，也得到了一些很好的建议。为满足民航业的高速发展对专业人才的迫切需要，以及适应教育部新版高职（专科）专业目录的实施需要，我们组织民航专家和相关院校的教师对航空服务类专业教材系列进行了修订和补充，更名为"高等职业教育航空运输类专业系列教材"。

　　未来的20年是中国民航前所未有的黄金时代，也是民航教育大发展的黄金时代。现在，人才问题依然是制约民航发展的瓶颈之一，从今后长期的发展来看，民航对各类人才的需求增长还将持续一个相当长的时期。

　　我们重新修订出版的本套教材紧密围绕民航专业人才的教育培养目标，遵循职业教育教学规律，以满足行业发展对高素质技能型人才的需求为出发点，做到"实用、适用"；其内容选取对接企业实际工作任务中知识、能力、素质要求，涵盖了空乘专业必修的专业基础课程和专业技能课程；课程内容与行业从业标准相对接，在结构、内容及方法等方面进行了改革及创新，提升了精准服务民航企事业单位的能力。

本套教材既注重学生专业技能的培养，又注重职业素养的养成，同时关注行业先进技术在社会各领域中的应用。本套教材包括《民航基础》《民用航空法基础》《民航服务心理》《民航服务与人际沟通》《民航英语基础教程》《民航客运英语教程》《民航乘务英语教程》《民航国内客票销售》《民航货物运输》《民航旅客运输》《服务礼仪》《空乘职业技能与训练》《机场服务》《航线地理》《形体塑造与展示》《职业形象塑造》《空乘口语与播音》《饮食营养与卫生》《航空服务营销实务》《航空港概论》《航空服务面试技巧》《民航商务运输基础》《民航运输生产组织》《客舱安全与应急处置》《民航应用文》《民航旅客订座实训教程》《民用航空法案例教程》《航空保健与急救》《民航旅客离港系统实训教程》《民航乘务情景英语教程》。

本套教材以体现工作过程为导向，符合高技能、应用型人才培养的目标和相关专业领域的职业岗位（群）的任职要求；内容设置科学实用，突出了针对性、适用性和创新性，为学生的一专多能和可持续发展奠定了良好的基础；在此基础上，把学生职业能力的培养和素质养成放在重要位置来考虑，满足职业性、实践性和开放性的教学要求。

本套教材设计独树一帜，目标定位准确；每本教材专业课程的内容以真实岗位工作任务为基础设计教学单元；每个单元中均设计了综合性的实训任务，以任务实施为主配合知识要点，穿插知识拓展、课堂练习。有关部分配备了可供教师扩展发挥的教学提示，以利于开展定制化教育培训服务，方便不同专业教师选用、参考。

科学出版社先后多次召开有民航业资深专家、参编学校骨干教师、企业代表参加的审纲会，对本套教材的内容以及编写体例进行了充分论证。本套教材的编者，既有在职教战线工作多年、直接参与高职教育改革且具有丰富经验的资深教师，也有具备企业专业技术背景和丰富教学经验的双师素质教师。来自行业、企业的领导和专家也对本套教材进行了指导。因此，本套教材融合了教育界的改革成果和企业界的专业技术，紧密结合行业标准和工作实际，与国家职业资格考试制度接轨，充分反映了目前高职教育改革的阶段成果，是编者们经验和各个高职院校教学改革成果的结晶。

本套教材体现了目前高职航空运输类课程教改思想和理念，与空中乘务、机场运行等民航运输服务的工作内容相衔接，既符合高端服务领域——空中乘务的技术规范，又为相关各拓展领域专业的教学提供参考。

本套教材能够较好地满足高职院校航空运输专业课程的教学需要，也可作为中职学校航空服务类课程教学和企业专项技能培训的参考资料。

高等职业教育航空运输类专业系列教材编写指导委员会

2017 年 2 月

前 言

FOREWORD

中国民用航空局提出的"民航强国"的战略目标使得未来 20 年将是中国民航前所未有的快速发展时期。行业的发展需要专业人才的支撑，民航教育将迎来发展的黄金时期。

在民航教育的三大飞行、机务和航空服务专业中，行业需求最大、队伍更新最快、知识结构最宽的是航空服务专业。在高职航空服务专业的课程体系中，航空服务营销是专业基础课之一。

本书以营销学的一般原理和方法为基础，以航空服务营销的特点为切入点编写而成，旨在培养职业院校航空服务专业及相关专业学生的服务意识、航空服务营销策略创新意识和航空服务营销技能，从而使其提升专业素养、具备从业优势。

本书由重庆城市管理职业学院肖温雅、胡月担任主编，魏彬、杨琦、周颖、潘正高担任副主编。全书由肖温雅统稿和定稿。具体编写分工如下：肖温雅编写第一、第四、第五章，武汉交通学校魏彬编写第二章，胡月编写第三、第八章，武汉城市职业学院周颖编写第六章，重庆青年职业技术学院杨琦编写第七章。重庆江北国际机场航站楼管理部潘正高总经理为本书提供了大量素材并提出宝贵建议。另外，本书还得到朱世菩、刘静、车汶瑾、李晓来、段娟、牟婷、刘嘉、刘超等老师的大力支持。

在本书编写过程中，参考了国内外相关的专著、论文及部分网站的有关文章及材料，由于篇幅有限，未能一一列出，在此向这些资料的作者表示衷心感谢！

尽管编者做出了许多努力，但受限于能力和水平，本书难免存在不足之处，恳请各位同仁在使用过程中给予批评指正，并将意见和建议及时反馈给编者以便及时修正。

编　者
2015 年 3 月

目 录

CONTENTS

第一章　服务营销概论

知识目标

- 了解市场及市场营销的基本理论。
- 了解服务及服务产品的特点。
- 掌握航空服务的内涵。
- 了解我国民航的发展现状及存在的问题。

能力目标

- 能把市场营销基本理论与航空服务相结合，并能解决实践中的基本问题。
- 能利用课程知识指导自我职业规划。

第一节　市场营销基本理论

一、市场

市场起源于古时人类对于固定时段或地点进行交易的场所的称呼，指买卖双方进行交易的场所。发展到现在，市场具备了两种意义，一个意义是交易场所，如传统市场、股票市场、期货市场等；另一个意义为交易行为的总称，即市场一词不仅仅指交易场所，还包括所有的交易行为。故当谈论到市场大小时，并不仅仅指场所的大小，还包括消费行为是否活跃。广义上，所有产权发生转移和交换的关系的地方都可以称为市场。

市场是社会分工和商品生产的产物，哪里有社会分工和商品交换，哪里就有市场。

市场在其发育和壮大过程中，也推动着社会分工和商品经济的进一步发展。市场通过信息反馈，直接影响着人们生产什么、生产多少及上市时间、产品销售状况等。联结商品经济发展过程中产、供、销各方，为产、供、销各方提供交换场所、交换时间和其他交换条件，以此实现商品生产者、经营者和消费者各自的经济利益。

市场营销学要研究作为销售者的企业的市场营销活动，即企业如何通过整体市场营销活动，适应并满足顾客需求，以实现经营目标。因此，市场是指某种产品的现实购买者与潜在购买者需求的总和。从市场营销者的角度来看，同行供给者即其他销售者，都是竞争对手，而不是市场，卖主（销售者）构成行业，买主（购买者）则构成市场。

作为营销市场，它包含三个主要因素，即有某种需要的人，为满足这种需要的购买能力和购买欲望。

构成市场的这三个要素是相互制约、缺一不可的，只有三者结合起来才能形成现实的市场，才能决定市场的规模和容量。例如，一个国家或地区人口众多，但收入很低，购买力有限，则不能构成容量很大的市场；又如，购买力虽然很大，但人口很少，也不能形成很大的市场。只有人口多，购买力又高，才能形成一个庞大而具有潜力的市场。但是，如果提供的产品得不到购买者文化和个性的认同，也不能引起人们的购买欲望，对于销售者来说，仍然不能成为现实的市场。所以，营销市场是上述三个因素的统一。

二、市场营销

市场营销（marketing），又称为市场学、市场行销或行销学。市场营销是在创造、沟通、传播和交换产品中，为顾客、客户、合作伙伴及整个社会带来价值的一系列活动、过程和体系。

（一）市场营销观念

市场营销观念的演变与发展可归纳为六种，即生产观念、产品观念、营销观念、客户观念、社会市场营销观念和大营销观念。

1. 生产观念

生产观念是指导销售者行为的最古老的观念之一。这种观念产生于20世纪20年代前。企业经营哲学不是从消费者需求出发，而是从企业生产出发。其主要表现是"我生产什么，就卖什么"。生产观念认为，消费者喜欢那些可以随处买到而且价格低廉的产品，企业应致力于提高生产效率和分销效率，扩大生产，降低成本以扩展市场。例如，烽火猎头公司的专家认为美国皮尔斯堡面粉公司从1869年至20世纪20年代，一直运用生产观念指导企业的经营，当时这家公司提出的口号是"本公司旨在制造面粉"；美国汽车大王亨利·福特曾傲慢地宣称："不管顾客需要什么颜色的汽车，我只有一种黑色的。"这个也是典型表现。显然，生产观念是一种重生产、轻市场营销的商业哲学。

生产观念是在卖方市场条件下产生的。在资本主义工业化初期及第二次世界大战末期和战后一段时期内，由于物资短缺，市场产品供不应求，生产观念在企业经营管理中颇为流行。我国在计划经济旧体制下，由于市场产品短缺，企业不愁其产品没有销路，工商企业在其经营管理中奉行生产观念，具体表现为：工业企业集中力量发展生产，轻视市场营销，实行以产定销；商业企业集中力量抓货源，工业企业生产什么就收购什么，工业企业生产多少就收购多少，不重视市场营销。

生产观念是一种"我们生产什么，消费者就消费什么"的观念。因此，除了物资短缺、产品供不应求的情况之外，有些企业在产品成本高的条件下，其市场营销管理也受产品观念支配。例如，亨利·福特在20世纪初期曾倾全力于汽车的大规模生产上，努力降低成本，使消费者购买得起，借以提高福特汽车的市场占有率。

2．产品观念

产品观念也是一种较早的企业经营观念。产品观念认为，消费者最喜欢高质量、多功能和具有某种特色的产品，企业应致力于生产高值产品，并不断加以改进。它产生于市场产品供不应求的"卖方市场"形势下。最容易滋生产品观念的场合莫过于当企业发明一项新产品时。此时，企业最容易产生"市场营销近视"，即不适当地把注意力放在产品上，而不是放在市场需要上，在市场营销管理中缺乏远见，只看到自己的产品质量好，看不到市场需求在变化，致使企业经营陷入困境。

例如，美国×××钟表公司自1869年创立到20世纪50年代，一直被公认为是美国最好的钟表制造商之一。该公司在市场营销管理中强调生产优质产品，并通过由著名珠宝商店、大百货公司等构成的市场营销网络分销产品。1958年之前，公司销售额始终呈上升趋势。但此后其销售额和市场占有率开始下降。造成这种状况的主要原因是市场形势发生了变化：这一时期的许多消费者对名贵手表已经不感兴趣，而趋于购买那些经济、方便且新颖的手表；而且，许多制造商迎合消费者需要，已经开始生产低档产品，并通过廉价商店、超级市场等大众分销渠道积极推销，从而夺得了×××钟表公司的大部分市场份额。×××钟表公司没有注意到市场形势的变化，依然专注于生产精美的传统样式手表，借助传统渠道销售，结果致使企业遭受重大挫折。

3．营销观念

市场营销观念是作为对上述诸观念的挑战而出现的一种新型的企业经营哲学。这种观念是以满足顾客需求为出发点的，即"顾客需要什么，就生产什么"。尽管这种思想由来已久，但其核心原则直到20世纪50年代中期才基本定型，当时社会生产力迅速发展，市场趋势表现为供过于求的买方市场，同时居民的个人收入迅速提高，有可能对产品进行选择，企业之间的竞争加剧，许多企业开始认识到，必须转变经营观念，才能求得生存和发展。市场营销观念认为，实现企业各项目标的关键，在于正确确定目标市场的需要和欲望，并且比竞争者更有效地传送目标市场所期望的物品或服务，进而比竞争者更有效地满足目标市场的需要和欲望。

市场营销观念的出现，使企业经营观念发生了根本性变化，也使市场营销学发生了一次革命。市场营销观念同推销观念相比具有重大的差别。

西奥多·莱维特曾对推销观念和市场营销观念做过深刻的比较，指出：推销观念注重卖方需要，市场营销观念则注重买方需要；推销观念以卖主需要为出发点，考虑如何把产品变成现金，而市场营销观念则考虑如何通过制造、传送产品及与最终消费产品有关的所有事物，来满足顾客的需要。可见，市场营销观念的四个支柱是市场中心、顾客导向、协调的市场营销和利润，推销观念的四个支柱是工厂、产品导向、推销、盈利。从本质上说，市场营销观念是一种以顾客需要和欲望为导向的哲学，是消费者主权论在企业市场营销管理中的体现。

4. 客户观念

随着现代营销战略由产品导向转变为客户导向，客户需求及其满意度逐渐成为营销战略成功的关键所在。各个行业都试图通过卓有成效的方式，及时准确地了解和满足客户需求，进而实现企业目标。实践证明，不同子市场的客户存在着不同的需求，甚至同属一个子市场的客户的个别需求也会经常变化。为了适应不断变化的市场需求，企业的营销战略必须及时调整。在此营销背景下，越来越多的企业开始由奉行市场营销观念转变为客户观念或顾客观念。

所谓客户观念，是指企业注重收集每一个客户以往的交易信息、人口统计信息、心理活动信息、媒体习惯信息及分销偏好信息等，根据由此确认的不同客户终生价值，分别为每个客户提供各自不同的产品或服务，传播不同的信息，通过提高客户忠诚度，增加每一个客户的购买量，从而确保企业的利润增长。市场营销观念与之不同，它增强的是满足一个子市场的需求，而客户观念则强调满足每一个客户的特殊需求。

需要注意的是，客户观念并不适用于所有企业。一对一营销需要以工厂定制化、运营计算机化、沟通网络化为前提条件，因此，贯彻客户观念要求企业在信息收集、数据库建设、计算机软件和硬件购置等方面进行大量投资，而这并不是每一个企业都能够做到的。有些企业即使舍得投资，也难免会出现投资大于回报由此带来的收益减少的局面。客户观念最适用于善于收集单个客户信息的企业，这些企业所营销的产品能够借助客户数据库的运用实现交叉销售，或产品需要周期性地重购或升级，或产品价值很高。客户观念往往会给这类企业带来高效益。

5. 社会市场营销观念

社会市场营销观念是对市场营销观念的修改和补充。它产生于20世纪70年代西方资本主义出现能源短缺、通货膨胀、失业增加、环境污染严重、消费者保护运动盛行的新形势下。因为市场营销观念回避了消费者需要、消费者利益和长期社会福利之间隐含着冲突的现实。社会市场营销观念认为，企业的任务是确定各个目标市场的需要、欲望和利益，并以保护或提高消费者和社会福利的方式，比竞争者更有效、更有利地向目标市场提供能够满足其需要、欲望和利益的物品或服务。社会市场营销观念要求市场营销者在制定市场营销政策时，要统筹兼顾三方面的利益，即企业利润、消费者需要的满足和社会利益。

上述五种企业经营观，其产生和存在都有其历史背景和必然性，都是与一定的条件相联系、相适应的。当前，外国企业正在从生产型向经营型或经营服务型转变，企业为了求得生存和发展，必须树立具有现代意识的市场营销观念、社会市场营销观念。但是，必须指出的是，由于诸多因素的制约，当今美国企业不是都树立了市场营销观念和社会市场营销观念。事实上，还有许多企业仍然以产品观念及营销观念为导向。

我国仍处于社会主义市场经济初级阶段，由于社会生产力发展程度及市场发展趋势、经济体制改革的状况及广大居民收入状况等因素的制约，我国企业经营观念仍处于以营销观念为主、多种观念并存的阶段。

6. 大营销观念

大营销观念于20世纪80年代中期提出。20世纪70年代末，资本主义经济不景气和持续"滞涨"导致西方国家纷纷采取贸易保护主义措施。在贸易保护主义思潮日益增长的条件下，从事国际营销的企业为了成功进入特定市场从事经营活动，除了运用好产品、价格、渠道、促销等传统的营销策略外，还必须依靠权利和公共关系来突破进入市场的障碍。大市场营销观念对于从事国际营销的企业具有现实意义，重视和恰当地运用这一观念有益于企业突破贸易保护障碍，占据市场。

实训项目 1-1

【实训主题】认知市场及市场营销。

【实训目的】从身边的事实及案例中了解市场和市场营销。

【实训方式】小组讨论。

【实训步骤】①组织学生；②陈述事实和观点；③小组派代表总结陈述。

【实训评价】教师评价、学生评价、自评。

（二）营销的原则

1. 诚实守信原则

诚实守信是基本层的道德要求的最基础部分，它是企业经商道德的最重要的品德标准，是其他标准的基础。在我国传统经商实践中，它被奉为至上的律条。

2. 义利兼顾原则

义利兼顾是指企业获利，要同时考虑是否符合消费者的利益，是否符合社会整体和长远的利益。利是目标，义是要遵守达到这一目标的合理规则。二者应该同时加以重视，达到兼顾的目标。义利兼顾的思想是处理好利己和利他关系的基本原则。

3. 互惠互利原则

互惠互利是进一步针对企业的营销活动的性质，提出的交易中的基本信条。互惠互利原则要求在市场营销行为中，正确地分析、评价自身的利益，评价利益相关者的利益，对自己有利而对利益相关者不利的活动，由于不能得到对方的响应而无法进行。而对他人有利，对自己无利的，又使经济活动成为无源之水、无本之木。

4．理性和谐原则

理性和谐原则是企业道德化活动达到的理想目标模式。

在市场营销中，理性就是运用知识手段，科学分析市场环境，准确预测未来市场发展变化状况，不好大喜功，单纯追求市场占有率，而损失利润。

（三）市场营销管理

市场营销管理是指为创造达到个人和机构目标的交换，而规划和实施理念、产品和服务的构思、定价、分销及促销的过程。市场营销管理是一个过程，包括分析、规划、执行和控制。其管理的对象包含理念、产品和服务。市场营销管理的基础是交换，目的是满足各方需要。

市场营销管理的主要任务是刺激消费者对产品的需求，但不能局限于此。它还帮助公司在实现其营销目标的过程中，影响需求水平、需求时间和需求构成。因此，市场营销管理的任务是刺激、创造、适应及影响消费者的需求。从此意义上说，市场营销管理的本质是需求管理。

任何市场均可能存在不同的需求状况，市场营销管理的任务是通过不同的市场营销策略来解决不同的需求状况。需求类型有以下几个。

1．负需求

负需求（negative demand）是指市场上众多顾客不喜欢某种产品或服务，许多老年人为预防各种老年疾病不敢吃甜点心和肥肉，又如有些顾客害怕冒险而不敢乘飞机，或害怕化纤纺织品有毒物质损害身体而不敢购买化纤服装。市场营销管理的任务是分析人们为什么不喜欢这些产品，并针对目标顾客的需求重新设计产品、定价，做出更积极的促销，或改变顾客对某些产品或服务的信念，诸如宣传老年人适当吃甜食可促进脑血液循环，乘坐飞机出事的概率比较小等。把负需求变为正需求，称为改变市场营销。

2．无需求

无需求（no demand）是指目标市场顾客对某种产品毫无兴趣或漠不关心。例如，许多非洲国家的居民从不穿鞋，对鞋无需求。通常情况下，市场对下列产品无需求：①人们一般认为无价值的废旧物资；②人们一般认为有价值，但在特定环境下无价值的东西；③新产品或消费者平时不熟悉的物品等。市场营销者的任务是刺激市场营销，即创造需求，通过有效的促销手段，把产品利益同人们的自然需求及兴趣结合起来。

3. 潜伏需求

潜伏需求（latent demand）是指现有的产品或服务不能满足许多消费者的强烈需求。例如，老年人需要高植物蛋白、低胆固醇的保健食品，美观大方的服饰，安全、舒适、服务周到的交通工具等，但许多企业尚未重视老年市场的需求。潜伏需求和潜在需求不同，潜在需求是指消费者对某些产品或服务有消费需求而无购买力，或有购买力但并不急于购买的需求状况。企业市场营销的任务是准确地衡量潜在市场需求，开发有效的产品和服务，即开发市场营销。

4. 下降需求

下降需求（falling demand）是指目标市场顾客对某些产品或服务的需求出现了下降趋势，如城市居民对电风扇的需求渐趋饱和，需求相对减少。市场营销者要了解顾客需求下降的原因，或通过改变产品的特色，采用更有效的沟通方法再刺激需求，即创造性的再营销，或通过寻求新的目标市场，以扭转需求下降的格局。

5. 不规则需求

不规则需求（irregular demand）是指许多企业常面临因季节、月份、周、日、时对产品或服务需求的变化，而造成生产能力和商品的闲置或过度使用。例如，在公用交通工具方面，在运输高峰时不够用，在非高峰时则闲置不用。又如，在旅游旺季时旅馆紧张和短缺，在旅游淡季时旅馆空闲。再如，节假日或周末时商店拥挤，在平时商店顾客稀少。市场营销的任务是通过灵活的定价、促销及其他激励因素来改变需求时间模式，称为同步营销。

6. 充分需求

充分需求（full demand）是指某种产品或服务现今的需求水平和时间等于期望的需求，但消费者需求会不断变化，竞争日益加剧。因此，企业营销的任务是改进产品质量及不断估计消费者的满足程度，维持现时需求，这称为维持营销。

7. 过度需求

过度需求（overfull demand）是指市场上顾客对某些产品的需求超过了企业供应能力，产品供不应求。例如，由于人口过多或物资短缺，引起交通、能源及住房等产品供不应求。企业营销管理的任务是减缓营销，可以通过提高价格、减少促销和服务等方式使需求减少。企业最好选择那些利润较少、要求提供服务不多的目标顾客作为减缓营销的对象。减缓营销的目的不是破坏需求，而是暂缓需求水平。

8. 有害需求

有害需求（unwholesome demand）是指对消费者身心健康有害的产品或服务，诸如烟、酒、毒品、黄色书刊等。企业营销管理的任务是通过提价、传播控制及减少可购买的机会或通过立法禁止销售，称为反市场营销。反市场营销的目的是采取相应措施消除某些有害的需求。

资料链接 1-1

台湾空难对支线航空市场的影响

2014 年 7 月 23 日下午，中国台湾复兴航空高雄飞往澎湖 GE222 航班的 ATR72 型客机降落时发生意外，从 28 米高空重摔坠地起火。该机载有 58 人，目前台湾方面确认机上有 48 人死亡、15 人受伤。高雄到澎湖的直线距离只有 130 公里左右，此次事件再一次引发人们对支线航空的安全问题的关注。

支线客机通常是指 100 座以下的小型客机，主要用于承担局部地区短距离、小城市之间、大城市与小城市之间的旅客运输。与主干线航班相对而言，支线航班单程航行距离较短，飞行较经济。

支线航空 20 世纪 60 年代才在全球开始兴起，发展速度很快，特别是在美国 1978 年对民航运输业采取"放松管制"政策以后，发展更加迅速。20 世纪 70 年代后期以来，支线运输有了很大发展，出现了多种专为支线运输研制的支线客机。20 世纪 80 年代使用的支线客机大部采用涡轮螺旋桨发动机。

1. 重干线、轻支线为中国航空业惯例

2010 年的伊春空难、2004 年的包头空难、此次的台湾澎湖空难，无不发生在支线机场上。

支线机场与干线机场的区别在于飞行区等级，即能满足哪种类型的飞机。所谓飞行区等级是对飞行区设施的规模、水平的一种表示方法。干线机场一般达到 4D 级以上飞行等级，可满足波音 767、空中客车 A300 等双发中程宽体客机飞行，而支线机场一般为 4C 以下等级，可满足空中客车 A320、波音 737 等双发中程窄体客机飞行。首都国际机场则达到 4F 等级。

中国民航大学安全学院安全学院副院长张晓全介绍，我国支线飞机的管理模式是按照干线飞机的管理模式来进行管理的，这就造成支线飞机运行成本比较高。航空公司在保证安全运输的情况下，尽可能地追求经济效益，而支线飞机运营成本高，就会导致航空公司重干线、轻支线，支线飞机的发展就会受到阻碍。

他举了一个简单的例子：支线飞机和干线飞机运行成本一样，但是支线飞机的座位数为 50～110 个，远少于干线飞机，飞机票的销售量就少。

此外，由于航空公司管理重干线、轻支线，往往将经验丰富的飞行员安排到干线运输上。这就导致支线运输缺少经验丰富的工作人员。

另外，支线客机飞的机场航线大多数是小地方，机场设备不完善，导航不完善，不像干线客机那样飞大机场，有导航甚至还可以由 ILS（Instrument Landing System，仪表着陆系统）来引导降落。所以在支线客机的事故中，人为事故占了很大的比例。他们常常要在恶劣的环境下起降，出错概率高。此次澎湖空难就伴随着大雨、强风甚至闪电天气。

张晓全认为，支线航空的安全系数较低是一个世界性的难题，欧美国家也面临这样的困境。一方面，航空公司有盈利压力，不愿意在支线航空建设上投入太多资金；另一方面，又要尽力确保安全，如何掌握好二者的平衡是一个动态过程。

2．中国支线航空市场畸形发展

"由于受支线航空发展环境的限制，国产支线飞机处于发展的初期阶段，在国内市场的发展前景并不乐观。"2014 年两会期间，全国人大代表、中航飞机总经理唐军提交了《完善环境、激活中国支线航空市场，落实政策、推动民机产业健康发展》的议案，呼吁从环境和政策两方面为支线航空和民机产业发展创造更好的空间，有效推进航空强国战略实施。

近年来，国内支线飞机市场仍处于"叫好不叫座"的状态。虽然我国支线飞机的数量逐年增加，但支线飞机的总量仍然严重不足，适合运营支线航线的飞机数量偏少。

唐军在议案中指出，中国支线航空运输的发展远低于民航的整体发展水平。而在低水平徘徊的支线航空市场上，中国国产民机在航线上的数量更是屈指可数。

截至 2013 年年底，我国支线飞机只有 181 架，支线飞机占运输机队总规模的 9% 左右，仅有 15 架中国国产支线客机投入国内航线运营。这 15 架国产支线客机是中航工业西安飞机工业（集团）有限责任公司的新舟 60、新舟 600 两种机型。

"一方面，国内支线机场数量越来越多，许多支线机场因为没有运力，勉强用干线飞机运营支线，经营惨淡；另一方面，国产支线客机在国外市场被看好，国内市场却一直打不开局面，在国内支线航空市场没有发挥应有的作用。"中商情报网产业研究院交通行业研究员李彬说。

在召开的第六届国际航空制造业高峰论坛上，巴西航空工业公司大中华区商用飞机市场总监王凤鸣表示：在国际航空市场，机型和数量必须匹配市场大小和需求变化，但是中国市场却严重不匹配，机队结构严重不平衡。

我国航空公司之所以不愿意进入支线航空市场，与支线市场的盈利能力差密切相关。相对于干线市场来说，支线市场的培育期很长，可能需要 10 年、20 年。而在我国支线航空市场占据绝对份额的巴西航空工业公司却十分看好我国支线航空市场，并且有积极作为。

其发布的《中国支线航空市场预测（2012—2031年）》指出，未来一二十年中国的航空运输业仍将处于黄金发展期，其战略地位和作用将会更加凸显，而支线航空也将在拉动区域经济发展、促进经济发展方式转变和经济结构调整中发挥更加重要的作用。

民用飞机制造业的发展除了有市场因素外，还是一个国家工业水平的象征。因此，世界主要国家均把发展航空工业当成国家任务，在世界主要航空工业企业背后无一例外都能看到国家的影子。而支线飞机的制造竞争，无疑是大飞机、军用飞机制造竞争的"试验场"。

"大家不会因为一次支线飞机出现事故就不坐支线航班了。"张晓全认为台湾澎湖空难不会对整个支线市场造成大的动荡，也不会对ATR72机型的市场造成多大影响。他呼吁，政府应加大对支线机场包括支线航空的支持力度。

（资料来源：http://finance.qq.com/zt2014/focus/twkn.html.）

（四）市场营销策略

市场营销策略是企业以顾客需要为出发点，根据经验获得顾客需求量及购买力的信息、商业界的期望值，有计划地组织各项经营活动，通过相互协调一致的产品策略、价格策略、渠道策略和促销策略，为顾客提供满意的商品和服务而实现企业目标的过程。

市场营销策略的目的是创造顾客，获取和维持顾客；要从长远的观点来考虑如何有效地战胜竞争，立于不败之地；注重市场调研，收集并分析大量的信息，只有这样才能在环境和市场的变化有很大不确实性的情况下做出正确的决策；积极推行革新，其程度与效果成正比；在变化中进行决策，要求其决策者有很强的能力，有像企业家一样的洞察力、识别力和决断力。

市场营销策略包括价格策略、产品策略、渠道策略和促销策略及新闻机构宣传等策略。

价格策略是指产品的定价，主要考虑成本、市场、竞争等，企业根据这些情况来给产品进行定价。

产品策略是指产品的包装、设计、颜色、款式、商标等，给产品赋予特色，使其在消费者心目中留下深刻的印象。

渠道策略是指企业选用何种渠道使产品流通到顾客手中，如直销、间接渠道（分销、经销、代理等），企业可以根据不同的情况选用不同的渠道。

促销策略是指企业采用一定的促销手段来达到销售产品、增加销售额的目的，手段有折扣、返现、抽奖、免费体验等多种方式。

新闻机构宣传是指企业产品或是形象通过权威媒体新闻报道的形式迅速在互联网上曝光，扩大企业正面影响力，达到提升企业品牌影响力、提升信任度、提升业绩的效果。

第二节　服务与服务营销

一、服务与服务产品

(一) 服务与服务产品的概念

服务 (service) 是指具有无形特征，却可以给人带来某种利益或满足感的可供有偿转让的一种或一系列活动。

服务在社会经济活动中的重要性与日俱增，社会经济越发达，服务的地位越突出。这是因为：一方面，顾客已经不满足于用技术手段解决需求问题，顾客需要企业提供更多的形象价值、人员价值、超值服务，尽量减少顾客的时间成本、精神成本、体力成本，这些只有通过服务做到；另一方面，技术的发展，尤其是在信息技术领先发展的条件下，企业的创新服务变得更加便捷，使得企业的服务高性能化、智能化。因此，现代企业的竞争实质上是服务的竞争。

服务产品是由服务劳动者以活劳动的形式所提供的服务形成的，它结合服务场所、服务设施、服务方式、服务手段、服务环境等属于劳动资料、劳动对象的范畴要素综合而成。服务产品既有物的要素，又有非物的要素；既有有形要素，又有无形要素。

(二) 服务产品的特征

服务通常被定义为一种能满足消费者和组织客户需求的隐性职能。与有形产品相比，服务产品呈现出众多差异性。

(1) 无形性 (intangibility)，服务是指能够满足人们某种需要的行为或表现。人们不能像感受有形产品那样享受看、感觉或触摸服务。很多时候，服务产品的消费是在消费者既未看到也未感觉到的情况下完成的。不能像若干物品那样被感觉、触摸的特性，即服务产品的无形性特征。当然，说服务产品是无形的，并不是说服务提供过程中不存在任何有形的物体或要素。事实上，就很多服务的提供来说，有形物体是不可缺少的要素或条件。在绝大多数情况下，企业向市场提供的是有形物品和无形服务的结合。萧斯塔克认为，一个组织向市场提供的既可能是纯粹的有形物品，也可能是纯粹的无形服务，还可能是有形物品与无形服务的结合体。

(2) 不可分离性 (inseparability)，有形产品的生产、销售及消费往往在不同的时间和空间进行，而服务产品则不同。在很多情况下，服务产品的生产过程与消费过程往往是同一的，两者难以相互割裂开。在服务产品的供应商提供服务的同时，消费者也就享受了该种服务。某些情况下，顾客不仅在服务生产现场，而且在相当程度上参与服务生产过程。当然，企业提供服务产品的种类不同，顾客参与生产过程的程度也不同。在有些服务产品的提供过程中，顾客的全过程参与是生产的必要条件，如理发服务、外科手术服务等就是如此。有些情况下，顾客则不一定要参与到服务提供的全过程之中，如管理咨询服务等。

（3）差异性（heterogeneous）。服务是一种行为或表现，其提供者是服务人员，享用者则是各种各样的顾客。不同服务人员的服务经验不同，同一服务人员在为不同对象服务及在不同时间为同一对象服务时的心理状态等也可能有很大差异，而不同顾客享用某种服务的经验及对服务的期望不同，从而服务的提供过程、顾客对服务的评价等都可能会因为时间、空间等因素的变化而发生很大差异，要保持服务的标准化十分困难。

（4）不可储存性（perishability）。不可储存性是指服务产品无法保留、转售及退还的特性。有形产品可以储存至另一时间销售，在顾客对所获得的产品不满时可以退换。而提供法律服务的律师在某段时间内不从事法律服务，其不可能将这段时间的服务能力储存起来，在广告客户对广告公司的服务不满的情况下，也很难将其所购买的不满意的服务退还广告公司。企业在形成提供服务产品的能力后，如果没有顾客购买服务产品，则服务能力就是一种浪费。由于不可储存，也就无法用预先储存起来的服务满足高峰时期顾客的需要。顾客为消费某种服务而来，服务产品供不应求时，则也可能使顾客失望而归。鉴于此，如何妥善处理供求矛盾，是服务营销过程中所面临的一个重要问题。

除了上述四个特点外，许多学者认为，在企业销售和顾客消费的过程中，不涉及所有权的转移也是服务产品的重要特征。在交易完成后，无形的服务也就不存在了，顾客并没有"实质性"地拥有服务。有人认为，服务与有形产品的关键区别在于：就服务而言，顾客往往是在没有获取对任何有形要素的所有权的情况下获得服务所提供的价值。

二、现代服务业

（一）现代服务业的概念

现代服务业大体相当于现代第三产业，第三产业是指除第一、二产业以外的其他行业，简称服务业。它伴随着信息技术和知识经济的发展而产生，用现代化的新技术、新业态和新服务方式改造传统服务业，创造需求，引导消费，向社会提供高附加值、高层次、知识型的生产服务和生活服务的服务业。

现代服务业的发展本质上来自于社会进步、经济发展、社会分工的专业化等需求。具有智力要素密集度高、产出附加值高、资源消耗少、环境污染少等特点。现代服务业既包括新兴服务业，也包括对传统服务业的技术改造和升级，其本质是实现服务业的现代化。

国家统计局在1985年《关于建立第三产业统计的报告》中将第三产业分为以下四个层次。

第一个层次是流通部门，包括交通运输业、邮电通信业、商业饮食业、物资供销和仓储业。

第二个层次是为生产和生活服务的部门，包括金融业、保险业、公用事业、居民服务业、旅游业、咨询信息服务业和各类技术服务业等。

第三个层次是为提高科学文化水平和居民素质服务的部门，包括教育、文化、广播电视事业，科研事业，生活福利事业等。

第四个层次是为社会公共需要服务的部门，包括国家机关、社会团体及军队和警察等。

（二）现代服务业的特征

现代服务业具有以下几个时代特征。

（1）新服务领域：适应现代城市和现代产业的发展需求，突破了消费性服务业领域，形成了新的生产性服务业、智力（知识）型服务业和公共服务业的新领域。

（2）新服务模式：现代服务业是通过服务功能换代和服务模式创新而产生新的服务业态。

（3）四高：高文化品位和高技术含量；高增值服务；高素质、高智力的人力资源结构；高感情体验、高精神享受的消费服务质量。

（4）环境友好性：现代服务业具有资源消耗少、环境污染少的优点，是地区综合竞争力和现代化水平的重要标志。

（5）集群性：现代服务业在发展过程中呈现出集群性特点，主要表现在行业集群和空间上的集群。

现代服务业初步发展于工业革命到第二次世界大战期间，确立于20世纪80年代。

世界贸易组织的服务业分类标准界定了现代服务业的九大分类，即商业服务，电信服务，建筑及有关工程服务，教育服务，环境服务，金融服务，健康与社会服务，与旅游有关的服务，娱乐、文化与体育服务。我国"现代服务业"的提法最早出现于1997年9月党的十五大报告上。2007年，国务院发布了《关于加快发展服务业的若干意见》，对加快发展现代服务业起到了政策支持和促进作用。当前，国内许多城市的现代服务业方兴未艾。

三、服务营销

服务营销是企业在充分认识满足消费者需求的前提下，为充分满足消费者需要，在营销过程中所采取的一系列活动。服务作为一种营销组合要素，真正引起人们重视是在20世纪80年代后期，这时期，由于科学技术的进步和社会生产力的显著提高，产业升级和生产的专业化发展日益加速，一方面使产品的服务含量，即产品的服务密集度日益增大。另一方面，随着劳动生产率的提高，市场转向买方市场，随着消费者收入水平的提高，他们的消费需求逐渐发生变化，需求层次也相应提高，并向多样化方向拓展。

（一）服务营销与传统营销的区别

同传统的营销方式相比较，服务营销是一种营销理念，企业营销的是服务，而传统的营销方式只是一种销售手段，企业营销的是具体的产品。在传统的营销方式下，消费者购买了产品意味着在一桩买卖的完成，虽然它也有产品的售后服务，但只是一种解决产品售后维修的职能。而从服务营销观念理解，消费者购买了产品仅仅意味着销售工作的开始而不是结束，企业关心的不仅是产品的成功售出，更注重的是消费者在享受企业通过产品所提供的服务的全过程中的感受。这一点也可以从马斯洛的需求层次理论上理解：人最高的需求是尊重需求和自我实现需求，服务营销正是为消费者（或者人）提供了这种需求，而传统的营销方式只是提供了简单的满足消费者在生理或安全方面的需求。

随着社会的进步、人民收入的提高，消费者需要的不仅仅是一个产品，更需要的是这种产品带来的特定或个性化的服务，从而有一种被尊重和自我价值实现的感觉，而这种感觉所带来的就是顾客的忠诚度。服务营销不仅仅是某个行业发展的一种新趋势，更是社会进步的一种必然产物。

（二）服务营销的特点

（1）供求分散性服务营销活动中，服务产品的供求具有分散性。不仅供方覆盖了第三产业的各个部门和行业，企业提供的服务也广泛分散，而且需方更是涉及各种各类企业、社会团体和千家万户不同类型的消费者。由于服务企业一般占地小、资金少、经营灵活，往往分散在社会的各个角落；即使是大型的机械服务公司，也只能在有机械损坏或发生故障的地方提供服务。服务供求的分散性，要求服务网点广泛而分散，尽可能地接近消费者。

（2）营销方式单一性。有形产品的营销方式有经销、代理和直销多种营销方式。有形产品在市场可以多次转手，经批发、零售多个环节才使产品到达消费者手中。服务营销则由于生产与消费的统一性，决定其只能采取直销方式，中间商的介入是不可能的，储存待售也不可能。服务营销方式的单一性、直接性，在一定程度上限制了服务市场规模的扩大，也限制了服务业在许多市场上出售自己的服务产品，这给服务产品的推销带来了困难。

（3）营销对象复杂多变。服务市场的购买者是多元的、广泛的、复杂的。购买服务的消费者的购买动机和目的各异，某一服务产品的购买者可能牵涉社会各界各业各种不同类型的家庭和不同身份的个人，即使购买同一服务产品，有的用于生活消费，有的却用于生产消费，如信息咨询、邮电通信等。

（4）服务消费者需求弹性大。根据马斯洛需求层次理论，人们的基本物质需求是一种原发性需求，这类需求易使人们产生共性，而人们对精神文化消费的需求属继发性需求，需求者会因各自所处的社会环境和各自具备的条件不同而形成较大的需求弹性。同时，对服务的需求与对有形产品的需求在一定组织及总金额支出中相互牵制，也是形成需求弹性大的原因之一。服务需求受外界条件影响大，如季节的变化、气候的变化、科技发展的日新月异等对信息服务、环保服务、旅游服务、航运服务的需求造成重大影响。需求的弹性是服务业经营者最棘手的问题。

（5）服务者的技术、技能、技艺要求高。服务者的技术、技能、技艺直接关系着服务质量。消费者对各种服务产品的质量要求也就是对服务人员的技术、技能、技艺的要求。服务者的服务质量不可能有唯一的、统一的衡量标准，而只能有相对的标准和凭购买者的感觉体会。

（三）我国服务营销的现状及面临的挑战

中国加入世界贸易组织后，境外服务企业纷纷涉足大陆市场抢占先机。例如，世界零售业巨头沃尔玛、家乐福、肯德基、麦当劳等知名企业已纷纷落户中国，并且布点工作还在进一步展开。加入世界贸易组织后，我国将在五年左右的时间内逐步放开服务市场，对外商设立合营、合资公司的数量、地域、股权等的限制也将逐步取消，这无疑会对我国服务业产生巨大的挑战。我国的服务市场尚处于发展阶段，有关资料显示，1993 年经济合作与发展组织成员国的服务贸易占世界贸易总额的 81%。按世界银行 1998～1999 年发展报告提供的资料，我国服务业占 GDP 的 33.5%，美国 1997 年为 72.1%，法国 2000 年为 70.9%，德国 2000 年为 67.6%，不仅远远低于发达国家，而且比发展中国家的平均水平（40%）还低。我国服务业总体发展水平落后，特别是服务各产业（项目），各地区发展极不平衡，一些地区和一些服务产业（项目）还处于空白状态；同时服务业管理水平和生产效率也比较低下，价值补偿不足，资金短缺严重。

（1）服务营销理念的挑战。外资企业一般有先进的管理经验和现代商战的营销手段，以及先进的营销哲学、长远的营销目标、完善的营销网络、高效的营销运作体系，而我国的服务性企业缺乏这样的基本素质。他们一旦与高素质的营销人员、营销管理结合，必然会在服务市场营销方面产生巨大的营销力，这会直接地冲击我国的服务业。

（2）服务营销规模的挑战。外资企业一般是跨国公司，资金雄厚，实力强大，营销规模优势明显，能产生价格优势和服务优势，这对我国一些规模小、资金短缺、经营成本高的服务企业会产生巨大的冲击波。一些服务企业照搬流行的服务措施，脱离自身实际承受能力，在服务时不顾自身实际，盲目照搬，结果却不尽如人意。

（3）服务营销创新方面的挑战。随着科学技术的飞速发展，外资企业更加容易利用现代化的高新技术开展营销创新活动，如营销组织创新、服务品牌创新等，这是我国服务企业难以企及的。例如，近几年发展起来的网络营销，就是外资企业运用现代科技进行营销创新的结果。

（4）服务营销人员素质方面的挑战。在服务营销中，人员就是服务的一部分，服务人员的素质与行为直接决定了服务质量和服务水平。服务质量和服务水平难以满足顾客需求，服务工作简单草率或出现较多的服务断层链。服务工作是一项长期连环工作，贯穿于售前、售中、售后，组成一个环环相扣的服务链。

第三节　航空与航空服务

一、航空服务的内涵

航空是指载人或不载人的飞行器在地球大气层中的航行活动，以及与此相关的科研教育、工业制造、公共运输、国防军事、政府管理等众多领域。航空服务是围绕空中飞行的飞机所提供的相关服务，包括进入飞机之前的信息沟通服务、飞机飞行过程中提供的服务及飞机降落后的离开机场等服务。对于为飞行器提供的服务，如飞机售后服务、维修服务等不在本书的研究范围。

二、航空服务的分类

1. 客运服务

客运服务是指各类民航主体，即各个拥有一定数量的飞机及航线飞行权的航空公司为以飞机为出行工具的乘客提供的各种相关服务，包括乘客搭乘飞机前的信息提供、票务，搭乘飞机时进入机场的交通、候机的环境、登记手续的办理流程，飞行过程中空中的照顾，飞机降落后行李的提取、离开机场的交通等环节所提供的服务。

2. 货运服务

货运服务主要是以飞机提供空间移动、时间紧迫的货品的转移服务。货运服务由多个环节组成，包括发货、运输时间选择、取货过程等。

无论是客运服务还是货运服务的提供都是由一个系统来完成的。该服务无形的部分是通过飞机实现人或物体空间的转移，既包括时效性，也包括安全性等要素。有形的部分包括接触人或物的工作人员及承担空间转移的载体——飞机。其中接触人的是空乘人员、机场服务人员等，接触物的是司乘人员、负责货运的机场工作人员等。因此，人员的情绪、态度、技能、体魄等都成为影响航空服务的主要人员因素，也是航空服务质量的一个组成部分。飞机的大小、内部设施、安全性能等属性共同构成影响航空运输可感知质量的物质环境。

三、中国民航业发展现状

从新中国成立至今，我国民航业取得了长足的进展。特别是改革开放以来，市场化改革循序渐进，促使我国民航业在航空运输、通用航空、机队规模、航线布局、法规建设及运输保障等方面实现了持续快速发展，取得了举世瞩目的成就。从 2005 年开始，我国航空运输总周转量排名占世界第二位，并连续三年保持这一名次，成为当今世界的航空运输大国，在中国经济社会发展和世界民航事业发展的进程中扮演着越来越重要的角色。

随着中国经济快速稳健的发展及人民生活水平的提高，不论是国内航线还是国际航线都出现高速增长的良好局面，中国民航业在收入和业绩上均创造了历史最好的水平，国际航空界开始高度重视中国的航空市场。国际航空业纷纷看好亚洲航空市场，特别是看好中国未来航空市场的巨大增长潜力。

"十二五"时期，中国民航将呈现出大众化、多样化的趋势，快速增长仍将是本阶段的基本特征。根据《中国民用航空发展第十二个五年规划》，到 2015 年，中国运输机场数量达到 230 个以上，初步建成布局合理、功能完善、层次分明、安全高效的机场体系；旅客运输量将达 4.5 亿人，年复合增长率为 11%。

虽然中国民航业发展迅速，但民航服务能力仍显不足，发展中不平衡、不协调、不持续的问题依然存在，突出的问题体现在：西部落后于东部、支线落后于干线、货运落后于客运等。

（一）旅客运输量增长迅速

2013 年，全行业完成旅客运输量 35 397 万人次，比上年增加 3461 万人次，增长 10.8%。国内航线完成旅客运输量 32 742 万人次，比上年增加 3142 万人次，增长 10.6%，其中港澳台航线完成 904 万人次，比上年增加 70 万人次，增长 8.4%；国际航线完成旅客运输量 2655 万人次，比上年增加 319 万人次，增长 13.7%，见图 1-1。

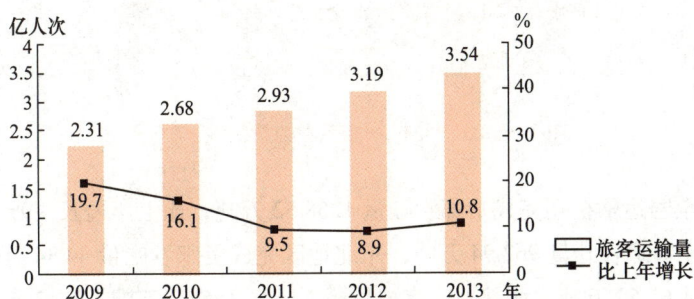

图 1-1　2009～2013 年中国民航旅客运输量

（二）货邮运输量缓慢增长

2013 年，全行业完成货邮运输量 561 万吨，比上年增长 3.0%，见图 1-2。国内航线完成货邮运输量 406.7 万吨，比上年增长 4.7%，其中港澳台航线完成 19.9 万吨，比上年降低 4.4%；国际航线完成货邮运输量 154.5 万吨，比上年降低 1.3%。

图 1-2　2009～2013 年中国民航货邮运输量

（三）西部地区落后于东部地区

机场旅客和货邮运输吞吐量表明，西部地区远远落后于东部沿海地区，发展极不平衡。

2013 年，全国民航运输机场完成旅客吞吐量 7.54 亿人次，比上年增长 11.0%。其中，2013 年东部地区完成旅客吞吐量 4.24 亿人次，东北地区完成旅客吞吐量 0.47 亿人次，中部地区完成旅客吞吐量 0.74 亿人次，西部地区完成旅客吞吐量 2.09 亿人次。2013 年机场旅客吞吐量按地区分布见图 1-3。

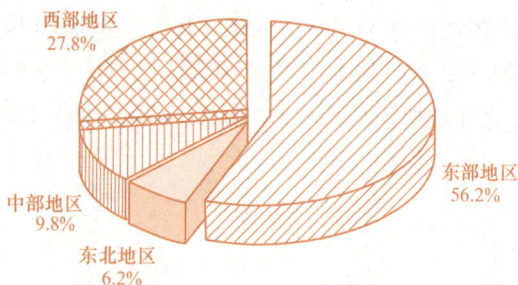

图 1-3　2013 年机场旅客吞吐量按地区分布

2013 年，全国运输机场完成货邮吞吐量 1258.52 万吨，比上年增长 4.9%。其中，2013 年东部地区完成货邮吞吐量 962.94 万吨，东北地区完成货邮吞吐量 44.34 万吨，中部地区完成货邮吞吐量 65.52 万吨，西部地区完成货邮吞吐量 185.72 万吨。2013 年机场货邮吞吐量按地区分布见图 1-4。

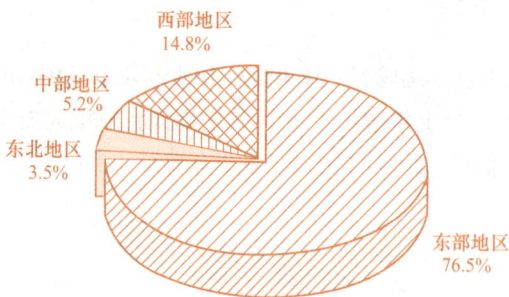

图 1-4　2013 年机场货邮吞吐量按地区分布

（四）支线运输落后于干线运输

在国外，支线航空运输兴起于 20 世纪 60 年代的美国。2003 年，美国支线航空公司共完成旅客运输量 11 301 万人次，占美国国内航空运输量的 14.3%，支线航空公司提供定期航班服务的机场 707 个，占全美机场总数的 96.2%。而到 2013 年，在美国、欧洲等成熟的航空运输市场，支线航空公司的承运量已经占到航空运输总客流量的 30%，美国支线飞机的保有量占到全美国机队总量的 43%，欧洲的这一数字也达到了 36%。但是，中国的支线航空运输市场成熟度远低于欧美。截至 2013 年年底，中国投入运营的支线飞机不足 200 架，占全部运输机总数的比例还不到 9%，而由支线航空完成的运输量不到总运输量的 3%。

中国支线航空发展缓慢，主要有以下两个方面的原因。

（1）支线飞机引进成本高。航空公司往往用大飞机飞支线。目前，中国引进大飞机的关税为7.06%，而小飞机则高达22.85%。支线飞机因座位数少，单座成本本来就比大飞机高，再加上较高的关税，航空公司不愿意引进、使用支线飞机。

（2）中国存在重干线、轻支线的"传统"。我国支线飞机的管理模式与干线飞机的管理模式相差不大，这就造成支线飞机的运营成本较高。例如，机场对小飞机的起降收费相对于大飞机仅降低4.8元/吨，导航费则完全不考虑飞机的重量，只有0.08元/公里的差别。航空公司作为企业，本能地追求经济效益，支线飞机运营成本高，就会导致航空公司重干线、轻支线。这样一来，支线航空的发展就会受到极大阻碍。

目前，中国只经营支线航线的仅有2家航空公司，即幸福航空有限责任公司和华夏航空有限公司。华夏航空总部设在贵阳，2006年9月开航，机队以CRJ900 NextGen支线客机为主，截至2013年12月，已拥有12架飞机。

实训项目 1-2

【实训主题】了解航空服务的内涵。

【实训目的】认知航空服务的内涵及岗位职责。

【实训方式】现场参观或观看视频、小组讨论。

【实训步骤】①组织学生；②观看机上服务和机场服务的相关视频；③小组讨论；④小组派代表总结陈述。

【实训评价】教师评价、学生评价、自评。

思考与练习

一、简答题

1．如何根据市场的含义估计市场大小？

2．营销观念为什么会向前演进？

3．传统营销观念与现代营销观念的区别是什么？

4．市场营销的策略有哪些？

5．服务营销有何特点？

二、实践题

谈谈你对航空服务及航空服务营销的认识，以及这些知识在你的职业规划中将起到的作用。

第二章 航空服务市场细分及定位

知识目标

- 了解航空服务市场细分的内涵。
- 了解航空服务市场定位原则。
- 了解航空服务市场细分及目标市场定位方法。

能力目标

- 能运用航空服务市场细分及定位相关理论解决实践中的问题。

第一节　航空服务市场细分

一、航空服务市场细分的含义及作用

（一）航空服务市场细分的含义

航空服务市场细分是民航企业通过市场调研，依据消费者的需要和欲望、购买行为和购买习惯等方面的差异，把航空服务产品的市场整体划分为若干消费者群的市场分类过程。每一个消费者群就是一个细分市场，每一个细分市场都是由具有类似需求倾向的消费者构成的群体。

资料链接 2-1

"斯航"成为明星

斯堪的纳维亚航空公司（以下简称"斯航"）是由挪威、瑞典和丹麦三国合资经营的公司。由于价格竞争、折扣优惠及许多小公司的崛起，"斯航"在其国内和国际航线

上都处于亏损状况。

1982年初，"斯航"设计了一种新的、单独的商务舱位等级，这种商务舱是根据工商界乘客不喜欢与旅游者同舱的特点设立的。工商界乘客常常因为一些情况必须改变日程，他们需要灵活性；他们在旅途中关心的是把工作赶出来，这意味着他们需要读、写，为会议或谈判做准备或睡觉，以便到达目的地后能够精力充沛地投入工作。换句话说，他们不需要分散注意力或娱乐。旅游者却没有这种压力，对他们来说，旅途就是假期的一部分，而机票价格则是一个敏感的决定因素。设置紧凑的座位和长期预备的机票，使航空公司有可能出售打折扣的机票，固而使一些人获得了旅行的机会，这些人则把省下的钱更多地花在度假生活中。商务旅行者与此不同，他们最重视的是时间和日程表，在"斯航"以前，没有一家航空公司懂得怎样在同一架飞机上满足这两类顾客不同的需求。

"斯航"的商务舱票价低于传统的头等舱，高于大多数的经济舱，但给予顾客更多的方便。在每个机场，"斯航"都为商务舱的乘客设置了单独的休息室，并免费提供饮料，有的还可看电影。在旅馆，"斯航"为他们准备了有会议室、电话和电传设备的专门房间，并提供可免费使用的打字机，使他们能够完成自己的工作，他们还可以保留这些房间，而且不受起程时间、时刻表变动及最低住宿时间的限制，所有这些都以经济实惠的价格提供。机场还为商务舱乘客设置了单独的行李检查处，他们不用和普通乘客一起拥挤地通过安检。在飞机上，他们享有单独的宽大座椅，空间更为宽敞，还享有一些传统的头等舱才有的装饰品，如玻璃器皿、瓷器、台布等，可享用美味佳肴。

"斯航"开辟了一个独特的市场，并赋予它更多的价值。对工商界乘客来说，头等舱太贵，经济舱又太嘈杂。他们可能与旅游者挤在同一舱内，享受旅游者同等的待遇但付出较高的价格——因为他们不能像旅游者那样由于不受日程限制而等待减价或折扣机票，因此设立商务舱成为工商界乘客及航空公司双方都很适宜的较好的解决供需的办法。

"斯航"夺去了竞争者的生意，成为"明星"。许多竞争者如今也在试图仿效。

（资料来源：http://www.doc88.com/p-1826889940567.html.）

（二）航空服务市场细分的作用

在一般情况下，民航企业不可能满足所有消费者的需求，尤其在激烈的市场竞争中，企业更应集中力量，有效地选择市场，取得竞争优势。航空服务市场细分对于企业来讲有以下几个方面的意义。

1. 有助于发现市场机会

如何认识市场？如果不对市场进行细分化研究，市场始终是一个"混杂的总体"，因为任何消费者都是集多种特征于一身的，而整个市场是所有消费者的总和，具有高度复杂性。市场细分可以把市场丰富的内部结构一层层地抽象出来，发现其中的规律，使企业可以深入、全面地把握各类市场需求的特征。

另外，市场需求是已经出现在市场但尚未得到满足的购买力，在这些需求中有相当一部分是潜在需求，一般不易被发现。企业运用市场细分的手段往往可以了解消费者存在的需求和满足程度，从而寻找、发现市场机会。同时，企业通过分析和比较不同细分市场中竞争者的营销策略，选择那些需求尚未满足或满足程度不够，而竞争对手无力占领或不屑占领的细分市场作为自己的目标市场，结合自身条件制定出最佳的市场营销策略。

2. 有利于掌握目标市场的特点，有针对性地开展营销活动

市场营销策略组合是由产品策略、价格策略、促销策略、分销策略、权力营销策略、公共关系策略所组成的。当企业通过市场细分确定自己所要满足的目标市场，找到了自己资源条件和客观需求的最佳结合点，这有利于企业集中人力、物力、财力，有针对性地采取不同的营销策略，取得投入少、产出多的良好经济效益。

3. 有利于制定市场营销策略

一旦确定了自己的细分市场后，企业能很好地把握目标市场需求营销组合的针对性原则的变化状况，分析潜在需求，发展新产品及开拓新市场。

4. 有利于提高企业的竞争能力

市场细分不仅给企业带来良好的经济效益，而且也创造了良好的社会效益。因为，一方面，细分化可以使不同消费者的不同需求得到满足，提高了生活水平；另一方面，有利于同类企业进行合理化分工，在行业内形成较为合理的专业化分工体系，使各类企业各显其长。

二、有效市场细分的特征

企业进行市场细分的目的是通过对顾客需求差异予以定位，来取得较大的经济效益。众所周知，产品的差异化必然导致生产成本和推销费用的相应增长，所以企业必须在市场细分所得收益与市场细分所增成本之间做一个权衡。由此，得出有效的细分市场必须具备以下几个特征。

（一）可衡量性

可衡量性是指用来细分市场的标准和变数及细分后的市场是可以识别和衡量的，即有明显的区别、合理的范围。如果某些细分变数或购买者的需求和特点很难衡量，细分市场后无法界定，难以描述，那么市场细分就失去了意义。一般来说，一些带有客观性

的变数，如年龄、性别、收入、地理位置、民族等，都易于确定，并且有关的信息和统计数据比较容易获得；而一些带有主观性的变数，如心理和性格方面的变数，就比较难以确定。

（二）可进入性

可进入性是指企业能够进入所选定的市场部分，进行有效的促销和分销，实际上就是考虑营销活动的可行性。一是企业能够通过一定的广告媒体把产品的信息传递到该市场众多的消费者中，二是产品能通过一定的销售渠道流通到该市场。

（三）可盈利性

可盈利性是指细分市场的规模要大到能够使企业足够获利的程度，使企业值得为它设计一套营销规划方案，以便顺利地实现其营销目标，并且有可拓展的潜力，以保证能按计划获得理想的经济效益和社会服务效益。例如，在一所普通大学专门开设一家西餐馆满足少数师生酷爱西餐的要求，可能由于这个细分市场太小而得不偿失；但如果开设一个回族饭菜供应部，虽然其市场仍然很窄，但从细微处体现了民族政策，有较大的社会效益，因此值得去做。

（四）差异性

差异性指细分市场在观念上能被区别，并对不同的营销组合因素和方案有不同的反应。

（五）相对稳定性

相对稳定性指细分后的市场有相对应的时间稳定。细分后的市场能否在一定时间内保持相对稳定，直接关系到企业生产营销的稳定性。特别是大中型企业及投资周期长、转产慢的企业，更容易造成经营困难，严重影响企业的经营效益。

此外，市场细分的基础是顾客需求的差异性，所以凡是使顾客需求产生差异的因素都可以作为市场细分的标准。由于各类市场的特点不同，因此市场细分的条件也有所不同。

航空运输属于资金、技术密集型服务产业，航空服务市场具有跨地域的特点，航空服务的无形性决定了其面对的消费需求更复杂，因此，航空公司应更注重市场细分所得收益与市场细分所增成本之间的权衡。

三、航空服务市场细分的标准

如前所述，一种产品的整体市场之所以可以细分，是由于消费者或用户的需求存在差异性。引起消费者需求差异的变量很多，实际中，企业一般是组合运用有关变量来细分市场，而不是单一采用某一变量。概括起来，细分消费者市场的变量主要有四类，即地理变量、人口变量、心理变量、行为变量。以这些变量为依据来细分市场就产生出地理细分、人口细分、心理细分和行为细分四种市场细分的基本形式。

1. 地理细分

地理细分即按照消费者所处的地理位置、自然环境来细分市场。例如，根据国家、地区、城市规模、气候、人口密度、地形地貌等方面的差异将整体市场分为不同的小市场。地理变量之所以作为市场细分的依据，是因为处在不同地理环境下的消费者对于同一类产品往往有不同的需求与偏好，他们对企业采取的营销策略与措施会有不同的反应。例如，在我国南方沿海一些省份，某些海产品被视为上等佳肴。例如，由于居住环境的差异，城市居民与农村居民在室内装饰用品的需求上大相径庭。

地理变量易于识别，是细分市场应予考虑的重要因素，但处于同一地理位置的消费者需求仍会有很大差异。例如，在我国的一些大城市，如北京、上海，流动人口逾百万，这些流动人口本身就构成一个很大的市场，很显然，这一市场有许多不同于常住人口市场的需求特点。所以，简单地以某一地理特征区分市场，不一定能真实地反映消费者需求的共性与差异，企业在选择目标市场时，还需结合其他细分变量予以综合考虑。

2. 人口细分

人口细分即按人口统计变量，如年龄、性别、家庭规模、家庭生命周期、收入、职业、教育程度、宗教、种族、国籍等为基础细分市场。消费者需求、偏好与人口统计变量有着很密切的关系。例如，只有收入水平很高的消费者才可能成为高档服装、名贵化妆品、高级珠宝等的经常买主。人口变量比较容易衡量，有关数据相对容易获取，这是企业经常以它作为市场细分依据的重要原因。

1）性别

由于生理上的差别，男性与女性在产品需求与偏好上有很大不同，如在服饰、发型、生活必需品等方面均有差别。例如，美国的一些汽车制造商过去一直迎合男性需求设计汽车，现在，随着越来越多的女性参加工作和拥有自己的汽车，这些汽车制造商正研究市场机会，设计具有吸引女性消费者特点的汽车。

2）年龄

不同年龄的消费者有不同的需求特点。例如，青年人对服饰的需求与老年人的需求差异较大，青年人需要鲜艳、时髦的服装，老年人需要端庄素雅的服饰。

3）收入

高收入消费者与低收入消费者在产品选择、休闲时间的安排、社会交际与交往等方面都会有所不同。例如，同是外出旅游，在交通工具及食宿地点的选择上，高收入者与低收入者会有很大的不同。正因为收入是引起需求差别的一个直接而重要的因素，在诸如服装、化妆品、旅游服务等领域根据收入细分市场相当普遍。

4）职业与教育

职业与教育指按照消费者职业的不同、所受教育的不同及由此引起的需求差别细分市场。例如，农民偏好载重自行车，而学生、教师则喜欢轻巧、样式美观的自行车；又如，由于消费者所受教育水平的差异所引起的审美观具有很大的差异，因此不同消费者对居室装修用品的品种、颜色等会有不同的偏好。

5）家庭生命周期

一个家庭按年龄、婚姻和子女状况可划分为七个阶段。在不同阶段，家庭购买力、家庭人员对商品的兴趣与偏好会有较大差别。

除了上述方面外，经常用于市场细分的人口变量还有家庭规模、国籍、种族、宗教等。实际上，大多数公司通常采用两个或两个以上人口变量来细分市场。

3. 心理细分

根据购买者所处的社会阶层、生活方式、个性等心理因素细分市场就叫心理细分。

1）社会阶层

社会阶层是指在某一社会中具有相对同质性和持久性的群体。处于同一阶层的成员具有类似的价值观、兴趣爱好和行为方式，不同阶层的成员则在上述方面存在较大的差异。很显然，识别不同社会阶层的消费者所具有的不同的特点，对于产品的市场细分将提供重要的依据。

2）生活方式

生活方式是指一个人怎样生活。人们追求的生活方式各不相同，如有的追求新潮时髦，有的追求恬静、简朴；有的追求刺激、冒险，有的追求稳定、安怡。例如，西方的一些服装生产企业为"简朴的妇女"、"时髦的妇女"和"有男子气的妇女"分别设计不同服装；烟草公司针对"挑战型吸烟者"、"随和型吸烟者"及"谨慎型吸烟者"推出不同品牌的香烟，均是依据生活方式细分市场。

3）个性

个性是指一个人比较稳定的心理倾向与心理特征，它会导致一个人对其所处环境做出相对一致和持续不断的反应。"人心不同，各如其面"，每个人的个性都会有所不同。通常，个性会通过自信、自主、支配、顺从、保守、适应等性格特征表现出来。因此，个性可以按这些性格特征进行分类，从而为企业细分市场提供依据。

4. 行为细分

根据购买者对产品的了解程度、态度、使用情况及反应等将他们划分成不同的群体，叫行为细分。有人认为，行为变量能更直接地反映消费者的需求差异，因而成为市场细分的最佳起点。按行为变量细分市场主要包括以下几个因素。

1）购买时机

根据消费者提出需要、购买和使用产品的不同时机，将他们划分成不同的群体。

2）使用者状况

根据顾客是否使用和使用程度细分市场。使用者通常可分为经常购买者、首次购买者、潜在购买者、非购买者。大公司往往注重将潜在使用者变为实际使用者，较小的公司则注重于保持现有使用者，并设法吸引使用竞争者的产品的顾客转而使用本公司产品。

3）追求利益

消费者购买某种产品是为了解决某类问题，满足某种需要。然而，产品提供的利益往往并不是单一的，而是多方面的。

4）态度

企业还可根据市场上顾客对产品的热心程度来细分市场。不同消费者对同一产品的态度可能有很大差异，如有的持肯定态度，有的持否定态度，还有的则处于既不肯定也不否定的无所谓态度。因此，应针对持不同态度的消费群体进行市场细分，并在广告、促销等方面有所不同。

5）使用数量

根据消费者使用某一产品的数量大小细分市场，通常可分为大量使用者、中度使用者和轻度使用者。大量使用者人数可能并不多，但他们的消费量在全部消费量中占很大的比例。

6）品牌忠诚程度

企业还可根据消费者对产品的忠诚程度细分市场。有些消费者经常变换品牌，另外一些消费者则在较长时期内专注于某一个或少数几个品牌。通过了解消费者品牌忠诚情况和品牌忠诚者与品牌转换者的各种行为与心理特征，不仅可为企业细分市场提供基础，也有助于企业了解为什么有些消费者忠诚于本企业产品，而另外一些消费者则忠诚于竞争企业的产品，从而为企业营销决策提供建议。

7）购买阶段

消费者对各种产品的了解程度往往因人而异。有的消费者可能对某一产品确有需要，但并不知道该产品的存在；还有的消费者虽已知道产品的存在，但对产品的价值、稳定性等还存在疑虑；另外一些消费者则可能正在考虑购买。针对处于不同购买阶段的消费群体，企业应进行市场细分并采用不同的营销策略。

以上介绍的是民航服务企业细分市场时常用的几种方法。实际上，企业在选择细分市场的依据时不能完全照搬这些方法，而应灵活运用并且根据企业的实际情况有所创新，以建立差异化竞争优势。航空运输属于资金、技术密集型服务产业，航空服务市场具有跨地域的特点，航空服务的无形性决定了其面对的消费需求更复杂。因此，航空公司应更注重市场细分所得收益与市场细分所增成本之间的权衡。

四、航空企业进行市场细分的方法与步骤

（一）航空企业进行市场细分的方法

企业在运用细分标准进行市场细分时必须注意以下几个问题。第一，市场细分的标准是动态的。市场细分的各项标准不是一成不变的，而是随着社会生产力及市场状况的变化

而不断变化的，如年龄、收入、城镇规模、购买动机等都是可变的。第二，不同的企业在市场细分时应采用不同标准。因为各企业的生产技术条件、资源、财力和营销的产品不同，所采用的标准也应有区别。第三，企业在进行市场细分时可采用一项标准，即单一变量因素细分，也可采用多个变量因素组合或系列变量因素进行市场细分。市场细分的方法通常有以下三种。

1. 单一因素法

单一因素法即选用一个市场细分标准，对市场进行细分。

2. 综合因素法

综合因素法即运用两个或两个以上的市场细分标准对市场进行细分。

3. 系列因素法

系列因素法是运用两个或两个以上的标准来细分市场，但必须依据一定的顺序由粗到细依次细分，下一阶段的细分是在上一阶段选定的子市场中进行的，细分的过程实质上就是一个比较、选择子市场的过程。

（二）航空企业进行市场细分的步骤

（1）选定产品的市场范围，即在明确企业任务、目标，对市场环境进行充分调查、分析之后，首先从市场需求出发考虑选定一个可能的产品市场范围。

（2）估计潜在顾客的基本需求。企业可以在地理、心理和行为等方面，通过"头脑风暴法"对潜在顾客的要求做大致分析。这一步骤掌握的情况也许不够全面，但是可为以后各个步骤准备资料。

（3）分析潜在顾客的不同需求。企业依据人口因素做抽样调查，向不同的潜在顾客了解上述哪些需求对他更重要，初步形成几个消费需求相近的细分市场。

（4）剔除潜在顾客的共同需求，即对初步形成的几个分市场之间共同的需求加以剔除，以它们之间需求的差异作为细分市场的基础。虽然共同需求也重要，但只能作为市场营销组合决策的参考，不能作为市场细分的基础。

（5）为这些分市场暂时定名，即为不同的顾客群体定一个称谓。

（6）进一步认识各细分市场的特点，做进一步细分或合并。企业要对各分市场的顾客做更深入细致的考察，明确各顾客群体的特点，已知哪些，还要了解哪些，以便决定各分市场是否需要再度细分，或加以合并。

（7）测量各分市场的大小，从而估算可能的获利水平。经过以上各步骤，细分市场的类型基本确定了。企业接着应把每个分市场与人口因素结合，测量各个分市场中潜在顾客的数量。企业进行市场细分是为了分析盈利的机会，这取决于各细分市场的销售潜力。

危机中，客为先——港龙航空有限公司细分市场赢客源

"远方并不远，家就在身边"，这是香港港龙航空有限公司（以下简称港龙航空）专门为近日推出的留学生飞行产品——港龙"学生惠"强调的理念，使人感觉亲切、温馨。在经济危机的大背景下，提升服务似乎已经不是航空公司的第一要务，而港龙航空却在为了每一个可以抓住的市场努力着

"一直以来学生市场都很重要。"这是《中国民航报》记者日前专访港龙航空中国区市场及销售经理郑家驹时，他说的第一句话，也是在这个长达1个多小时的采访中，他说的最多的一句话。郑家驹对学生市场的重视由此可见一斑。

实际上，港龙航空"学生惠"超值机票计划是港龙航空在5月主力推出的一个特别为中国留学生设计的产品。与公司以前各航站纷繁复杂的学生产品相比，港龙航空"学生惠"最大的特点便是更贴心。与以往各种学生产品相比，港龙航空"学生惠"可以说是一个全程、贴身服务的产品，整个产品是在所有航站的经验、学生的需求及不同航站反馈意见的基础上升级、打包的。"务求使我们的产品在每一个市场上对学生来讲都是最贴心、最好的"，这便是郑家驹经理精心策划、设计并推出这个产品的初衷。"现在，我们的这个产品是一个有活力、有生命的产品。为了保证港龙航空'学生惠'能够做下去，并不断充实和完善，公司专门在腾讯网做了一个调查，希望所有的学生将自己的意见和建议反馈给我们，使我们能够慢慢地改进产品，以达到量身订造的标准。"郑家驹说。

在全球金融危机、航空运输业陷入整体颓势的时候，港龙航空选定了收益率并不高的学生群体推出新产品，这是很多人都不理解的，但郑家驹显然并不这么认为。在他看来，投资学生是投资未来的重要之举。在采访中，他告诉记者："我觉得学生是非常重要的市场。港龙航空在中国内地有一个长远的发展规划和目标，希望不断拓展中国内地市场。而学生是未来的主人公，尤其他们中的很多人都是第一次出国。如果他们第一次出国就可以乘坐港龙航空的航班并有很好、很开心的体验，那么，将来他们回国工作时就会记得港龙航空、香港国泰航空有限公司（以下简称国泰航空），并一直选择我们的产品。从这个角度讲，学生市场无论是对于我们而言，还是对于其他航空公司而言，都是相当重要的。"

目前，港龙航空"学生惠"超值机票计划可以满足从北京、上海、成都、长沙、杭州、南京、宁波、武汉、厦门等城市出发的留学生的需要，把他们带往悉尼、奥克兰、墨尔本、布里斯班、纽约、旧金山、洛杉矶、温哥华、多伦多、伦敦、法兰克福、新加坡等全球各大热门留学目的地，而且，这一产品从转机、行李携带、空中服务等各个细节上都关注了留学生的需求。

郑家驹告诉记者，学生一般对价格很敏感，所以港龙航空特别在票价方面做了一些改进，并引入了一些增值服务，如多种订票渠道、空中和地勤服务人员的特别照顾、超重行李限制方面更宽松等。

"下一步，港龙航空'学生惠'还可能将家长陪同纳入其中。"郑家驹透露，"比如9月正值留学旺季，我们将向市场尝试推出类似的产品：凡购买航空'学生惠'前往洛杉矶留学的学生家长，可以以非常优惠的价格购买到从内地出发前往洛杉矶的往返机票。"当然，价格依然是港龙航空关注的重点之一。为了能在市场上的同类产品中取胜，港龙航空将根据不同的市场情况随时调整"学生惠"的票价，以确保这一产品的价格在市场上永远有吸引力。

"应该说，港龙航空'学生惠'自5月主力推出以来，市场反响非常好。从4月开始，我们慢慢推出这一产品，到5月主力推广，整个第二季度，公司预订留学生产品的乘客数量比第一季度增长了70%以上。"郑家驹笑着告诉记者。可见，他对这一产品的推广结果还是相当满意的。

(资料来源：http://news.carnoc.com/comments/141/news_141530_1.html.)

实训项目 2-1

【实训主题】理解什么是市场细分。

【实训目的】理解市场细分的内涵、作用与如何进行市场细分。

【实训形式】小组活动，5～7人为一小组。

【实训步骤】阅读资料链接2-2，学生以小组为单位分析案例，比较不同，从而理解市场细分的内涵和方法。

【实训评价】教师评价、其他小组成员评价、自评。

第二节　航空服务目标市场选择

著名的市场营销学者麦卡锡提出了应当把消费者看作一个特定的群体，称为目标市场。通过航空服务市场细分，有利于明确目标市场，通过市场营销策略的应用，有利于满足目标市场的需要。即航空服务目标市场就是通过市场细分后，航空企业准备以相应的产品和服务满足其需要的一个或几个子市场。

在市场细分的基础上，民航企业根据自身优势，从细分市场中选择一个或者若干个子市场作为自己的目标市场，并针对目标市场的特点展开营销活动，以期在满足顾客需求的同时，实现民航企业的经营目标。而选择的目标市场是否适当，直接关系到企业的营销成败及市场占有率。因此，选择目标市场时，必须认真评价细分市场的营销价值，分析研究是否值得开拓，能否实现以最少的人、财、物消耗，取得最大的销售效果。

一、评估市场细分

目标市场是在市场细分的基础上，被企业选定的准备为之提供相应产品和服务的一个或几个细分市场。企业为了选择目标市场，必须对各细分市场进行评估，判断细分市场是否具备目标市场的基本条件。目标市场应具备以下几个方面。

（一）适当的市场规模和增长潜力

要评估细分市场是否有适当规模和增长潜力，适当规模是与企业规模和实力相适应的。较小的市场对于大企业，不利于充分利用企业生产能力；而较大市场对于小企业，小企业缺乏能力来满足较大市场的有效需求或难以抵御较大市场上的激烈竞争。增长潜力需要有尚未满足的需要、充分发展的潜力。

（二）有足够的市场吸引力

吸引力主要是从获利的立场看市场长期获利率大小。市场可能具有适当规模和增长潜力，但从利润立场来看不一定具有吸引力。决定市场是否具有长期吸引力的因素主要有现实的竞争者、潜在的竞争者、替代品、购买者和供应者。企业必须充分估计这五种因素对长期获利率所造成的影响，预测各细分市场的预期利润。

（三）符合企业的目标和资源

有些市场虽然规模适合，也具有吸引力，但必须考虑：第一，是否符合企业的长远目标，如果不符合，就只有放弃；第二，企业是否具备了在该市场获胜所需的技术和资源，如企业的人力、物力、财力等，如果不具备，也只能放弃。

二、目标市场战略

企业对细分市场评估后，就要决定采取何种营销战略。一般地说，有以下三种目标市场战略可供选择。

（一）无差异市场营销

无差异市场营销是指企业将各细分市场之间的差异忽略不计，推出一种产品，运用一种市场营销组合方案，试图吸引尽可能多的顾客，为整个市场服务。无差异市场的核心是针对市场需求中的共性开展市场营销，舍去其中的差异性。该战略的优点是可以减少品种，扩大批量，易于达到规模效益。

（二）差异市场营销

差异市场营销是指企业针对各个细分市场的特点，分别设计不同的产品、制订不同的市场营销组合方案，满足各个细分市场的不同需要。采用差异性市场营销的优点：一方面，可以更好地满足不同消费者的需要，有利于扩大销售；另一方面，企业如能同时在几个细分市场上占有优势，采用差异市场营销，显然有很大的优越性。第一，它能够较好地满足不同消费者的需求，有利于扩大企业的销售额；第二，一家企业如果同时在几个细分市场上都占有优势，就可大大提高消费者对企业的信任感；第三，多种经营方式分担了市场风险，提高了企业对市场风险的应变能力，某一个细分市场失利不会影响企业整体。所以，不仅是航空公司，越来越多的企业采用差异市场营销。采用差异市场营销也有很大的制约性：必然要增开航线，增加运输品种和服务等级，要求多种销售渠道和销售方法，大大增加了公司定座管理的难度，广告宣传也要多样化。这样，生产费用、行政管理费用、市场调研费用和销售费用必然大量增加，还要受到企业资源的限制。因此，只有较大规模的企业才能获得较好的经济效益。

三、市场战略的选择

三种目标市场战略各有利弊，各自适合于不同的情况。在实践中，企业究竟选择何种目标市场战略，须全面考虑主客观条件，权衡利弊。一般说来，在选择目标市场战略时要考虑下列几个因素。

（一）企业资源能力

企业资源能力主要包括航空公司的机队状况、资金、经营管理水平、科技人员素质、销售渠道和网络、宣传广告、市场竞争能力，等等。企业实力雄厚，可以采取差异市场营销；当企业的资源能力不足，无力把整体市场或较大范围的市场作为自己的经营范围时，最好的方法是采取集中销售策略。

（二）市场需求的特点

市场上，有的消费者的需求相近，对运输产品及销售方式的改变反应没有差异，可以采取无差异市场营销；如果市场上消费者需求差异大，差别明显，对运输产品及销售方式、服务等都有特殊要求，适合采用差异性或集中性市场营销。

（三）竞争者状况

竞争者状况包括市场竞争者的多少、竞争对手实力的强弱及其所采用的市场策略。如果竞争者实力较强，并一贯采用无差异市场策略，企业就可采用差异性营销或集中性市场营销，扬长避短，取得优势。假如实力强的竞争对手已采取差异市场营销，企业可进一步细分市场，开拓新市场，避实就虚，避免两败俱伤是最明显的策略。当竞争者的实力较差时，企业可以不必顾忌竞争对手的市场策略，而是采取针锋相对的策略，争夺市场。

四、我国航空企业的目标市场选择

航空企业与一般的服务性企业相似，对于目标市场的选择一般会考虑以下几个方面。

（一）根据旅客多样性的需求进行市场细分

对于航空公司来讲，更应考虑通过多种形式的服务为旅客创造更大的价值。航空运输所服务的对象千差万别，有对服务质量格外在意的，有对机票价格非常敏感的。仔细分析这些需求上的差异，将为航空公司寻找到新的发展空间。

（二）根据顾客盈利能力进行市场细分

所谓顾客盈利能力指顾客在未来很长一段时间里为公司贡献利润的能力。根据顾客盈利能力的不同进行市场细分，就是把每个顾客都当作一个细分市场，分析公司服务每个顾客的成本和收益，得到每个顾客对公司的财务价值，然后与公司设定的顾客盈利能力水平进行比较，如果顾客的盈利能力达到或超过公司设定的水平，那么他就是目标市场中的一员，所有满足这个条件的顾客构成公司的目标市场，否则公司就不向他们提供服务。

（三）根据社会公众层次进行市场细分

航空市场客源可大致划分为以下三个层次。

第一层次："常旅客"是某一地区较为固定的常年旅客，但这类旅客中部分成员有可能不了解不固定因素，或不了解机场的航班班期及机型情况而放弃乘飞机旅行。

第二层次：这种潜在的客源可具体分为两类旅客，b类"两可性旅客"，即可以选择到机场乘坐飞机，也可以选择其他交通工具；c类"准旅客"，目前有乘机欲望，但尚不具备条件，一旦时机成熟即可以成为现实的旅客。

第三层次：这些人则是一辈子几乎不可能乘坐飞机的人，暂且称为d类"非旅客"。

根据以上划分，针对第一层次的a类旅客和第二层次的b类旅客进行促销能够起到立竿见影的效果，在一定范围内增加吞吐量。此两类人员所占比例不大，所以总的客源增加不会太多；但针对第二层次c类人员进行促销，对运输市场的扩展具有重要的战略意义。

实训项目 2-2

【实训主题】怎样选择航空服务目标市场。

【实训目的】理解航空服务目标市场选择的战略方法。

【实训形式】小组活动，5～7人为一小组。

【实训步骤】阅读资料链接2-1，学生以小组为单位分析案例，讲述航空服务目标市场选择的案例。

【实训评价】教师评价、其他小组成员评价、自评。

第三节　航空服务市场定位

市场定位是20世纪70年代由美国学者阿尔·赖斯提出的一个重要的营销学概念。所谓市场定位，就是企业根据目标市场同类产品的竞争状况，针对顾客对该类产品某些特征或属性的重视程度，为本企业产品塑造强有力的、与众不同的鲜明个性，并将其形象生动地传递给顾客，求得顾客认同。市场定位的实质是使本企业与其他企业严格区分开，使顾客明确感觉和认识到这种差异，从而在顾客心中占有特殊的位置。企业定位、产品定位、竞争定位和形象定位构成了市场定位的主要内容。

资料链接 2-3

西南航空公司成功之路

20世纪90年代，西方经济进入衰退期，美国航空业因此受到极大影响。1991年、1992年两年，美国航空公司的赤字总额累计达80亿美元。曾经盛极一时的环球航空公司（TWA）、大陆航空公司、西北航空公司均因经营不善而宣告破产。但一家名叫西南航空公司的小企业却在一片萧条气氛中"异军突起"，并在1992年取得了营业收入增长25%的佳绩。

西南航空公司的成功得益于该公司一贯坚持的营销战略和赫伯特·克莱尔的出色领导。这是一个小企业战胜大企业的经典案例。

第二次世界大战结束后，美国经济进入高速发展的繁荣期。在世界第三次科技革命的推动下，航空业等新兴工业蓬勃兴起。20世纪60年代末，美国GNP高达9741亿美元，人均收入为2579美元。生活水平的提高使人们对交通工具有了更高的要求，而飞行及快速舒适的特点受到人们的青睐。

20世纪60年代中期，美国约有7条国内定期航线。但当时的大航空公司更热衷于跨洋长途飞行，对短程空运业务则不屑一顾。而国内日趋频繁的商务旅行与美国广阔的疆土使短程运输业变成了有利可图的"战略性机会窗口"。1967年，克莱尔律师与罗林·金在餐桌上发现了这个"窗口"。他们以56万美元建立了西南航空公司，开始在大航空公司夹缝中生存。

1968年，西南航空公司成立后，只经营达拉斯、休斯敦和圣安东尼奥3个城市间的短程航运业务。在美国航空界，克莱尔对战略性营销初始战略的选择无疑是明智的。在寻找"战略性机会窗口"，即市场切入点上通过 SWOT 分析法来实现。S 即 strengths（长处）、W 即 weaknesses（弱点）、O 即 opportunities（机遇）、T 即 threats（威胁）。前两者为企业内部因素，是可控变量；后两者是外部因素，属非可控变量。但是，它们可以被利用。

通过 SWOT 的系统分析法，西南航空公司进行了正确的市场定位。20 世纪 70 年代，西南航空公司只将精力集中于得克萨斯州之内的短途航班上。它提供的航班不仅票价低廉，而且班次频率高，乘客几乎每个小时都可以搭上一架西南航空公司的班机。这使得西南航空公司在得克萨斯州航空公司市场上占据主导地位。

尽管大型航空公司对西南航空公司进行了猛烈的反击，但由于西南航空公司的经营成本远远低于其他大型航空公司，因此可以采取价格战这种策略，而且做到了任何一家大型航空公司都无法做到的低成本运营。

不论如何扩展业务范围，西南航空公司都坚守两条标准：短航线、低价格。1987 年，西南航空公司在休斯敦至达拉斯航线上的单程票价为 57 美元，而其他航空公司的票价为 79 美元。20 世纪 80 年代是西南航空公司迅猛发展的时期，其客运量每年增长 300%，但它的每英里运营成本不足 10 美分，比美国航空业的平均水平低了近 5 美分。

西南航空公司在选准"战略性机会窗口"后，低价格是保证它打赢这场战争的关键。为了维持运营的低成本，西南航空公司采取了多方面的措施。在机型上，该公司全部采用节省燃油的 737 型。这不仅节约了成本，而且使公司在人员培训、维修保养、零部件购买上均只执行一个标准，大大节省了培训费、维护费。

同时，由于员工的努力，西南航空公司创下了世界航空界最短的航班轮转时间。当其他竞争对手需用 1 个小时才能完成乘客登机离机及机舱清理工作时，西南航空公司的飞机只需要 15 分钟。在为顾客服务上，西南航空公司针对航程短的特点，只在航班上为顾客提供花生米和饮料，而不提供用餐服务。

一般航空公司的登机卡都是纸质的，上面标有座位号，而西南航空公司的登机卡是塑料的，可以反复使用。这既节约了顾客的时间，又节省了大量费用。西南航空公司没有计算机联网的订票系统，也不负责将乘客托运的行李转机。对于大公司的长途航班来说，这是令顾客无法忍受的，但这恰恰是西南航空公司的优势与精明之所在。它选择并进入这样一个狭小的"战略性机会窗口"，使大型航空公司空有雄厚的实力却无法施展。正如一位大型航空公司的经理所说："它（西南航空公司）就像一只地板缝里的蟑螂，你无法踩死它。"西南航空公司是在确保控制成本、确保盈利的条件下拿起"价格武器"的。为了降低成本，它在服务和飞机舒适性上做了牺牲。但是，只要质量、安全、服务不是太差，顾客是欢迎低价格的。对于服务类企业来说，对自身及外界各基本要素进行深入分析，建立起战略性服务观是在竞争中处于不败之地的关键。

到 1993 年，西南航空公司的航线已拓展到 15 个州的 34 座城市。它拥有 141 架客机，这些客机全部采用相对节油的波音 737，每架飞机每天要飞 11 个起落，由于飞行起落频率高、精心选择的航线客流量大，因此西南航空公司的经营成本和票价是美国最低的，其航班的平均票价仅为 58 美元。而当西南航空公司进入加利福尼亚州后，几家大型航空公司退出了洛杉矶—旧金山航线，因为它们无法与西南航空公司 59 美元的单程票价格展开竞争。在西南航空公司进入之前，这条航线的票价高达 186 美元。西南航空公司的低价格战略战无不胜，1991 年，当克莱尔发现已找不到竞争对手时，他说："我们已经不再与航空公司竞争，而要与行驶在公路上的福特车、克莱斯勒车、丰田车、尼桑车展开价格战，我们要把高速公路上的客流搬到天上。"

在西南航空公司的发展过程中，克莱尔一直坚持稳健的发展战略，集中力量、稳扎稳打，看准一个市场后就全力投入，直至彻底占领该市场。他拒绝了开通高利润的欧洲航线的邀请，坚守短途航线，以避免与大航空公司竞争。克莱尔对开通航线的城市也有着严格的标准。对每天低于 10 个航班客运量的城市，西南航空公司是不会开辟航线的。

（资料来源：http://blog.sina.com.cn/s/blog_743e6f940101h1ac.html.）

一、航空服务市场定位的概念

航空服务市场表现为航空服务消费需求的总和，它包含着各种各样的、千差万别的需求形态。任何一个航空公司在进入市场之前，都必须寻找其目标市场，并确定自己的市场竞争地位。航空服务市场定位是指航空公司根据市场竞争状况和自身资源条件，建立和发展差异化竞争优势，以使自己的服务产品在消费者心目中形成区别并优于竞争者的独特形象。航空公司如果能找到自己合适的市场定位，那么就能明了公司进入目标市场的可行性，并且树立区别于竞争对手的服务形象，并使自身的服务形象在顾客群中产生共鸣，增强企业的竞争力。市场定位为航空服务差异化提供了机会，而差异化的航空服务产品在顾客心中一旦占有一席之地，就形成特定的公司形象从而影响顾客的购买决定。

二、航空服务市场定位的步骤

航空服务市场定位的关键是航空公司要设法在自己的服务产品上找出比竞争者更具有竞争优势的特性。竞争优势一般有以下两种基本类型。

一是价格竞争优势，就是在同样的条件下比竞争者定出更低的价格。这就要求航空企业采取一切努力来降低单位成本。

二是偏好竞争优势，即能提供确定的特色来满足顾客的特定偏好。这就要求航空企业采取一切努力在产品特色上下功夫。航空服务市场定位的过程包括以下三大步骤。分析目标市场的现状，确认公司潜在的竞争优势。这一步骤的中心任务是要回答以下三个问题：一是竞争对手的服务产品定位如何？二是目标市场上顾客欲望满足程度如何及确实还需要什么？三是针对竞争者的市场定位和潜在顾客真正需要的利益要求企业应该及能够做什么？要回答这三个问题，航空公司市场营销人员必须通过一切调研手段，系统地设计、搜索、分析并报告有关上述问题的资料和研究结果。通过回答上述三个问题，航空公司就可以从中把握和确定自己的潜在竞争优势。

（一）准确选择竞争优势，对目标市场初步定位

竞争优势表明公司能够胜过竞争对手的能力，这种能力既可以是现有的，也可以是潜在的。选择竞争优势实际上就是一个企业与竞争者各方面实力相比较的过程。比较的指标应是一个完整的体系，只有这样，才能准确地选择相对竞争优势。通常的方法是分析、比较公司与竞争者在经营管理、技术开发、采购、生产、市场营销、财务和产品七个方面究竟哪些是强项，哪些是弱项。借此选出最适合公司的优势项目，以初步确定公司在目标市场上所处的位置。

（二）显示独特的竞争优势和重新定位

这一步骤的主要任务是通过一系列的宣传促销活动，将公司独特的竞争优势准确地传达给潜在顾客，并在顾客心目中留下深刻印象。为此，航空公司首先应使目标顾客了解、知道、熟悉、认同、喜欢和偏爱本公司的市场定位，在顾客心目中建立与该市场定位相一致的形象；其次，通过各种努力强化目标顾客形象，保持对目标顾客的了解，稳定目标顾客的态度和加深目标顾客的感情来巩固与市场定位相一致的形象；最后，应注意目标顾客对公司市场定位理解出现的偏差，或由于公司市场定位宣传上的失误而造成的目标顾客模糊、混乱和误会，及时纠正与市场定位不一致的形象。航空公司服务产品的市场定位即使很恰当，在下列情况下，也应考虑重新定位。

（1）竞争者推出的新产品定位于本公司服务产品附近，侵占了本公司服务产品的部分市场，使本公司服务产品的市场占有率下降。

（2）消费者的需求或偏好发生了变化，使本公司服务产品销售量骤减。

重新定位是指企业为已在某市场销售的产品重新确定某种形象，以改变消费者原有的认知，争取有利的市场地位的活动。重新定位对于航空公司适应市场环境、调整市场营销战略是必不可少的，可以视为航空公司的战略转移。重新定位可能导致航空服务产品的名称、价格、包装和品牌的更改，也可能导致航空服务产品用途和功能上的变动，因此，航空公司必须慎重考虑定位转移的成本和新定位的收益问题。

（三）航空服务产品定位

1. 航空服务产品定位的层次

航空服务产品的定位是航空服务市场定位的第一步。为了取得强有力的市场地位，航

空公司务必使自己的服务产品与市场上所有的其他同类产品有所不同，应该在五个层次上具有一个或几个特征，使它看上去好像是市场上"唯一"的。

（1）基本层次：核心产品，即顾客购买的服务和利益。航空公司的核心产品就是其核心服务，提供安全、舒适、便捷的航空运输服务，满足旅客旅行的欲望就是航空公司的核心服务，如定期航班、加班、包机、专机运输的服务都属于航空公司的核心服务。

（2）第二层次：形式产品，指产品实在的形体和外观。在航空服务中主要指旅客在航空旅行过程可以实际看到的一些产品或服务，如飞行过程中提供的餐点、娱乐设施或是一些为旅客提供方便的一些设施，像候机楼的电话、传真、复印等这些细节服务类型。这些有形的服务产品更需要航空公司精心设计，将其作为一种竞争手段，以巩固核心服务的特色，从而增加公司竞争力。

（3）第三层次：期望产品，指顾客期望得到的与产品相关的属性和条件。旅客的需求是航空服务营销市场定位的基础。航空公司无论是进入市场，还是进一步扩大或发展市场份额，必须根据不同的期望需求，以及自身的资源条件和优势，确定提供满足不同期望的服务产品。期望产品的定位不仅能提高旅客满意度，也往往决定公司发展的方向。

（4）第四层次：附件产品，指购买产品的顾客所得到的附加利益和服务。航空公司为了旅客使用核心服务而常常设一系列的附加服务，如果缺少它，核心产品就不能使用，或者说无法使核心产品发挥最大的价值，如航空公司售票、办理乘机手续、登机、检票及行李托运等服务。

（5）第五层次：潜在产品，也就是该产品将来可能的所有增加和改变。随着航空行业的快速发展，航空公司除了向旅客提供航空运输服务以外，将会越来越多地为旅客提供更及时、准确、全面的信息服务，满足旅客旅行中包括交通、住宿、娱乐、支付及其他后续服务的全面需求。

2. 航空公司产品定位的内容

1）成功定位必备的特征

（1）定位应当是有意义的。

（2）定位应当是可信的。

（3）定位必须是独一无二的。

2）成功定位应遵循的原则

差异化原则。企业定位时必须尽可能地使产品具有十分显著的特色，以最大限度地满足顾客的需求。评价差异化的标准有以下几个方面。

（1）重要性：差异体现出的需求对顾客来说很重要。

（2）显著性：同竞争对手的服务产品之间具有明显的差异。

（3）沟通性：这种差异能够很容易地为顾客所认识和理解。

（4）独占性：这种差异很难被竞争对手模仿。

（5）可支付性：顾客为差异付出额外花费是值得的，从而愿意并有能力购买。

（6）盈利性：公司通过实行服务产品差异化而获得更多的利润。

3）成功定位的主要方法

（1）以服务特色进行服务定位。

（2）以形象设计、整合、宣传进行企业定位。

（3）以公司的杰出人物进行定位。

（4）以公共关系手段进行定位。

三、航空服务市场定位策略

（一）避强定位

航空公司力图避免与实力最强的或较强的其他公司直接发生竞争，而将自己的服务产品定位于另一市场区域内，使自己的产品在某些特征或属性方面与最强或较强的对手有比较显著的区别。

优点：避强定位策略能使公司较快地在市场上站稳，并能在消费者中树立形象，风险小。

缺点：避强往往意味着公司必须放弃某个最佳的市场位置，很可能使公司处于最差的市场位置。

（二）迎头定位

航空公司根据自身的实力，为占据较佳的市场位置，不惜与市场上占支配地位的、实力最强或较强的竞争对手发生正面竞争，而使自己的产品进入与对手相同的市场位置。

优点：竞争过程中往往相当惹人注目，甚至产生轰动效应，公司及其服务产品可以较快地为消费者所了解，易于达到树立市场形象的目的。

缺点：具有较大的风险性。

（三）创新定位

航空公司寻找新的尚未被占领但有潜在市场需求的位置，填补市场上的空缺，或提供市场上没有的、具备某种特色的服务产品。采用这种定位方式时，公司应明确创新定位所需的服务产品在技术上、经济上是否可行，有无足够的市场容量，能否为公司带来合理而持续的盈利。

（四）重新定位

航空公司在选定了市场定位目标后，发现定位不准确，或虽然开始定位得当，但市场情况发生变化，如遇到竞争者的定位与本公司接近，或由于某种原因，消费者的偏好转移到竞争者方面时，就应考虑重新定位。重新定位是以退为进的策略，目的是实施更有效的定位。

对不同的目标市场进行成功定位是航空公司赢得顾客的关键所在。根据公司的运输规模和实力，通过对目标市场的分析，实行差异化市场营销策略，同时针对每一细分的目标市场制定一套独立的营销方案，并采用不同的广告主题来宣传，从而提高空运市场整体占有率。

实训项目 2-3

【实训主题】怎样实施航空服务市场定位。

【实训目的】了解航空服务市场定位的策略。

【实训形式】小组活动，5～7人为一小组。

【实训步骤】阅读案例2-1，以小组为单位分析案例，讲述航空服务市场定位的案例。

【实训评价】教师评价、其他小组成员评价、自评。

思考与练习

一、论述题

1．航空公司市场细分的依据及其对服务市场进行划分的依据是什么？

2．我国民航企业进行目标市场选择时考虑的因素及选择目标市场的策略有哪些？

3．简述航空服务产品定位层次及国外航空公司市场定位模式。

二、案例分析题

首航至今仅半年时间的上海吉祥航空有限公司（以下简称吉祥）已有4架飞机穿梭在国内十多个城市之间。日前，吉祥对外宣布"一季度盈亏持平，今年肯定盈利"，能取得这样骄人的业绩，吉祥航空认为是因为清晰的"商务客"定位和打造百年品牌的战略前瞻。

均瑶集团董事长、吉祥董事长王均金表示："吉祥现在的规模是很多航空公司要发展两三年才能达到的。"但是王均金认为吉祥绝不是盲目扩张，"心中有棋局，落子才有序"——细分市场提供商机。

2005年，中国航空市场对民营资本放开，迄今已有多家民营航空公司诞生。王均金认为，吉祥最大的竞争力就是在进入之前已经看得很清楚，我国的航空业其实还没发展，内部竞争不激烈，与美国140多家航空公司、10 000多架飞机相比，我国还只是初级阶段水平，所以发展空间巨大。

"这个时期其实应该是国内所有航空企业友好合作的时期、共同拥有发展的好时机，可以各自选择发展方向。"王均金说。各种市场都在不断地细分，航空运输业也一样，只有选择好自己的主攻方向，才能有的放矢、专心致志地做这块市场。

1991 年 7 月 28 日，王均瑶和王均金就承包开通了长沙—温州的包机航线，成为中国民营包机先行者，并创办了中国第一家民营包机公司——温州天龙包机有限公司。包机业务给了均瑶集团很大的启示——商务客市场巨大。

"既然吉祥是以上海作为基地，把客户群定位为商务公务、商务休闲出行群体是绝对理性的选择。"王均金告诉记者。选择了商务客流，接下来就是怎么做的问题。

"乘坐吉祥的航班，要让旅客感觉到不仅仅是简单的位移，还会有很多附加的服务，在搭机之前、之后都有不同的体验，这样我们的机票价格高出的几个百分点的部分才能体现价值。"均瑶集团首席执行官黄辉说。

"一个从上海飞往成都的旅客在航班上询问空姐，到了成都去哪里与客户吃饭比较好，明天能去哪里游玩。空姐可能也无法给出非常全面的答案，但飞机降落后，这位旅客会收到一条短信，上面有观光、餐饮地点的一系列介绍。"王均金透露了吉祥一项特色服务。

吉祥的特色服务将以每月一款的速度推出。例如，老板登机了，吉祥的客服中心会给他的秘书或者司机发出一条老板所乘航班到港时间的短信等。"服务细致、不断创新，这才是打品牌。"黄辉说。

拥有这样的服务，以及机上更加舒适的客舱环境，吉祥机票的价格高似乎有点道理。目前，根据吉祥的统计，大部分航线航班的上座率已经在 80% 左右，平均票价在基准价全价的七八折左右，其中有三成左右是商务客。王均金认为，一家航空公司刚刚起步，旅客肯定有一个对其逐步认知的过程，现在吉祥已经有很多"回头客"了，吉祥还将不断有惊喜推出，培养这块市场。

王均金说，其实很多客人并不在乎票价便宜 100 元还是便宜 200 元，他在乎的是自己的感受，所以吉祥将尽力把这类乘客服务好。

（资料来源：http://finance.sina.com.cn/chanjing/b/20070429/11101377469.shtml.）

【问题】

吉祥为什么可以在如此短的时间内在市场竞争中取得成功？

第三章　航空服务消费行为分析

第一节　服务消费行为

一、服务消费行为概述

消费行为就是消费者寻找、购买、使用和评价用以满足需求的商品和劳务所表现出的一切脑体活动。消费行为包括三个方面：①消费行为可以表述为寻找、选择、购买、使用、评价商品和劳务的活动，这些活动本身都是手段，满足消费者的需求才是它们的目的；②消费行为是一个复杂的过程，包括购买前、购买中和购买后的心理过程；③消费者在消费过程中扮演不同的角色，在某种情况下，一个人可能只充当一种角色，在另一种情形下，一个人则可能充当多种角色。

服务不以实物形式而以提供劳动的形式满足他人某种特殊需要，即消费者花钱购买的就是显性和隐性的利益。同有形商品相比，服务具有无形性、生产过程与消费过程同时性、易变性、时间性、所有权不可转让性等特点。因此，服务消费行为不同于有形产品的消费行为。服务购买过程及其决策过程受消费者购买服务时的心理状态的影响，也有别于一般有形产品的购买过程及决策过程。

二、服务消费趋势

随着社会经济的发展和人民生活水平的提高，服务消费呈现出以下几个发展趋势。

（一）服务消费在消费结构中所占的比例呈上升趋势

与我国城乡居民的恩格尔系数下降的趋势相一致，人们用于基本物质消费的比例呈下降的趋势，而用于服务消费的比例呈上升的趋势。

据国家统计局1999年10月22日公布的数据表明，我国城市恩格尔系数已由20世纪80年代的57%下降到48.6%，在城市居民的平均消费支出中，实物支出呈下降趋势，精神服务支出呈上升趋势。

与温饱型消费不同，小康型消费的消费结构、高生活质量的需求日益增长，人们逐步成为服务消费的主体。就普通家庭而言，日常的服务消费就相当可观：一部电话，月支出几十元；请一个保姆或钟点工几百元；请家教，又是一笔开销；把液化气罐扛上楼，多数是请人代劳。还有如休闲、娱乐、旅游、保健等开销，都属于服务消费。

（二）服务消费的领域呈多元化扩大趋势

服务消费已经不仅仅局限于购买产品的过程或之后所享受的种种待遇，也不只停留在传统的服务业所提供的消费，而是扩大到社会各种领域，包括社会文化娱乐、人际交往、社会组织系统、高新科技领域等。

（三）服务消费市场是一个巨大的潜在市场，服务消费品呈不断创新趋势

服务性行业是劳动力密集型产业，是容量最大的吸纳劳动力的场所。在发达国家，第三产业的从业人员超过70%。如同实物消费品生产需要不断开发新产品一样，服务消费品也在不断创新。凡是感到不方便、不称心，或需要提供帮助的地方，都是服务消费的潜在市场，只要认真加以开发，就能创造出许多新的服务品种。

（四）服务消费正在向追求名牌的境界发展

随着消费者自我保护意识的增强，服务消费进入追求名牌服务产品消费的阶段。物质产品要创名牌，服务产品也要提倡创名牌。许多企业正借鉴国外服务企业的先进管理经验和经营方式，努力提高从业人员的素质，逐步形成一批服务规范、信誉好、消费者信得过的名牌服务企业，以推动整个服务消费市场向更高境界发展。

三、服务消费购买心理

中国是一个大国，消费者的收入水平、支付能力和购买习惯存在着差异性，表现在市场上，消费者对商品和服务的需求呈现出多层次、多样化的发展趋势。消费者购买服务大

致有以下几种倾向。

1. 追求质量

有 52% 的消费者在购买商品时把质量放在首位，即使价格偏高或样式普通，也愿意选购质量好的商品。特别是购买一件数千元的大件耐用商品，必须慎重考虑质量问题，这样可免去购买后发生退换、维修等烦恼。

2. 追求实用

有 51% 的顾客在购买商品时追求实际使用价值，不过分挑剔新颖、美观、色调等。例如，购买电冰箱时，虽然是普通型的，但要求冷冻室大、节电、不容易出故障、实用即可。

3. 追求方便

有 32% 的顾客在购买商品时注重使用方便、维修便利，以方便省时为标准。例如，为了日常生活的方便，在购买商品时愿意选择售后服务好、跟踪安装、跟踪调试、跟踪维修的企业产品。

4. 追求价廉

有 27% 的顾客以价格低廉的商品为购买目标，这些顾客多为中、老年人和低收入户。他们在观念上保持着俭朴的传统，对款式、花色、功能等均无过多的要求，在同类商品的选择中，多以价格低廉的商品替代价格较高的商品。

5. 追求信誉

有 10% 的顾客对商品的生产厂家和信誉很重视，对质量好、信誉高的商品长时间使用，有的商品几乎已经成为习惯性消费品，如护肤类、鞋类、洗涤类、牙膏等商品。

6. 追求新奇

有 5% 的消费者在购物时追求新颖新奇，注重新花色、新款式、新产品。这些人往往对广告联展的促销活动很敏感，容易接受新事物，这一消费群体多为青年人。

7. 追求名牌

有 3% 的消费者在购买商品时注重名牌、高档、豪华，以上千元的时装、数百元的皮鞋来显示自己的高贵和"派"。该消费群体多为中外民营企业、合资企业、独资企业的白领阶层。

四、服务消费行为的特征

与有形产品的消费行为的特征相比，服务消费行为的独特性主要表现在以下几个方面。

（一）信息搜寻方法

消费者购买有形产品通常从两类渠道获取信息：一是人际渠道；二是非人际渠道，即产品本身、广告、新闻媒介等。消费者购买服务产品则主要是通过人际交流来获取所要购买的服务信息，而广告等媒体沟通手段相对地不被服务消费者所重视。这是因为以下几个方面。

（1）大众媒体多适合于传递有关有形产品可寻找特征方面的信息，服务产品多为经验特征和可信任特征，只适合于消费者向社会相关群体获取。

（2）服务提供者往往是独立机构，它们不会专为生产者产品做经验特征的广告。而生产商与中间商所采用的联合广告往往侧重于产品本身的性能、质量，而不会专门为服务做广告。

（3）消费者在购买服务之前很难了解到服务的特征，为了避免购买的风险，乐意接受相关群体的口头传播的信息，认为这样的信息可靠性强。

但是，服务信息的收集并不完全排斥非人际来源，如音像、电视、电影、戏剧等文化服务，广告及其他新闻媒体的宣传往往是消费者采取购买行动的重要原因。

（二）风险知觉

因为服务的生产与销售同时进行，因而消费者在购买服务产品时感知到的风险可能更大。这一方面涉及购买价格风险，另一方面更可能遇到的是功能风险，主要是由服务的无形性和易变性所造成的。特别是在专业性的服务中更容易出现这种情况。例如，乘坐飞机，若遇上雷暴天气，不得不延迟飞行，反而不如乘坐列车节省时间，虽然没达到快速空间位移的要求，还得付费。当然，消费者对服务的功能性风险的知觉也和消费者本人的期望有关。只有当消费者期望得到的利益与服务提供者真正提供的服务之间有距离的时候，消费者才会感知到风险。

（三）品牌忠诚度

消费者购买服务受获取服务信息困难的影响，难于全面了解到有关替代品的情况，对替代服务能否比现有服务更能增强满意度亦无把握，因而不如仍选择原有的服务。例如，很多人经常光顾餐馆或美容店等，特别对于如美容等这类服务来说，因为服务时必须有个人接触，而且美容的效果对个人的形象极为重要，所以在没有别人特别推荐或介绍的情况下，消费者轻易不会改变他（她）自己认为还算不错的美容师。因此，消费者一般不会轻易转换服务品牌，服务品牌的忠诚度较高。对服务业来说，鼓励已有的消费者保持品牌忠诚是可能的，但创造新的消费者就比较难。那么，服务业如何吸引新的消费者呢？例如，可以通过"会员制"的方法来吸引新的消费者。一次购买金额达到了多少数目，就可以成为该企业的会员，那么每次购买时都会因为会员的身份而有一定的优惠。另外，很多航空公司推出的里程制，即消费者飞行多少里程就可以积相应的积分，积分到一定数量的时候有相应礼品相送。这些方法都能有效地吸引新的顾客群。

（四）服务质量的评估

在购买有形产品时，消费者可以凭借产品的款式、颜色、商标、包装和价格等多种标准来判断产品的质量，而购买服务时，消费者只局限于价格和各种服务设施等方面。在管道维修、楼房管理、草坪剪修等服务行业，消费者在购买服务之前只能获得价格方面的信息，通过价格的高低来判断服务的质量；而对于理发、法律咨询和健身等服务，消费者则要根据有形的服务设计，包括办公室、场所、人员及其设备等判断产品质量。服务质量判断标准的单一性或连带性容易造成假象，对消费者形成误导。在许多情况下，服务质量不一定与价格成正比关系，服务场所的设计和设备也不一定形成良好的服务质量。

服务质量的评估是在服务传递的过程中进行的。在服务过程中，消费者与服务人员要发生接触。消费者对服务质量的满意是指将对接收的服务的感知与对服务的期望的比较。即当感知超出期望时，消费者就会认为质量很高，表现出高兴甚至惊讶；当没有达到期望时，消费者就会认为这种服务是不可接受的，表现出不满甚至愤怒。

（五）对不满意的归咎

消费者对购买的商品不满意，不是归咎于中间商，就是归咎于生产厂商，一般不会归咎于自己。但是，若购买服务则不然。由于顾客在很大程度上参与服务的生产过程，消费者会觉得对服务后果的不满意负有一定的责任，或是自悔选择对象不当，或是自责没有给服务提供者讲清要求，或是为没有与对方配合好而自咎。服务质量既是服务提供者的事，也取决于消费者的认同与看法，这为企业引导和调动消费者配合完成服务过程提出了更高的要求。

资料链接 3-1

民航消费者特征

1. 民航消费者人口及消费特征

（1）男性，年龄多在 30～50 岁，受教育程度都比较高（大专或本科以上）。

（2）公务旅客为主（62.2%），公费为主；主要是国有单位行政管理人员，私营企业、合资和外资企业的一般职员，私营企业主 / 个体劳动者。

（3）有相当一部分（10.7%）每年飞行 21 次以上的重度消费者。

2. 民航消费者购买行为特征

（1）一般距离 800 公里以上会考虑选择飞机作为交通工具。

（2）54.4% 的消费者购买时并不固定一家航空公司。

（3）在购买之前，53.9%的消费者已经选择好航空公司。

（4）主要通过电话订票、票务代理和自行购买三种形式购买机票，自行购买在目前仍是首要的购买方式。

（5）购买机票时最先考虑的是服务质量，其次是机型、准时、票价和购票的方便性。

（6）最注重安全保险，其次是空姐服务、订票服务、售票服务。

（7）通过许多途径了解航空公司，首要的途径依次为电视广告、报纸广告、亲朋介绍、售票处介绍和旅行社介绍。人际传播在消费者了解航空公司的过程中起着巨大作用。

3．民航消费者类型

通常在差异化的市场营销过程中，依据不同的指标将消费者划分为不同的群体。在这里，选取两个指标，即根据不同的乘坐频次，将消费者区分为重度消费者（平均每年乘坐飞机的次数在21次以上）、中度消费者（平均每年乘坐飞机的次数在5~20次）和轻度消费者（平均每年乘坐飞机的次数少于4次）；还可根据乘坐航班的不同原因，将消费者分为公务消费型（公务）和非公务消费型（旅游、探亲、学习）两类。

研究结果表明，乘坐频次越多，公务性消费的比例越高，乘坐频次越少，非公务性消费的比例越高。根据这两个标准，可以将民航消费者划分为以下六种类型，见表3-1。

表 3-1 民航消费者的类型

不同消费类型	人　　数	百分比 /%
轻度公务型	年乘坐次数 4 次以下，以公务为主	22.7
轻度非公务型	年乘坐次数 4 次以下，以旅游、探亲、求学等为主	29.5
中度公务型	年乘坐次数 5~20 次之间，以公务为主	30.2
中度非公务型	年乘坐次数 5~20 次，以旅游、探亲、求学等为主	6.9
重度公务型	年乘坐次数 21 次以上，以公务为主	9.5
重度非公务型	年乘坐次数 21 次以上，以旅游、探亲、求学等为主	1.1

（资料来源：北京雷明顿广告发展中心. 2000. 中国东方航空集团整合营销传播建议书 .）

第二节　航空服务消费的购买心理

一、航空服务消费的心理活动过程

航空服务消费者的购买心理，是指航空服务消费者在购买活动中的心理活动过程，也就是航空服务消费者对航空服务产品反映的心理轨迹。航空服务消费者在购买过程中发生的复杂微妙的心理活动，影响着购买活动的全过程，支配着购买行为。这个心理活动过程包括认知过程、情感过程和意志过程。

（一）认知过程

认知过程即航空服务消费者接触、了解、掌握航空服务产品信息的过程，是购买活动的基础和先导。认知过程是由注意、感觉、知觉、记忆和联想、思维等几种心理活动复合而成的。

1. 注意

注意是心理活动对一定对象的指向和集中，是认识行动的基础。

2. 感觉

感觉是消费者在购买活动中对航空服务产品属性的主观反映。航空服务是一种高接触性服务，也即在航空服务消费过程中消费者参与其中全部或者大部分的活动及过程。因此，不同的消费者对同一服务的结论可能是不一样的。同时，同一消费者在不同的时间看待同一服务的结论也可能不同。

3. 知觉

随着感觉的深入，以各种感觉材料进行分析、综合，便形成消费者对航空服务产品整体特性的反映，这就是知觉。航空运输服务过程中重点的是消费者对航空服务人员的知觉，它直接影响到消费者与航空服务人员的人际交往。

4. 记忆和联想

记忆和联想是航空服务消费者对经历过的事物的反映，产生由此及彼的心理现象。

5. 思维

消费者在注意、感知、记忆、联想的基础上就进入高一级的心理活动，即思维。它是人脑对信息的处理，包括分析、抽象、综合、概括、对比系统的和具体的过程，也即是对航空服务产品形成整体看法的过程。

（二）情感过程

情感过程是航空服务消费者对航空服务产品的主观体验和感受过程。这个心理活动过程形成了航空服务消费者对航空服务产品的主观态度，即对产品的好坏、优劣、肯定与否定的情感倾向。通常情况下，消费者对航空服务产品存在三种典型态度：一是信任型，即消费者对所要购买的航空服务产品的各个方面持完全肯定的态度；二是怀疑型，即消费者对所要购买的航空服务产品部分满意或心存疑虑；三是反对型，即消费者对所要购买的航空服务产品持完全否定的态度。

情感过程是航空服务产品购买心理活动过程中的关键阶段，是否购买的思想倾向在这时明显分化。消费者若能产生积极的感情体验，就对购买欲望和购买行为具有促进作用；反之，则有抑制作用。

（三）意志过程

意志过程就是消费者在购买活动中有目的地、自觉地支配和调节自己的行动，克服各种困难，实现既定的购买目标的心理过程。

航空服务消费者经过认知、情感阶段，通过各种渠道获取的有关航空服务产品的信息在这个阶段进行归纳、概括之后，并结合自己的需要，决定采取购买行动。在航空服务消费中，意志品质对消费者的行为方式具有重要作用。例如，对空中运输的安全性具有疑虑时，在采取决定购买阶段，有时会发生激烈的思想冲突，从而选择其他的交通运输方式。又如，具有意志果断性的消费者往往能抓住时机，及时做出购买决策；而缺乏意志果断性的消费者则优柔寡断、缺乏主见、坐失良机。

二、航空服务消费的心理需求与动机

消费者购买航空服务产品是一个动态的消费过程，包括对航空公司、航班、舱位等级的选择等行为。心理学研究认为，人的行为是由动机决定的，而动机又是由需要引起的。需要是人们对某种目的的实现渴求和欲望。人们一旦感到缺少东西，就会产生不满足之感，产生一种想得到该种东西的动力，以求得到满足的感觉。需要是人的一种感受状态，如饿、冷、悲伤、快乐等，是人天性中的部分，所以营销无法创造需要，但是营销可以引导需求。需求是指消费者有能力购买并且愿意购买的某个具体产品的欲望。研究航空服务消费者的需求，是什么动机驱使他们采取购买行为，有利于航空公司与消费者达成交易，将航空服务产品推销出去。

（一）航空服务消费的心理需求

1. 快速性、及时性需求

航空服务消费的核心就是实现旅客或者货物空间位置的改变。相比其他运输方式，航空运输速度快、空间跨度大。由于航空运输所采用的运送工具是飞机，飞机的飞行时速大约都在每小时600~800公里，比其他的交通工具要快得多，火车时速大约在每小时100~140公里，汽车在高速公路上的时速是120~140公里，轮船就更慢了。随着现代社会经济生活和日常生活节奏的加快，世界经济逐渐全球化，人们之间的交流越来越频繁，对航空服务产品的快速性、及时性需求越来越迫切。

2. 安全性需求

航空运输本身是最安全的运输方式，飞机自身的高安全系数也提高了旅客或者货物的安全系数。

按照国际航空运输协会的统计，只要一名普通乘客乘坐的是西方飞机制造商生产的飞机，那么他遭遇航空事故的概率低于五百三十万分之一。从事故发生的概率而言，就算是飞行时间最长的飞行员用一辈子的时间进行飞行，也很难超过两万架次。航空业事故发生概率非常低，即便是一个人天天坐飞机，也要一万四千年才有可能遇上一个航空事故。但是，飞机事故造成的社会影响却比其他事故更大。原因就是事故虽相对少，但是严重程度高、受关注度大。因此，必须全力保障安全，摒除人为安全事故因素。只有用良好的飞行记录说话，顾客才能放心地购买航空服务产品。

而一些特殊的货物，如海鲜、活动物、古董、仪器等，因为自身不适宜长时运输，采用航空运输更具有安全性。

3. 经济性需求

我国的航空事业经过几十年的发展，航空运输市场正历经由"贵族式"向"平民化"的嬗变。在其他条件相同的情况下，价格就成了左右消费行为的关键因素。经济性需求的核心是"廉价"。存在这种心理的顾客，在选购商品时，往往要对同类商品之间的价格差异进行仔细的比较，还喜欢选购折价或处理商品，使利益达到最大化。

4. 便利性需求

便利性需求表现为消费者对购买和消费航空服务产品过程中便利程度的要求。在购买过程中，消费者要求以最少的时间、最近的距离、最快的方式购买到所需商品。同类商品，质量、价格几近相同，其中购买条件便利者往往会成为消费者首先选择的对象。因此，航空服务营销需要搭建方便快捷的购物渠道。

在航空服务产品消费过程中，方便快捷地办理改签、退票等业务，也是受消费者青睐的因素。

5. 社会象征性的需求

相比其他运输消费，航空服务消费属于高端消费。在过去相当长一段时间内，航空服务消费体现和象征着一定的社会意义，或者体现着一定的社会地位。能使消费者显示自身的某些社会特性，如身份、地位、财富、尊严等，从而获得心理上的满足。在人的基本需求中，多数人都有扩大自身影响、提高声望和社会地位的需求，有得到社会承认、受人尊敬、增强自尊心与自信心的需求。但是，随着航空服务消费向大众化发展，这种需求会越来越弱。

6．对良好服务的需求

良好的服务可以使消费者获得尊重、情感交流、个人价值认定等多方面的心理满足。对服务的需求程度与社会经济的发达程度和消费者的消费水平密切相关。现代消费中，商品与服务已经成为不可分割的整体，而且服务在消费需要中的地位迅速上升。航空服务消费者支付货币所购买的不仅仅是空间的位移，还购买了与之相关的服务，其中包括售前、售中、售后服务。从某种程度上说，服务质量的优劣已成为航空服务消费者选择购买商品的主要依据。

（二）航空服务消费的心理动机

心理需求引发动机，动机引发行为。有什么样的动机就有什么样的行为。航空服务消费动机分为三类：感情动机、理智动机、信任动机。

1．感情动机

感情动机就是人的感情需要引发的购买欲望。感情动机可以分为两种情况，一种是情绪动机，另一种是情感动机。情绪动机是由于人们情绪的喜、怒、哀、乐的变化所引起的购买欲望。针对这种购买动机，在促销时就要营造顾客可以接受的情绪背景。感情动机是由人们的道德感、友谊感、群体感、美感等情感需要所引发的动机。例如，为了被尊重的需要，而购买服务口碑好的航空公司的航空服务产品，或者拒绝购买某些社会公众形象差、没有道德感的航空公司的航空服务产品。

2．理智动机

理智动机就是消费者对某种商品有清醒的了解和认知，在对这个商品比较熟悉的基础上所进行的理性抉择和做出的购买行为。拥有理智动机的消费者会比较权衡各种航空服务产品的优势和劣势，如经济、安全、便捷、服务等因素，从而做出理智的购买行为。

3．信任动机

信任动机是基于对某个品牌、某个产品或者某个企业的信任所产生的重复性的购买动机。例如，一些消费者认为某航空公司的服务好、安全系数高，即使价格高，也愿意选择乘坐该航空公司的飞机。

资料链接 3-2

航空服务消费趋势

随着中国改革开放的深入，人均 GDP 逐年上升。2007 年，我国的人均 GDP 达到

2675 美元。理论上，人均 GDP 超过 2000 美元是航空业从高端消费向大众化消费转型的快速增长阶段。2007 年，我国的航空运输量为 1.39 亿人次。2012 年，人均 GDP 超过 3000 美元，航空运输量为 3.19 亿人次。我国的航空运输量在大幅增长的同时，旅客在旅行目的、经济收入水平、乘飞机的频率、购票资金来源、购票渠道与支付方式等方面发生了深刻的变化。经过比较分析，大众化趋势下航空服务消费趋势主要体现在以下几个方面。

1. 出行目的休闲化

航空旅客类型一般分为商务旅客、公务旅客、旅游旅客、探亲旅客及其他客源。一般将旅游旅客、探亲旅客及其他客源旅客类型归类为休闲旅客。公务旅客和商务旅客的特点是对航空产品和服务要求较高、价格敏感度低及公费出行；休闲旅客对航空产品服务的要求没有公务旅客和商务旅客高，但更具价格敏感性，购票资金多为自费。

数据显示，淡季时，休闲旅客所占比例在 2006 年开始超过公务旅客和商务旅客，此后两者的比例相对稳定；旺季时，这一时间点提前至 2003 年，而且休闲旅客所占比例有进一步上升的趋势。休闲旅客所占比例的超过公务旅客和商务旅客，有力地说明乘坐飞机已不再是公务旅客和商务旅客出差的"专利"，航空运输消费目的正在不断地"普适化"。

2. 收入水平离散化

旅客群体年收入水平的离散化分布及低收入群体的增加，是航空客运市场大众化发展的另一个重要特点。数据显示，自 2004 年以来，低收入旅客群体的比例持续增加。以 2010 年数据为例，年收入 5 万元以下及无收入旅客比例已达 41.7%，占最高比例；年收入 5 万～10 万元旅客占次高比例，达 27.6%；尤其是旅游旺季，休闲旅客大量增加，无收入旅客比例由淡季的 9.7% 上升到 17.5%。

低收入群体比例的增加有力地反映了我国航空运输消费主体正在由金字塔尖的高端商务旅客向中低端休闲旅客方向移动，航空客运市场正历经由"贵族式"向"平民化"的嬗变。

3. 购票资金自费化

在国内，航空旅行只属于少数高端群体的消费时代，购买机票的资金也绝大多数来源于公费报销。毫无疑问，民航自费购票旅客比例的不断增加是民航大众化发展的一支"晴雨表"。

调查数据显示，我国民航自费购票旅客比例在不断上升，公费购票旅客比例则在不断下降。2004 年，公费购票旅客比例占 51.4%，自费购票旅客比例占 45.1%，其他占 3.5%；2006 年，公费、自费两大主体的比例分别变为 42% 和 49.5%，自费旅客比例超过了公费旅客，至 2010 年，公费、自费旅客比例结构进一步调整为 40.5%、54.9%。

进一步的交叉分析表明，2010 年，自费旅客群体中，因公务和商务出差的仅占 18.6%，度假旅游和探亲访友等休闲旅客所占比例则高达 81.4%。

4. 旅行频率适众化

旅客乘坐飞机的旅行频率与旅行目的直接相关。一般而言，公务和商务旅客年出行次数较多，而休闲旅客年出行次数相对较少。当首次坐飞机出行的旅客群体越来越多时，民航的大众化程度也就越广。

2004～2010 年休闲旅客旅行频率的比例变化表明，近些年来，年乘机 5 次以下的群体几年以来都高居 50% 以上，且以休闲旅客为主，其中包括很大一部分首次乘坐飞机的新生力量。旅行频率的"适众化"也指向性地说明，航空运输方式在我国已渐普及，乘飞机出行正逐渐成为大众化的旅行方式。

5. 购票渠道和支付方式大众化

与航空消费主体结构变化相一致，近几年来，民航旅客购买机票的渠道和票款支付方式同样呈现出大众化态势。

从购买机票渠道看，2006 年，作为当时很多单位及公务和商务旅客非常认可的机票购买渠道，电话购票比例占 64%，占绝对领先优势，售票处和网上购票的比例分别只占 14.5% 和 17%。2010 年，网上购票（占 39%）和售票处购票（占 33%）分别取而代之，电话购票（占 28%）比例排在第三位。这与中、低端购票群体经常使用"网购"行为密切相关。尤值得一提的是，首次或低频率坐飞机的旅客群体往往会选择到售票处直接购买机票，这直接提升了售票处购票的比例。

（资料来源：http://news.carnoc.com/list/270/270103.html.）

三、影响航空服务消费的因素

影响航空服务消费的因素包括客观因素、主观因素。

（一）客观因素

客观因素主要指的是与航空服务消费者没有直接关联的、不由航空服务消费者决定的因素。客观因素具体包括以下几个方面：

1. 政治和法律环境因素

政治环境是指企业市场营销活动的外部政治形势。一个国家的政局稳定与否，会给企业营销活动带来重大的影响。如果政局稳定，人民安居乐业，就会给航空企业营销造成良好的环境。相反，政局不稳，社会矛盾尖锐，秩序混乱，就会影响经济发展和航空市场的稳定。

法律环境是指国家或地方政府所颁布的各项法规、法令和条例等，它是企业营销活动的准则，企业只有依法进行各种营销活动，才能受到国家法律的有效保护。例如，多年来我国严格的航空进入管制，制约了航空运输业的发展。20世纪50年代的中国民航只有二十多架飞机，乘坐飞机是很多人的梦想，却只能是少数具有一定级别的官员才有享受的资格。即使是在改革开放初期至20世纪80年代末，购买机票依旧需要单位开具介绍信。随着改革开放的深入，中国航空运输市场逐渐开放。不仅国内的非国有资本进入了民航市场，外资也逐步拓展进入了中国市场。航空服务的供给市场扩大，航空服务消费也在不断攀升。

2. 经济发展水平因素

经济发展水平是指一个国家经济发展的规模、速度和所达到的水准。反映一个国家经济发展水平的常用指标有国民生产总值、国民收入、人均国民收入、经济发展速度、经济增长速度等。航空服务消费者所在国家或地区经济发展水平不同，那么消费者在出行的时候考虑的因素也存在不同。即在经济发展水平高的国家和地区，航空服务消费的需求水平就高。反之，在经济发展水平较低的国家和地区，航空服务消费的需求水平就低。

3. 文化环境因素

文化环境因素主要包括消费者所处的文化环境、参照群体对消费者的影响。

文化即"人化自然"，即人类发挥其主观能动性，把人的智慧、创造性、感情注入自然，使自然成为被人所理解、沟通和利用的对象。它包括文字、语言、建筑、饮食、工具、技能、知识、习俗、法律、艺术等。美国文化人类学家吉尔兹曾经定义文化是"人类为了传达关于生活的知识和态度，使之得到传承和发展而使用的、以象征符形式来表现的继承性的观念体系"。不同的文化环境，使人们有着不同的观念体系。

参照群体是指个体在购买和消费决策时，用以作为参照和比较的个人与群体。参照群体最初是指家庭、朋友等个体与之具有直接互动的群体，但现在它不仅包括这些具有互动基础的群体，而且也涵盖与个体没有直接面对面接触，但对个体行为产生影响的个人和群体。参照群体具有规范和比较两大功能。前一功能在于建立一定的行为标准并使个体遵从这一标准。例如，受父母的影响，子女在食品的营养标准、如何穿着打扮、到哪些地方购物等方面形成了某些观念和态度。个体在这些方面所受的影响对行为具有规范作用。后一功能，即比较功能，是指个体把参照群体作为评价自己或别人的比较标准和出发点。例如，个体在布置、装修自己的住宅时，可能以邻居或某位熟人的家居布置作为参照和仿效对像。

文化环境、参照群体影响着人们的需要水平，以及对产品的质量、款式、种类的选择等。在航空服务消费行为中，主要的外在表现是顾客航空的价值观念，如顾客对舒适性、便捷性、经济性等要素的重要性排序。

4. 航空公司本身属性因素

不同的航空公司对于航班的政策和规定各不相同，会导致消费者对不同航空公司、航班和舱位等级的选择不同；不同航空公司的航空产品存在不同的特性，而这些特性对消费者的购买行为存在着特别重要的影响。这些因素主要包括以下几方面。

1）航线

飞机飞行的路线称为空中交通线，简称航线。飞机的航线确定了飞机飞行的具体方向、起讫点和经停点等。航线可分为国际航线、国内航线和地区航线三大类。整个空运市场就是航线网，一条航线就是一个细分市场。航线营销是航空公司营销的重要组成部分，是航空服务消费者产生消费需求的主要依据。

2）航班

航班指飞机由始发站按规定的航线起飞，经过经停站至终点站或不经经停站直达终点站的运输飞行。在国际航线上飞行的航班称为国际航班，在国内航线上飞行的航班称为国内航班。航空服务实质上是为了满足消费者的空间迅速移动的需求。因此，航班的正点率、班期时刻表安排等是影响消费者需求选择的重要因素。

3）票价

相比其他产品，航空服务产品具有很强的同质性。航空服务产品一般只有头等舱、公务舱和经济舱的分别。同时，各家航空公司的产品差别也不是很明显，因而消费者在选择产品时主要受到价格因素的影响。

4）常旅客计划

常旅客计划是指航空公司向经常乘坐其航班的消费者推出的以里程累积奖励为主的促销手段，是吸引公务和商务消费者、提高航空公司竞争力的一种市场手段。当里程达到一定标准时，会员可用所得里程换取免费机票、免费升舱或其他指定的奖励。对大多数商务消费者来说，常旅客计划也是考虑的因素。

5）机型

部分对价格不是特别敏感的消费者在选择航空服务产品时更加注重出行的安全性、舒适性。例如，部分乘客可能偏好大型宽体飞机，绝不乘坐中小型单通道飞机。也有些消费者在远程飞行时会尽量避免选择双发飞机，而是选择四发飞机。

6）销售渠道

所谓销售渠道是指产品从生产者向消费者转移所经过的通道或途径，它是由一系列相互依赖的组织机构组成的商业机构。即产品由生产者到用户的流通过程中所经历的各个环节连接起来形成的通道。

目前，航空服务产品的销售渠道主要有直销和分销两种形式。航空公司直销和代理分销各有优势，面向不同的细分市场，互为补充。经过十几年的发展，中国形成了多种分销渠道。除了传统的门店销售模式外，还有如携程等的在线机票销售模式，酷讯、去哪儿等网站的机票垂直搜索引擎模式等。同时，随着电子商务的快速发展，航空公司逐步扩大直销范围，通过不同平台提升直销比例。销售渠道是否畅通便捷，也是影响消费者选择的一个重要因素。

7）航空公司的品牌

品牌是人们对一个企业及其产品、售后服务、文化价值的一种评价和认知，是一种信任。品牌是一种商品综合品质的体现和代表。它是在经营中逐步形成的，代表了企业和消费者的利益认知、情感归属。品牌是航空公司社会形象的标志，传递了消费者对航空公司的信赖。消费者对航空公司品牌的整体看法影响了消费者的知觉价值、态度和购买意愿。

（二）主观因素

主观因素，是指在消费行为过程中与消费者本身有直接关联的，或是消费者可以决定的因素。主观因素具体包括以下几个方面。

1. 消费者自身因素

1）消费者的性别、年龄

消费者对产品的需求会随着年龄的增长而变化，在生命周期的不同阶段，相应需要各种不同的商品。不同性别的消费者，其购买行为也有很大差异。

2）消费者的学历、职业

不同职业的消费者，对于商品的需求与爱好往往不尽一致。消费者的地位也影响着其对商品的购买，具有较高社会地位的消费者，将会购买能够显示其身份与地位的较高级的商品。

这些因素通过影响消费者对航空经济性、便利性和舒适性的重要程度的认识及期望值来影响消费者的选择行为。

3）消费者的经济收入情况

消费者的经济收入情况会强烈影响消费者的消费水平和消费范围，并决定着消费者的需求层次和购买能力。消费者经济状况较好，就可能产生较高层次的需求，购买较高档次的商品，享受较为高级的消费；相反，消费者经济状况较差，通常只能优先满足衣食住行等基本生活需求。经济收入代表个体的购买力，而购买容量和购买意愿在很大程度上决定于购买力。相对于汽车和火车等运输服务消费，航空服务消费是一种较高水平的消费，它与消费者的经济收入水平有着直接的关系。

2. 消费者出行目的

出行行为实际上只是为达到出行目的的一种从属行为，因此，不同的出行目的会产生不同的航空选择。通常多数公司按照旅行目的会将航空客运市场分为商务旅行市场和休闲旅行市场。时间价值高的商务消费者，一般不愿意接受需要在目的地停留很长时间的低舱位等级；而时间价值较低的休闲消费者，则不会介意在目的地的停留时间限制，他们更关注机票的价格。根据中国航空运输发展报告中的统计，我国民航市场中公务消费者所占比例虽不断下降但仍是最高，2007 年为 45%，旅游、探亲访友的比例比 2006 年有所降低（36.7%）。自费消费者所占比例为 50.7%，略大于公费的 49.3%。

3. 旅途远近

短途消费者和长途消费者在需求和购买选择上有根本的不同，短途消费者对机场服务和条件的要求较高，但对空中服务的要求，如座椅、餐食等却相对较少。与之相反，在远程航线上，空中服务的好坏对保证顾客满意度和吸引其再次购买显得非常重要。

4. 消费者心理因素

消费者的选择心理不同，其最后的购买决策结果也就不同。对于节俭型的消费者，他可能会选择价格低的航空公司、航班和舱位来满足自身的出行需求；而对于有炫耀心理的消费者，他有可能选择知名航空公司、大型飞机、头等舱或公务舱，以表明自己的身份和地位。从我国民航消费者运输市场构成情况来看，经济型的消费者占主体，且比例有逐年上升的趋势，2007 年的比例为 88.2%。

实训项目 3-1

【实训主题】试调查学生对航空服务产品的需求状况，并分析他们存在的购买动机。

【实训目的】通过对学生航空服务产品的需求状况与动机的分析，掌握航空服务消费者购买心理的基本理论，从而加深对航空服务消费者购买行为的理解。

【实训形式】由学生自由组合成研究性学习项目小组，3～5 人为一小组，以小组提交调查报告。

【实训步骤】①收集资料，通过问卷调查收集数据；②分析整理，小组根据所收集的资料进行分析、归纳、总结；③交流讨论，小组相互交流、讨论。

【实训评价】教师评价、小组互评。

第三节　航空服务消费的购买决策

一、航空服务消费购买决策概述

（一）航空服务消费者的角色与作用

消费者是为个人的目的购买或使用商品和接受服务的社会成员。假如一个母亲为即将去异地上大学的儿子购买机票，那么谁是消费者？是母亲还是儿子？为什么会产生这样的差异？这是因为消费者在消费过程中扮演了不同的角色，而成为具有不同作用的消费者。

根据在航空服务消费过程中的作用，航空服务消费者角色可以分为五种，见图 3-1。

（1）倡导者，即本人有消费需要或消费意愿，或者认为他人有消费的必要，或者认为其他人进行了某种消费之后可以产生所希望的消费效果，倡导别人进行这种形式的消费。

图 3-1　航空服务消费者角色

（2）决策者，即能够对是否购买、买什么、买多少、何时买、何处买等问题做出全部或部分的最后决定的人。

（3）影响者，即其看法或意见对最终决策具有直接或间接影响的人。

（4）购买者，即直接购买航空服务产品的人。

（5）使用者，又称为"最终消费者"、"终端消费者"，即最终使用、消费航空服务产品的人。

（二）航空服务消费购买决策过程

航空服务消费购买决策是指消费者谨慎地评价航空服务产品的属性并进行选择、购买，以满足空间位移需求的过程。它由以下五个阶段构成。

1. 引起需要

需要的引起有两个方面的原因。一个原因是内在的，是由生理所决定的。例如，肚子饿会产生对食物的需要，渴了会产生对水的需要，这些是由生理变化所决定的。引起需要的另一个原因是外在的刺激。例如，看到某个人穿着非常漂亮得体的服装，这个外在的刺激使自己对这种服装产生了希望拥有的欲望。

引起航空服务消费的需要有很多，如外出旅行，外出开会、谈判，异地求学等。对航空公司来讲，就要通过适当的方式刺激消费者，使之了解、喜欢自己的产品，并产生购买欲望。

2. 收集信息

在市场营销中，经过研究，发现消费者购买决策的第二步是收集信息。航空服务消费在此阶段关注到的信息包括航空公司品牌、形象、航班、服务、票价等方面。而航空公司需要了解目标消费者接受信息的通道，如报纸、杂志、电视、网络、口碑等。

3. 比较评估

作为消费者，可能会从不同的渠道收集很多信息。他收集大量的信息之后要做什么？要对此进行分析，做出决策，这就是比较评估。

4. 实际购买

实际购买是消费者购买决策中的第四步。这时候，航空企业要做到热情接待、周到服务，使消费者在非常温馨的交易情景下接受商品。因为在这个实际购买的过程中，顾客依然可能做出否定购买的决策。因此，必须按照顾客接受的最佳状态、最佳时机考虑接待方式。

5．购后感受

购后感受是消费者在使用或者消费航空服务产品后，根据自己的体验来检验自己的购买决策是否正确，作为今后购买决策的参考。因此，购后感受的满意与否决定着消费者以后的行为。若满意，消费者会再次购买该产品；若不满意，消费者不会再购买。

二、航空服务消费购买决策原理

（一）最优化决策原理

1．最优化决策原理基础

航空服务消费购买决策是消费者从一些可供选择的方案中选出一个特定行动方案的过程。根据菲利普·科特勒的观点，理性的消费者在购买产品时，总是希望把有关成本降低到最低限度，又希望从中获得更多的实际利益，以使自己的需要得到最大限度的满足。因此，顾客在选购产品时，往往从价值与成本两个方面进行比较分析，从中选择出价值最高、成本最低，即"顾客附加价值"最大化的产品作为优先选购的对象，其公式为

顾客附加价值＝顾客总价值－顾客总成本

顾客价值理论见图3-2。

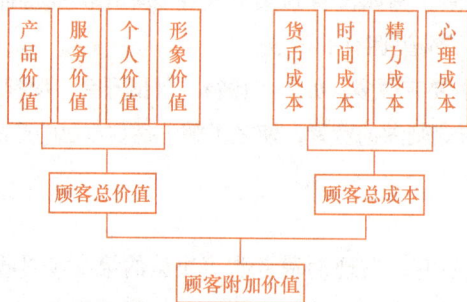

图 3-2　顾客价值理论

顾客总价值就是顾客从附加某一特定产品或服务中获得的一系列利益，它包括产品价值、服务价值、个人价值和形象价值等。顾客总成本是指顾客为了购买产品或服务而付出的一系列成本，包括货币成本、时间成本、精力成本和心理成本等。

顾客价值理论的提出基于以下四个假设。

（1）消费者都是理性的。

（2）消费者的收入和商品的价格是既定的。在不同的收入条件下，消费者购买商品的数量不同，获得的商品效用也不同。只有在相同的收入条件下，在不同的消费决策中选择效用最大化的消费决策才有意义。同理，商品的价格不同，导致最佳消费组合不同，只有商品的价格不变，在不同的消费决策中选择最佳消费组合，才有意义。

（3）消费者的偏好是既定的。由于效用具有主观性，消费者对同一商品组合的效用会因时、因地的不同而发生变化，因此在确定最佳消费决策时，只有消费行为发生在既定的时间、地点才有意义。

（4）单位货币的边际效用对消费者是相同的。消费者用货币交换商品，实际上是用货币的效用交换商品的效用，只有假定货币的边际效用不变，才能用货币的效用衡量商品的效用。

顾客是价值最大化的追求者，在购买产品时，总希望用最低的成本获得最大的收益，以使自己的需要得到最大限度的满足。航空服务的产品价值体现在实现消费者的迅速空间位移方面，它是服务过程中的一个必要消耗品。因此，航空服务的顾客总价值主要体现在服务价值和形象价值上。因此，提升服务质量，最大程度地提升顾客满意度，是航空公司抓住客户的重要手段。

2. 最优化决策模型

最优化决策者是理性的。也就是说，它在具体的限定条件下做出稳定的、价值最大化的选择。这些选择的做出包括以下六个步骤（图3-3）。

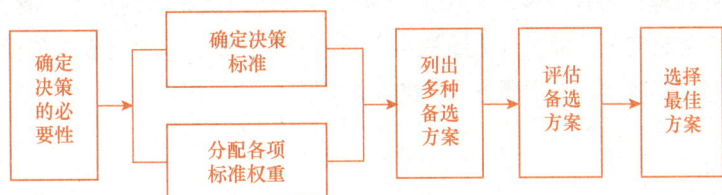

图 3-3　最优化决策模型

（1）确定决策的必要性。当期望状态与实际情况存在某种程度的不一致时，问题便出现了。如你打算从甲地乘飞机到乙地，在购买机票时发现航空公司不同，机票的价格不同。航班时刻不同，机票价格也不同。买哪家航空公司的那个班次的机票？这时，你就确定了自己的问题所在，认识到需要做出决策。

（2）确定决策标准。一旦决策者界定了问题，接着就要确定对决策来说十分重要的标准。决策者需要确定那些与做出决策有关的决定因素。在这一步中，决策者把兴趣、价值观和类似的个人偏好也带进过程之中。

（3）分配各项标准权重。确定的标准当中并不都具有同等的重要性。因此，在航空服务消费中要求决策者权衡这些标准，使它们在决策时有一个正确的优先排序。

（4）列出多种备选方案。决策者列出所有可能的解决问题的备选方案。这一步只需要列出备选方案，而不用对它们进行评估。

（5）评估备选方案。备选方案一旦确定，决策者就必须批判性地分析和评价每一种方案，使用每一项标准对各个备选方案进行评估。当这些备选方案与步骤（2）和步骤（3）中确立的标准和权重进行对比时，可以明显地看出每一个方案的优点和缺点。

（6）选择最佳方案。根据带有权重的标准对各个备选方案进行评估，最后选择总分最高的一个备选方案。

（二）满意决策原理

事实上，由于人自身的有限性，决策者既不可能掌握全部信息，也无法认识决策的详尽规律。因此，在生活中的很多决策并不能按照最优化决策模型来进行。所以，经济学家西蒙提出了满意决策原理，见图3-4。

他提出，决策者并不是取得决策有关的所有信息，而是仅仅根据其中的重要信息来做决策。在决策过程中，决策者定下一个最基本的要求，然后考察现有的备择方案。如果有一个备择方案能较好地满足定下的最基本的要求，决策者就实现了满意标准，他就不愿意再研究或寻找更好的备选方案。

满意决策是对最优化决策的优化。决策者承认自己感觉到的世界只是纷繁复杂的真实世界的极端简化，他们满意的标准不是最大值，所以不必确定所有可能的备选方案。由于感到真实世界是无法把握的，他们往往满足于用简单的方法，凭经验、习惯和惯例办事。

现实生活和工作中的很多决策都是满意决策。由于航空服务的特殊性，除了实现空间位移外，其各种物理设备等硬件环境和服务等软件环境对旅客的购买行为有很大影响。因此，国内外的各个航空公司都投入大量资金不断改善候机楼、飞机的软硬件设备，如温度、灯光、色彩搭配、舒适度、空中服务人员的服装等。

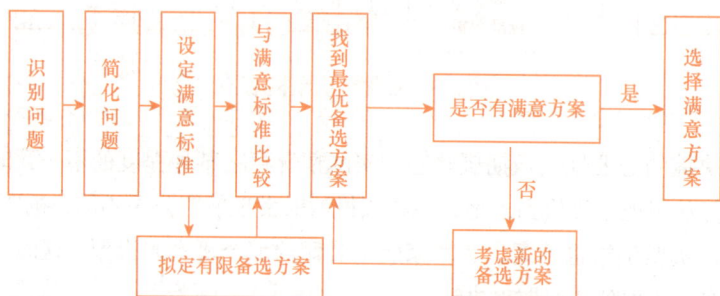

图 3-4　满意决策原理

航空产品的消费行为调查

中国航空运输业近年来发展迅速，国外各大航空公司逐渐进入中国市场，试图分割这块"蛋糕"，国内航空公司也在积极拓展市场，开辟更多新航线，民营航空发展迅速。享受着更多的折扣机票和更优质的服务的航空消费者的群体有着怎样的特征，他们对航空业的现状又满意吗？

1．航空消费者的群体特征

对于任何消费品而言，价格无疑是最重要的，它的消费群体要买得起单必然有一定的经济基础。航空消费也如此，虽然已经进入了低价机票的时代，和其他交通工具相比，航空产品的消费者群远没有那么宽广。他们多是收入相对较高、有稳定的工作的群体，其中企业的管理人员和事业单位的干部乘坐飞机的比例更高。对于航空消费而言，价格因素却不唯一。也许很多人会认为教育背景和是否选择乘坐飞机毫无关系，然而调查中却发现航空消费人群中高中及以下学历的顾客很少。年龄因素也一样，年轻人相对会选择飞机，年龄层次偏高的人群因为身体、消费观念等原因相对较少。另外，也有一些人到了50岁以后已经退休或者不再担任繁忙的职位，公差机会减少。此外，性别差异也是影响航空消费的一个因素。

2．影响航空消费的因素

影响消费者选择航空旅行的因素很多。据调查显示，安全、服务最重要，超过半数的乘客在决定购买机票的时候会选择飞机型号，因为大型飞机宽敞、舒适性好、安全性高。有很多乘客表示只考虑乘坐大型飞机。

如果同一条航线有多家航空公司经营，更多的消费者会首先考虑选择自己心仪的航空公司。在选择航空公司的时候有人看重价格，会在各航空公司之司比较选择折扣最高的航班；有人把服务放在第一位，他们认为机票的价格相比其他交通工具是很高的，应该享受到优质的服务。此外，航班的延误情况、航空公司的品牌知名度也是影响少部分人做出决定的因素。

国内航空公司在同外航竞争的时候明显很不利，虽然外航的机票价格比国内的高，仍然无法阻止消费者偏向外航的选择倾向。他们认为，外航的硬件条件充足，航班延误情况少，飞机上的餐食质量好，服务更人性化。

乘客在对航空业普遍存在的班机延误现象深恶痛绝的同时，也表示了一定的理解。25%乘客能接受15分钟以内的延误，49.2%的乘客能接受半个小时内的延误，明确表示任何时候都不能接受延误的只有36%。

面对国航、外航竞争的日趋激烈．消费者的选择越来越多，也越来越挑剔，只有把握消费者的行为特征和群体特点，根据市场需求和服务理念才能真正抓住消费者。

（资料来源：李伟．2009.航空产品的消费行为调查．广告大观（综合版），4.）

实训项目 3-2

【实训主题】根据你所熟悉的某一航空公司的航空服务产品，试分析它满足了消费者的哪些需求？影响消费者购买该商品的因素有哪些？通常消费者是怎样做出购买决定的？

【实训目的】通过对航空服务消费者需求和购买行为的分析，使学生在营销活动的实践中亲身体验营销，加深对消费者需求和购买行为的理解；能判别航空服务消费者的基本需求，并具备分析航空服务消费者购买的行为动机和购买过程的能力。

【实训形式】由学生自由组合成研究性学习项目小组，5～7人为一小组，每小组进行三种及以上方法的调查，在课前做出分析报告。上课前，每组派一个代表阐述本组的观点。

【实训步骤】①收集资料，小组通过网络、刊物、问卷调查等途径收集某一航空公司航空服务产品的消费者需求、影响消费者购买的因素及消费者做出购买决定的过程；②分析整理，小组根据所收集的资料进行分析、归纳、总结；③交流讨论。小组相互交流、讨论拟订的方案。

【实训评价】教师评价、小组互评。

拓展阅读

放飞的梦想——航空产品的消费变迁

1. 消费时代进行曲

20世纪下半叶，在中国即使是北京、上海等大城市也能到处见到自行车，农村里随处可见牛车、马车等最原始的交通工具。20世纪50年代的中国民航只有二十多架飞机，乘坐飞机是很多人的梦想，却只能是少数具有一定级别的官员才有享受的资格。即使是到70年代，乘坐飞机也不是一件容易的事。

经济的发展，物质的丰富，使卖方市场逐渐向买方市场转变。随着民营航空公司的出现，航空运输业的竞争日趋激烈，低价机票和优惠活动不断推出。航空消费已经渐渐进入寻常百姓的生活中。航空产品消费的变迁转变的不只是出行的方式，更是生活的方式和消费的理念。

2. 买机票需要介绍信的年代

20世纪80年代及以前，买商品仅有钱还不够，买粮要粮票、买布要布票、买肉要肉票、买油要油票，等，而飞机消费则属于奢侈品，乘坐飞机的人要有一定资格和身份，是普通人遥不可及的。改革开放初期至80年代末，买机票的人并不像今天一样到各大航空公司的网站查询机票价格和折扣，选定性价比最高的购买。那时的人并不关心机票的价格。因为如果没有单位的介绍信，有钱也买不到机票。买机票时需要出示介绍信和工作证。所以，那时坐飞机的人都是有"身份"的人。不仅如此，坐飞机对级别有明确的限定，只有县团级干部以上才有资格乘坐飞机出行。介绍信的规格也有严格的规定，单位的印章必须是圆形，中间有五角星。于是，当时应运而生了一个新的"行当"——炒单位的介绍信，一张介绍信有时甚至能卖到 50 元，相当于广州—北京机票价格的一半。

3. 自由市场中的低价与便利

1997 年，中国民航放开票价，实行"一种票价，多种折扣"，但由于开放无序，到 1999 年年初中国民航通过禁止机票打折来规范市场，再到 2000 年民航总局出台团体折扣票价政策，中国民航票价曾经几度放开又几度收紧。而今，机票价格已经渐渐回归市场，使市场对价格进行调控。低价机票的时代已经到来，民航服务就是奢侈消费观念也渐渐褪去，进入大众化阶段。最大的原因是物质和品牌的丰富，供选择的机会多了。消费者必然要选择一种性价比最高的出行方式，因此，航空品牌之间的竞争也日渐激烈。市场又回到了其本真状态。

随着航空市场的开放，航空业的服务越来越被消费者所挑剔。消费者的要求很容易满足，有时只需真诚的微笑，有时只需要一顿精心准备的晚餐。

4. 航空费观念的变迁——传统消费观念的隐退

不管是热气球还是螺旋飞机都曾让人类兴奋不已。飞机不只是单纯的交通工具，它承载了人类的梦想、冒险、勇气、探索、兴奋。

深圳航空的空姐谈到她的一次经历："一位初次坐飞机的乘客，从飞机起飞的那刻就一直不停地拍照，飞行间，望着远处一个模糊的山峰，他大喊，我看到珠穆朗玛峰了。其实，那只是一朵普通的黑云而已。"

消费的本身承载着太多的梦想。就像肖可在《1987："快餐时代"的滥觞》中叙述的一样，1987 年北京出现第一家肯德基店，排队近一个小时才能买到一块原味鸡。可是人们都兴致盎然。25 元的原味鸡块在当时的中国确实是高消费，花几十元吃一顿肯德基只为了感受他们心中西方人的生活方式。现在，白领们一边吃着汉堡一边抱怨高脂肪、高热量，这类快餐食品早已经没有文化和身份的标签，而成为中国人城市生活的一部分。

中国现代化的过程不仅是物质的高度增长，人的价值观念和思维方式也在不断革新。在年轻消费者的价值构成中，传统的价值观念已渐隐退。很长一段时间里，机票成了 1987 年的肯德基的"原味鸡块"。那个时代已经过去，而今机票又回到其本身，再也无法承载那么多的符号与意义。消费也回到了其本身，文化与身份的隐喻已经褪去。

5. 消费时代的多元文化

是什么使航空的高端消费走向了平民的日常生活？一是，交通运输业的巨大发展。火车、汽车、轮船的发展与完善，使航空业走出了贵族化姿态；二是，航空品牌不断丰富，人们为了生存只能走亲民路线。我们正经历着一个繁华的消费时代。物质丰富，物流畅通，在这个趋于理性化的市场，消费者也变得更挑剔。消费时代的文化越来越趋于多元化，兼容并包，接纳并服务每个买得起单的消费者。潮流已不再被讨论，个性被社会所尊崇，共性的人群越来越少，消费者各取所需，商家也不断提供细分的产品。例如，全日空航空公司与招商银行携手，为高端商务人士量身订做的 VISA 金币信用卡，不仅具有招商银行信用卡的优势，更为用户提供全日空里程俱乐部优越的服务和里程积分奖励，并且，刷卡购物、餐饮等消费也可以累积里程。

物质的丰富带来欲望的膨胀，而传统崇尚节约、量入为出的消费观念也被新生代的消费群体摒弃。当消费成为一种爱国行为，节俭已不再是消费的原则，这究竟是欲望的扭曲还是物质的极度旺盛？不管怎样，这给高端的航空消费带来了机遇。

（资料来源：李伟. 2009. 放飞的梦想：航空产品的消费变迁. 广告大观（综合版），4.）

思考与练习

一、简答题

1. 简述服务消费的主要特征。
2. 简述航空服务消费的心理活动过程。
3. 影响航空服务消费的因素有哪些？
4. 航空服务消费者有哪些基本需求？
5. 简述航空服务消费购买决策中的顾客价值理论。

二、论述题

假设你是一名航空服务营销人员，你将如何影响消费者的购买决策？

第四章 民用机场营销

第一节　民用机场系统

一、民用机场系统的基本概念

民用机场，是指专供民用航空器起飞、降落、滑行、停放，以及进行其他活动使用的划定区域，包括附属的建筑物、装置和设施。民用机场不包括临时机场和专用机场。

机场系统是指实现其服务功能的各类机场设施。机场的功能可以分为三个方面：为飞机运行服务，提供旅客、货物运输服务和其他服务。机场的活动是以旅客（包括行李、货物、邮件等）为中心的。它们的活动范围包括空中空间和陆上空间两方面。按机场的活动内容划分，机场系统可分为两大部分：陆域和空域，见表4-1。

表 4-1　机场系统结构

类　别		定　义	设施或范围
陆域	飞行区	供飞机活动（起飞、降落、地勤服务、维修、装载、卸脱）的区域	跑道、停机坪、滑行道、等
	服务区（航站区）	为旅客、货物、邮件运输提供服务及为飞行提供技术服务的区域	机场塔台、候机楼、停车场、通信站台等
空域		受机场塔台指挥控制、保障航空器起降安全的一定区域	航线、等候空区、净空区域

二、机场系统结构

（一）机场陆域

1. 跑道

跑道是指陆地机场上供飞机着陆和起飞用的一块长方形场地。跑道是机场的重要组成部分，在整个机场的平面布局中，跑道的位置和数量起主导作用。它不仅影响机场本身的平面布置，而且影响机场在城市中的位置选择。跑道的布置直接影响机场的用地规模、净空限制的范围、噪声影响的范围，也受到机型、风象、运量因素的影响。

跑道的数量主要取决于航空的运输量。运输部不繁忙，且常年风向相对集中的机场，只需单条跑道。运输非常繁忙的机场，则需要两条或多条跑道。其基本构形可以是平行、交叉或开口Ｖ形。非平行跑道可以避开过大的侧风。平行跑道的间距、交叉跑道交叉点的位置对跑道容量（单位时间内可能容纳的最大飞机运行次数）是有影响的。

跑道方位的选定。影响跑道方位确定的因素主要有机型（抵抗侧风的能力）、机场所在地风向频率（不同风向的频率）和风速等。飞机的起飞、降落必须逆风进行。逆风风速越大，起飞、起落滑跑的距离越短，增加了安全性；而侧风对起、降安全有影响。

跑道的长度对机场能接待的机型、航行安全、用地规模和机场费用等都有很大影响。跑道的长度取决于很多因素，比较重要的因素有所使用机型的飞行性能、航程的长度、机场所在地的海拔标高、气温及纵坡等。当海拔高度高、空气稀薄、地面温度高时，发动机的功率就会下降，因而都需要加长跑道。例如，拉萨贡嘎机场的跑道为 4000 米，是我国对外开放的机场中最长的跑道。

2. 停机坪

停机坪是在机场上为飞机上下旅客、装卸货物、邮件、加油、停放或维修而划定的一个区域。根据使用的目的和功能可分为上下旅客停机坪、等待起飞机坪、等候机位机坪和维修坪等。

（1）上下旅客停机坪：供旅客上下飞机、装卸货物等，是主要的停机坪。

（2）等待起飞机坪：设在跑道端部，常称为"试车坪"或"预热机坪"，供飞机在起飞前做最后的检查，以及飞机等待放行。等待起飞机坪要足够大，以便如果有一架飞机由于故障不能起飞时，不致影响另一架起飞的飞机的正常运行。

（3）等候机位机坪：在机场设置的一个地点合适的相对小的机坪，作为临时停放飞机之用。当上下旅客停机坪停机门位数不足时，空管部门就可以指挥飞机到等候机位机坪，等有了停机门位时再到上下旅客停机坪。

（4）维修坪：供飞机维修使用的停机坪，应具备飞机维修所需要的水、电、热、气等设施。

3．滑行道

滑行道是机场内供飞机滑行的规定通道。滑行道的主要功能是提供从跑道到候机楼区的通道，使已着陆的飞机迅速离开跑道，不与起飞滑跑的飞机相干扰，并尽量避免延误随即到来的飞机着陆。

此外，滑行道还提供了飞机由候机楼区进入跑道的通道。

滑行道可将性质不同的各功能分区（飞行区、候机楼区、飞行停放区、维修区及供应区）连接起来，使飞机场最大限度地发挥其容量潜力并提高运行效率。

滑行道应以实际可行的最短距离连接各功能分区。

滑行道系统主要包括主滑行道、进出滑行道、飞机机位滑行通道、机坪滑行道、辅助滑行道、滑行道道肩及滑行带。滑行道系统可以根据实际需要和可能分阶段建设，逐步完善。避免一次建设费用过高，而利用率又过低。

主滑行道又称干线滑行道，是飞机往返于跑道与机坪的主要通道，通常与跑道平行。

进出（进口或出口）滑行道又称联络滑行道（俗称联络道），是沿跑道的若干处设计的滑行道，目的是使着陆飞机尽快脱离跑道，出口滑行道大多与跑道正交，快速出口滑行道与跑道的夹角为 $25° \sim 45°$，最好取 $30°$。飞机可以较高速度由快速出口滑行道离开跑道，不必减到最低速度。出口滑行道距跑道入口的距离取决于飞机进入跑道入口时的速度（进场速度）、接地速度、脱离跑道时的速度、减速度及出口滑行道数量、跑道与机坪的相对位置。出口滑行道数量应考虑高峰时运行飞机的类型及每类飞机的数量。一般在跑道两端各设置一个进口滑行道。对于交通繁忙的机场，为防止前面飞机不能进入跑道而妨碍后面飞机的进入，则通过设置等待坪、双滑行道（或绕行滑行道）及双进口滑行道等方式解决，为确定起飞顺序提供了更大灵活性，也提高了机场的容量和效率。滑行道和跑道端处的等待坪用标志线在地面标出，这个区域是使飞机在进入跑道前等待许可指令的。等待坪与跑道端线保持一定的距离，以防止等待飞机的任何部分进入跑道，成为运行的障碍物或产生无线电干扰。

为了保证飞机的滑行安全，通常在滑行道两侧对称地设置道肩，还要向两侧延伸一定的距离，延伸部分连同滑行道（机位滑行道除外）统称为滑行带。

4．机场塔台

机场塔台是机场或航空港内指挥飞机滑行、起飞、着陆和实行空中交通管制的设施，又称管制塔台或指挥塔台，见图 4-1。塔台的高度因机场规模不同而异。一些大型机场塔台的高度可达 60 米以上，能俯视全机场。塔台通常是独立的塔形建筑物，有的则建在候机楼上。塔台的顶层一般用玻璃围成。现代的塔台为了防止天气变化时玻璃结露，采用双层气密玻璃窗，内充氮气。顶层内设有管制雷达的荧光屏、通信设备、电视和计算机等。飞行指挥（管制）人员在顶层工作。完整的塔台建筑，最高的顶楼通常是四面皆为透明的窗户，能保持 360°的视野。中等流量的机场塔台可能仅由一名航管人员负责，并且塔台不一定会每天 24 小时开放。流量较大的机场，通常会有能容纳许多航管人员和其他工作人员的空间，塔台也会保持全年、每天 24 小时开放。

塔台对飞机活动的指挥主要有三个方面：①引导飞机起飞和管理距机场一定距离范围内的飞行活动；②引导飞机进场着陆，如因某种原因暂时不能接受飞机进场着陆时，则可令飞机在某一空域内的某一高度上作等待飞行；③指挥飞机在地面上的滑行。塔台与飞机之间的通信联络主要使用无线电通信设备（高频、甚高频和超高频电台）。塔台内配有能连续或断续发射白色、绿色或红色光信号的强光信号枪，作为辅助指挥手段。此外，塔台上配有必要的气象观测仪器和自动磁带记录仪，为判定飞行指挥情况和分析意外情况提供了重要的依据。

图 4-1　机场塔台

5. 候机楼

候机楼是为航空旅客通过地面服务的主要建筑物，又称航站楼，通常根据跑道和通往城市道路的布局而设置在航空港内比较适中的地点。其基本功能是保证出发、达到、中转的旅客迅速而有秩序地登上飞机或离开机场，同时为旅客和迎送亲友的客人提供候机和休息的场所。

现代大型航空港都修建了规模宏伟、设备复杂、功能完善的现代化候机楼。其主要设施有旅客服务设施、生活保障设施、行李处理设备和行政办公用房、航空公司业务用房等。旅客服务设施有航空公司售票、问讯柜台，登记客票、交运行李柜台，安全检查、出入境管理、海关检查、卫生检疫等柜台，有线广播设备，进出港班动态显示装置和旅客登机设施（如登机口、旅客集中休息厅、登机桥、自动客梯、升降登机车）等。此外，还有为迎送旅客者使用的迎送厅、瞭望平台等设施。生活保障设施主要有旅客休息室、娱乐室、酒吧间、食品饮料自动出售设备，以及其他公共设施，如银行、邮局、书报摊、售品部和旅馆及出租车预定柜台等。行李处理设备有行李分检装置、行李车、传送带、行李提取柜台等。行政办公用房、航空公司业务用房等根据业务需要设置。

为适应旅客的特点并满足他们的使用要求，候机楼中各种设施的配置必须合理。同时要设计科学的旅客流程图，使各类旅客在楼内的活动互不干扰。多数候机楼对进出港旅客采取立体隔离的办法，即将进出港旅客的行动路线分别安排在两个楼层内；对国际和国内旅客则采取平面隔离的办法，即在同一层楼内，分别设置国际旅客和国内旅客的活动场所。

候机楼登机口布置方式可分为前列式、廊道式、卫星式和综合式。

前列式候机楼是沿候机楼前沿布置登机口和机位。

廊道式候机楼是由候机楼的主楼朝停机坪的方向伸出一条或几条廊道，沿廊道的两侧布置机位，对正每一机位设登机口。例如，芝加哥奥黑尔、伦敦希思罗、东京羽田等航空港的候机楼即属此种形式。

卫星式候机楼是在主楼之外建立一些登机厅，用廊道与主楼连接，登机厅周围布置机位，设相应的登机口。例如，北京首都机场即采用这种形式。

综合式候机楼是采用上述三种或其中两种形式而建造的候机楼。例如，巴黎奥利航空港南候机楼即采用这种形式。

候机楼按其建筑物的布局可分为集中式和分散式两类。集中式候机楼是一个完整单元的建筑物，前列式、廊道式、卫星式和综合式候机楼均属此类。分散式候机楼是每个登机口成为一个小的建筑单元，供一架飞机停靠，建筑单元排列成一条直线或弧线，组成候机楼整体。

旅客登机方式与候机楼形式有密切关系。集中式候机楼多采用登机桥，分散式候机楼一般采用登机车和登机梯。

（二）机场空域

机场空域是机场塔台控制指挥的空中空间，包括航线、等候空区、净空区域及跑道等，是飞机活动的主要范围。

1. 航线

航线是为组织飞机空中航行交通的安全而"铺设"的立体的航行空中走廊（例如，按我国规定，航线宽度为8～20公里，高度层划分为：6公里以下，每隔600米为一层；6公里以上，每隔1200米为一层）。两机场之间的航线固然以直线为最短，但要根据沿线地区的气象资料、空间障碍物等情况加以具体划定。同时在道面要设置地标、道面雷达、无线电等导航设备，在道面导航设备引导下，来往的飞机必须在一定宽度、高度层的航线中飞行。

2. 等候空区

等候空区是飞机从航线进入航站区域（一般为50公里左右，各国有不同规定），达到指挥设施从航线上接受飞机，并将它们引导到管辖区域的某一机场。当距离机场有一定距离时，交由机场塔台指挥。当几架飞机同时达到时，必须在等候空区分层盘旋等候，每层的高度差为300米，每层只允许一架飞机飞行。当最低一层的飞机降落后，才允许其上层飞机依次下降。

飞机的起飞、降落在机场塔台的指挥下进行，通过净空区域离开或达到机场跑道。机场跑道的两端各配置有一套仪表着陆设备，每套由一个航向台和一个下滑台组成，分设在跑道端外或侧边。航向台无线电波束指示出顺跑道中线与道面垂直的面，下滑台的电波束则指示出飞机下滑坡度的斜面，两个面相交的截线便是理想的飞机下滑航迹。飞机沿此航迹下滑至跑道，并通过滑行道滑行至停机坪。

3. 净空区域

根据航空器的类型及机场助航设施的性能，通过对机场及其附近一定范围内规定的几种障碍物限制面来限制机场周围及附近的高地、铁塔、架空线、建筑物等物体的高度，以保障航空器起降安全的一定区域。

《中华人民共和国民用航空法》规定：禁止在依法规定的民用机场范围内和按照国家规定划定的机场净空保护区域内从事下列活动：①修建可能在空中排放大量烟雾、粉尘、火焰、废气而影响飞行安全的建筑物或者设施；②修建靶场、强烈爆炸物仓库等影响飞行安全的建筑物或者设施；③修建不符合机场净空要求的建筑物或者设施；④设置影响机场目视助航设施使用的灯光、标志或者物体；⑤种植影响飞行安全或者影响机场助航设施使用的植物；⑥饲养、放飞影响飞行安全的鸟类动物和其他物体；⑦修建影响机场电磁环境的建筑物或者设施。禁止在依法划定的民用机场范围内放养牲畜。

实训项目 4-1

【实训主题】认识机场。

【实训目的】感知机场、了解机场结构及功能分区。

【实训方式】参观访问。

【实训步骤】①组织学生；②讲解参观机场的目的和任务；③参观机场；④实训汇报。

【实训评价】教师评价、学生评价、自评。

第二节 民用机场营销的基本理论

机场营销是指机场运营管理者以市场为导向，采取系统的生产经营行为，为客户提供满足其需要的产品，即机场服务及机场资源，从而实现机场利益目标的过程。

鄂尔多斯机场积极拉动淡季航空市场营销工作

民航资源网 2012 年 12 月 21 日消息：每年的冬春季是北方航空运输市场公认的淡季，客流量无法与夏秋季相比。作为航空运输市场的直接参与者，为做旺淡季航空市场，鄂尔多斯伊金霍洛机场（以下简称鄂尔多斯机场）从 10 月下旬便开始着手筹备市场营销工作。

11 月初，鄂尔多斯机场联合航空公司推出"年终特价机票优惠活动"，联合旅游社开发"冬春季航空旅游产品"。机场公司派出专人在鄂尔多斯市区及各旗县区开展冬春航班推介会，针对"年终特价机票优惠活动"和"冬春季航空旅游产品"进行大规模、多角度、多层次的宣传，以尽快与当地售票销售代理商、旅行社、企事业单位建立沟通平台，将机场的特价机票信息和旅游产品推广出去，为打开航空市场奠定基础。

与此同时，在鄂尔多斯市东胜区、康巴什新区、伊金霍洛旗、鄂托克旗、杭锦旗、乌审旗、陕西省榆林市神木县和府谷县等地，采取多角度立体式的宣传方式对航线航班进行宣传。在宣传活动期间，工作人员走访了各地售票销售代理商、旅行社、酒店、百货商场、中高档写字楼、超市等人流密集的场所，采取摆放宣传展架、发放宣传资料的方式进行宣传。针对周末逛街人群较为集中的情况，联合本地大型购物中心、影院，利用 LED 屏幕和广播举办购物、观影抽奖活动，对活动进行宣传，并向获奖顾客赠送鄂尔多斯机场提供的往返免费机票，极大地刺激了旅客的出行欲望。

媒体宣传方面，充分利用电视、交通广播连线、报纸等渠道广泛宣传机场航班优惠信息；在政府、机关企事业单位内部网站发布信息，向手机用户发送短信等，进行集中宣传报道。

随着宣传工作的持续推进，鄂尔多斯机场航班平均客座率从 11 月初的 64% 稳步上升至 12 月的 75%，增长了 11 个百分点。特别是鄂尔多斯—长沙—三亚、鄂尔多斯—深圳等航线较前期增幅显著，其中鄂尔多斯—深圳航线的平均客座率从 10 月的 39% 上升至 12 月的 77%，增长达 38 个百分点，彻底改变了客座率较差的局面。

从近两个月的市场营销工作的效果来看，一定程度上反映出市场营销工作对拉动客源增长、提高客座率的必要性，也反映出营销工作的重要性。同时，坚定了鄂尔多斯机场坚持"走出去，把营销工作做到旅客家门口"的信心。

（资料来源：http://news.carnoc.com/list/240/240008.html.）

一、机场产品

(一) 机场产品的定义

随着第三产业的兴起，产品被定义为客户通过购买获得的需求满足。机场作为服务领域的产业之一，其产品具有"满足客户需求"这一共性，又具有非常独特的表现形式。

从一个完整的机场概念上说，机场是由多种不同功能的设施和为多个客户提供多种服务的长生产链条构成的。它包括以下三个方面。①为飞行器提供的服务：进近指挥、起降、停场、加油、配套、各种地勤服务等。②为旅客、货物提供的服务：候机楼、货站等过站服务。③其他配套服务：地面运输、餐饮、零售、酒店等。

根据上述特性，可以把机场产品分为核心产品、形式产品和延伸产品三个层次。

核心产品是机场整体产品最基本的层次，即客户在使用机场产品过程中和使用后可获得的基本利益和效用。因此，机场的核心产品是为满足承运人（航空公司）的航空器起降、停场服务及其旅客、货物的过港需要。

形式产品是核心产品的主要体现形式，即飞机的起降、停场、地勤、机务及候机楼和货站等服务。形式产品由机场不同的体制构成，组合为若干相互联系的产品，通常可以根据不同的企业承担的服务项目分别称为不同的形式产品。

延伸产品也即附属产品，是利用机场资源综合开发，为主营业务提供配套支持的各种业务，如餐饮、零售、酒店及由机场提供的陆路或水路运输服务等。还有一些业务虽然不直接与主营业务相关，但仍可以对核心产品起辅助支撑作用，如广告、机场的房地产开发等，通常把上述两类统称为非航空业务。

(二) 机场航空业务产品的特征

机场航空业务产品既有一般服务产品的共性，又具有鲜明的行业特征。其基本特征有以下几个。

1. 生产与销售的不可分割性

服务提供商与服务的消费者是密不可分的，即服务企业的生产过程就是销售过程，两者同步完成，不可分割。服务产品不同于其他商品，它需要买卖双方在服务产品的开发和分销中相互合作。而消费者对服务提供商的感知会转变成消费者对服务本身的感知。服务组织如机场在提供候机、安检、机务等服务时，使客户参与到整个过程中。机场的服务提供与顾客对服务的需求、服务消费是同时进行的，不存在准备的过程。因此，机场要创造品牌，就必须使员工成为合格的产品生产者，同时又是合格的营销员。

2. 时间上的不可储存性

服务产品的即时生产和消费使其表现出不能被储存、不能重复出售，也不能退还的特点。这一特点导致了生产资源难以得到均衡控制。必要的场所、设备和人员可以事先准备好以创造服务，但这些仅仅代表服务能力，而不是服务本身。当需求稳定时，服务能力能满足需求，但当需求发生剧烈变动时，服务能力是否能够满足实际就无法掌控。在机场服务需求的高峰期，就必须提供足够的场地、检查设备和服务人员，否则容易招致客户的抱怨和不满；而在淡季，如果服务能力出现大量过剩，就会造成成本升高、产生浪费。因此，如何在营销过程中发挥调节作用，使被动的需求尽可能与相对稳定的能力相匹配，对机场提高产品质量和降低整体成本具有十分重要的作用。

3. 产品组合的复杂性

与其他服务产品相比，机场可以称为由一个联合企业群生产出的复杂的组合产品。从服务的链条看，仅旅客出港，由接入机场到完成各种值机、行李托运、联检报关、安全检查、候机服务，到飞机停场的地勤设施设备配套服务、机务、飞机客货舱服务、供油、供水、供餐，到飞机离港要经过上百次直接的服务程序，同时还有旅客的进港和货物的进出港，任何一个环节出问题都会导致机场整体产品的失败。在机场的整个服务链条中，其对象是多元的，既直接服务于人（旅客、货主、航空公司代表等），也服务于物（飞行器、航空货物等）。对象的不同带来服务的标准、程序、方法的差异。

二、机场营销的对象与内容

机场产品的特点决定了机场客户的多元化。就航空业务而言，其直接客户有航空公司，间接客户有旅客、货主、旅行社、货运代理公司。就非航空业务而言，其直接客户是各相关行业的经营者，间接客户除了航空业务的所有客户外，还有周边社区及机场工作人员。由于机场的社会性很强，因此这两方面业务还有一个共同的重要客户即政府的相关机构，虽然它们不一定成为机场服务产品的直接购买者，但对机场产品的营销发挥着重大的作用。

（一）对航空公司的营销

航空公司是机场最重要的客户。机场向航空公司营销的目的是通过增加航线航班来增加机场产品的销售。机场对航空公司营销的主要内容包括以下几方面。

1. 市场需求推荐

市场需求推荐是机场实现营销目标的基础性工作。航空公司是否愿意开辟航线或增加航班取决于市场需求情况及其经营成本。除基地公司外，航空公司对机场所在区域的市场熟悉程度通常要低于机场，因此机场提供可信度高的市场需求推荐报告，往往能成为航空公司决定开辟这一市场的重要依据。

东航安徽分公司携手旅行社赴重庆开展市场调研和航线推介

自 2011 年 8 月开始，中国东方航空公司（以下简称东航）安徽分公司市场部根据旺季市场需求及时调整运力结构，将原分公司执飞的合肥—重庆—昆明经停航线改为合肥—重庆、合肥—昆明两条直飞航线，进一步加大了东航在合肥机场始发的运力投放。近日，东航安徽分公司市场部及时行动，携手安徽中国青年旅行社、环球国际旅行社两家骨干旅行社赴重庆市场，与东航重庆营业部联手调研并推介了合肥—重庆直飞航班。

东航重庆营业部领导、航线控制管理人员、当地核心销售代理及骨干旅行社参加了此次调研、推介。推介会上，东航安徽分公司市场部重点介绍了合肥—重庆航班调整后的计划班期、时刻及与黄山—重庆航线的营销产品组合方案；安徽中国青年旅行社、环球国际旅行社两家旅行社随后介绍了各自的经营情况及安徽地区精品旅游组合产品，并向与会单位发放了旅游产品宣传资料。

通过此次调研、推介，东航安徽分公司市场部与东航重庆营业部进一步达成共识，在重点保障商务散客销售的基础上，进一步加大了安徽地区游客赴重庆三峡旅游产品和重庆地区游客赴合肥—黄山旅游产品的推介力度，为合肥—重庆航线的可持续经营及市场的开拓发展夯实了基础。

（资料来源：http://2010.ceair.com/mu/main/gydh/xwgg/201108/t20110818_25122.html.）

2. 机场服务及设施设备

在向航空公司推荐市场的同时，应做好机场的自我营销。机场营销的内容主要有以下几个方面。

（1）基础设施保障，包括机场等级、设施设备配套等。机场等级及分类标准如下。

飞行区各项构筑物的技术要求和飞机的特性有关，我国采用航空民航标准 MH 5001—2006《民用机场飞行区技术标准》加以规范。国际民航组织和中国民用航空局用飞行区等级指标 I 和 II 将有关飞行区机场特性的许多规定和飞机特性联系起来，从而对在该飞机场运行的飞机提供适合的设施。飞行区等级指标 I 根据使用该飞行区的最大飞机的基准飞行场地长度确定，共分四个等级；飞行区等级指标 II 根据使用该飞行区的最大飞机翼展和主起落架外轮间距确定，共分六个等级。

机场等级的相关参数、机场等级区分及举例分别见表 4-2 和表 4-3。

表4-2　机场等级的相关参数

飞行区代码	代表跑道长度/米	飞行区代号	翼展/米	主起落架外轮间距/米
1	L<800	A	WS<15	T<4.5
2	800≤L<1200	B	15≤WS<24	4.5≤T<6
3	1200≤L<1800	C	24≤WS<36	6≤T<9
4	L≥1800	D	36≤WS<52	9≤T<14
		E	52≤WS<65	9≤T<14
		F	65≤WS<80	14≤T<16

注：4F级飞行区配套设施必须保障空中客车A380飞机全重（560吨）起降。

表4-3　机场等级区分及举例

飞行区等级	最大可起降飞机种类举例	国内该飞行区等级机场举例
4F	空中客车A380等四发远程宽体超大客机	北京首都国际机场、上海浦东国际机场、广州白云国际机场、深圳宝安国际机场、杭州萧山国际机场、昆明长水国际机场、武汉天河国际机场、成都双流国际机场、西安咸阳国际机场、天津滨海国际机场、青岛胶东国际机场（在建）、南京马鞍国际机场（在建）、厦门翔安国际机场、合肥新桥国际机场（二期）郑州新郑国际机场（二期）
4E	波音747、空中客车A340等四发远程宽体客机	济南国际机场、石家庄正定国际机场、上海虹桥国际机场、南京禄口国际机场、南昌昌北国际机场、太原武宿国际机场、长沙黄花国际机场、呼和浩特白塔国际机场、福州长乐国际机场、常州奔牛机场、贵阳龙洞堡国际机场、乌鲁木齐地窝堡国际机场等
4D	波音767、空中客车A300等双发中程宽体客机	西双版纳嘎洒国际机场、黄山国际机场、运城关公机场、绵阳南郊机场、东营永安机场、威海国际机场、南通兴东机场等、潍坊机场
4C	空中客车A320、波音737等双发中程窄体客机	梅州机场、张家口宁远机场、扬州泰州机场、安庆天柱山机场、九江庐山机场、池州九华山机场、北京南苑机场、长白山机场、锦州小岭子机场和济宁曲阜机场等
3C	波音733、ERJ、ARJ、CRJ等中短程支线客机	内蒙古乌海机场等

（2）安全、服务保障。除了介绍机场的基本情况、特点和优势外，还应根据不同的航空公司及营销的航线、航班，有针对性地介绍可能引起航空公司关注或可供其选择的内容，特别是对外国航空公司的营销更要有针对性，如机场的起降间峰分布、机场开放时间、海关等联检部门的服务时间、对旅客的特殊服务、对货物的特殊服务等。

（3）配套能力保障。包括机务维修能力、对机组过夜及旅客因中转或延误的住宿接待能力、航空食品的供应保障能力、客货运输衔接的多式联运能力等。

（4）收费的条件及依据。营销过程的价格条件一般不会一成不变。因此，可以适时介绍机场的收费标准及其依据，在不同阶段及不同航班量的情况下所能提供的价格优惠条件。

（二）对机场客户的营销

机场的客户也就是机场的使用者，包括旅客、货主、旅行社及货代公司等。机场对这些对象营销的目的是使他们选择航空作为出行或运输的主要交通方式，选择本机场为出发、到达或中转机场。在这方面，机场营销的主要内容有以下几方面。

1. 机场提供的服务

机场安全、准点、便捷、舒适的服务保障能力是高品质航空运输服务的重要组成部分。机场服务的情况会显著影响客户对始发、到达机场的选择。尤其是中转客货、中转流程、设施、服务条件、联检和通关政策如何更是决定其选择中转机场的重要依据。国内外有些大中型机场与航空公司配合或独立为中转旅客及航班延误时间较长的旅客提供免费的城市旅游就是为促销而推出的特殊服务。因此，适时、准确地宣传机场的特色服务对机场的促销很有意义。

2. 航空公司所能提供的服务

航空公司所能提供的服务包括航空公司的航线布局、航班时刻、各航空公司的服务情况及特点，包括机型、票价、订票、订舱等服务的联系方式。设计一本内容完整并能成为出行或运输指南的机场航班时刻表就是很好的营销手段。黄山机场航班时刻见表4-4。

表4-4　黄山机场航班时刻执行时间：2014年3月1日起

出港航班

前往	航班号	起飞	到达	机型	经停	一	二	三	四	五	六	日	票价/最低价及备注
北京	MU5171	1520	1900	A320	合肥	Y	Y	Y	Y	Y		Y	1090/
成都	FM9265	1615	1855	B737		Y				Y			1350/
福州	JR1551	1040	1230	MA6		Y		Y		Y	Y	Y	630/
广州	CZ3628	2255	0045	A320		Y	Y	Y	Y	Y		Y	960/
海口	GS7459	1755	2025	190				Y				Y	1500/
合肥	MU5171	1520	1610	A320		Y	Y	Y	Y	Y		Y	640/
合肥	JR1552	1525	1635	MA6			Y	Y		Y		Y	640/
上海	FM9268	2230	2335	B737				Y				Y	580/降落虹桥
上海	FM9266	2250	2340	B737		Y				Y			580/降落虹桥
首尔	KE818	1505	1820	B738			Y			Y			/
台北	BR769	2115	2300	A321			Y				Y		/
天津	GS7460	1235	1420	190		Y		Y		Y		Y	1140/
西安	JD5106	2010	2210	A319				Y				Y	1260/
厦门	JD5105	1610	1715	A319			Y					Y	710/
重庆	FM9267	1625	1835	B737				Y				Y	1210/

进港航班进港航班

始发	航班号	起飞	到达	机型	经停	一	二	三	四	五	六	日	票价/最低价及备注
北京	MU5170	1050	1415	A320	合肥	Y	Y	Y	Y	Y	Y		1090/
成都	FM9266	2005	2210	B737		Y				Y			1350/
福州	JR1552	1305	1455	MA6		Y		Y		Y	Y	Y	630/
广州	CZ3627	2020	2200	A320		Y		Y		Y	Y	Y	960/
海口	GS7460	0945	1155	190		Y		Y		Y		Y	1500/
合肥	MU5170	1335	1415	A320		Y		Y		Y		Y	640/
合肥	JR1551	0900	1010	MA6		Y		Y		Y		Y	640/
上海	FM9265	1420	1525	B737		Y				Y			580/ 虹桥起飞
上海	FM9267	1420	1525	B737				Y				Y	580/ 虹桥起飞
首尔	KE817	1225	1405	B738				Y			Y		/
台北	BR770	1820	2015	A321				Y			Y	Y	/
天津	GS7459	1530	1715	190		Y		Y		Y			1140/
西安	JD5105	1255	1435	A319			Y		Y		Y		1260/
厦门	JD5106	1810	1915	A319			Y		Y		Y		710/
重庆	FM9268	1935	2140	B737				Y				Y	1210/

注：以上票价均不含机场建设税。

3. 配套服务能力

宾馆、餐饮、多式联运、购物、商务活动的保障能力、服务水平及价格等配套服务的条件往往构成旅客、货主出行、运输所支出的整体成本和所获得的总价值的一部分。机场对此类客户的促销活动不应仅提供相关信息，而且要结合营销策略突出宣传本机场有特色的配套服务，使旅客、货主感到选择本机场能获得其他机场所没有的超值服务。

配套服务项目的宣传是对辅业的营销，结合主业营销进行更广泛的服务项目的推荐，便于旅客、货主选择，也有利于辅业资源价值含量的提高。

（三）对非竞争性机场的营销

任何一条航线的开辟都需要两个以上的机场共同完成，无论是始发、到达还是经停机场都对该航线运输的成本和质量有很大的影响。对相关非竞争性机场营销的目的是形成利益联盟，建立共同的营销目标，合力争取航空公司开辟航线、增加航班以至于打造精品航线，从而获得共赢。例如，某国际机场为获得更多的国际中转旅客，而某国内干线或支线机场为接通国际通道获取更多的旅客，通过机场间的营销取得目标和行动上的一致，进而共同向航空公司营销，与航空公司一起建立便于与国际航班衔接且价格上具有吸引力的航线航班。国内航线上的枢纽机场与干线机场间、干线机场与支线机场间也可能出现类似的需求。

（四）对周边社区及单位的营销

对机场周边社区及机场工作人员的营销有两重目的：一是主业上获取周边社区及驻机场各单位的认识、理解和支持，以便为机场创造良好的经营环境，进而创造更大的企业价值；二是辅业上增加在机场消费及开发利用机场资源的机会。

机场是社会性极强的企业，其运行和发展一方面为周边社区及机场相关单位提供了发展机会，另一方面也受制于这一社区和单位。就社区而言，机场提供了就业、配套工商业发展、税收等机会，同时也带来土地资源占用、环境污染、规划限制等负面影响。为了减少或消除这些负面影响，机场必须付出相应的成本。

从机场的存在及运行的角度上看，可以把周边社区及相关单位视为顾客，如果通过合适的营销渠道提高他们对机场的满意度及构建和谐的关系，则机场可以大幅度降低建设和运行的成本，提高运行效率，获取更多的可变现资源。

对周边社区及单位的营销内容主要有以下几个。

（1）及时并持续地宣传和介绍机场建设和发展的动态情况：机场的建设项目、进度、投资安排，机场生产运输指标、效益情况，机场的更新改造、新技术运用可能对机场的形象、周边环境带来的影响，机场的发展规划及远景设想等。

（2）敏感问题的通报及说明：机场因建设而征用市民或农民的土地，因噪声或排放污水对居民利益的影响等都属于敏感问题。机场应建立良好的沟通机制，主动通报情况，引导相关群体准确了解其来源、影响程度、已采取的防治措施，避免因误解引起过激行为。

（3）共享机场成果：赞助周边社区的公益活动；为周边社区提供更多的就业和事业发展的机会；组织社区居民参观机场，使之了解机场建设的发展、环境条件的改善及由于机场建设给周边社区带来的道路、水电、园林绿化等方面的进步。通过了解机场及分享机场发展的利益，使之理解和支持机场，从而达到机场营销的目的。

（五）对非航空业务客户的营销

机场的非航空业务客户隶属于不同的行业，有不同的经营方式，但机场对这些客户的营销目标是一致的，即提高机场资源的价值及收益。因此，营销的内容主要包括机场资源，如客货流量、成分、发展情况及预测、交通等信息，拟出让或租赁的资源种类、数量、具体方位、作价办法、经营方式、机场的管理原则等，同时还可以介绍该资源的价值评估、国内外机场同业经营情况、机场外围相关资源的存量及价格等。

实训项目 4-2

【实训主题】 了解机场非航空业务。

【实训目的】熟悉机场场地的租赁、业务种类及运营、商铺布局等情况，学习如何最大化提高机场的资源价值和收益。

【实训形式】参观访问。

【实训步骤】①组织学生；②讲解实训的目的和任务；③参观机场或查资料；④实训汇报。

【实训评价】教师评价、学生评价、自评。

（六）对政府机构的营销

政府通过各种形式和手段鼓励及支持当地机场的发展，其支持的形式和手段是支付的成本，机场发展所产生的社会效益就是机场的产品，也就是政府所希望获得的收益。对政府机构营销的主要内容包括以下两个方面。

1. 使政府机构全面了解机场创造的社会效益

机场作为城市重要的基础设施之一，其社会效益是众所周知的。政府作为社会效益的受益者代表，当政府对机场的社会效益期望值越高、理解越深刻时，给予的支持也越大，即在安排或分配其掌握的资源时倾向性就越大。根据国际机场理事会的研究结果，机场每增加100万旅客就给所在区域带来1.3亿美元的经济收益和2500个工作岗位；每新增10万吨航空货物就将创造2400个工作岗位，并带动50亿~60亿美元的进出口额。可见机场的发展对当地的经济起到巨大的推动作用。

2. 主动介绍民航及机场的发展动态与趋势

机场的发展需要具有相应的环境与条件，面临着竞争与威胁。如果政府对机场发展规律缺乏了解，将影响机场在政府心目中的形象，进而影响可能获得的政府资源的支持。因此，要主动向政府相关部门介绍机场发展的基本原理及规律、影响机场发展的因素与条件、行业的动态及相关背景、外地政府对机场支持的政策与措施等，同时还应将本机场的发展情况及时通报给政府，提高政府对民航业的了解程度及对机场发展的关注，以争取得到更大的支持。

第三节　民用机场营销策略

随着机场体制改革的深入和机场经营的市场化，机场经营不能局限于局部垄断带来的有限机会，更要重视客户需求，以市场为导向，研究适合机场发展的营销策略。

一、机场产品策略

机场产品策略是机场营销策略的第一要素，也属于品牌价值提升策略之一。机场应根据不同目标客户的需求，完善机场现有地面服务产品，实现优质服务。机场主业营销的对象是航空公司和旅客，因此机场的产品设计要考虑以下两个方面。

（一）满足航空公司和旅客的需求

对于航空公司，不论在基础设施的规划布局、流程设计、设施的配备和服务的持续改进等方面，机场都应当充分考虑航空公司的需求。机场正在使用当代先进技术来提高运营效率。如果建立通用的设施，如登机桥、出发门、行李设施和自助式传真机设备等，则可以减少航空公司的资本成本，以及改善机场的效率。为适应未来的发展，机场应加快建设步伐，全面提高机场客货容量，改善必要的设施设备，如增加停机位等。机场应努力完善服务设施，健全服务功能，提高服务品质，为航空公司提供高标准的保障力。

针对不同的航空公司的不同需求可以提供差异化服务，以提高机场地面保障服务的吸引力。目前大多数航空公司都希望机场能够提供相适应的、与众不同的特色服务，如特殊的低成本航站楼或专用停机位，提高转场效率以满足其特殊需求，从而使更多低成本航空公司进入；加快完善机场附属的相关商业服务设施（住宿、餐饮、休闲、交通等），为基地航空推出特殊服务及优惠政策，针对潜在的基地航空公司进行宣传，促进新基地航空的引进。

对于旅客，机场首先应该增加优化周边交通情况、提高不正常航班的处理能力，此外还要提升各方面的服务水平，不断完善服务生产与提供系统，最大限度地使旅客感到安全、舒适和便利，使服务趋近于完善。

针对不同旅客，可以提供特别服务、贴心服务，即旅客差异化服务。机场中一些重要旅客、无人陪伴儿童、病残旅客、孕妇、婴儿及受承运限制的旅客都需要受到特殊照顾，机场在这方面应提供长期有效的举措和便利服务。而对于商务旅客、旅游旅客，也有不同的需求，如商务旅客对机场商务中心、通信设施都有很高要求，而旅游旅客对机场所在城市旅游景点介绍、酒店联系等问题也有需求，机场应重视这些需求，为其提供良好的服务。对中转旅客，机场首先要做好航班衔接，为旅客尽量缩短中转时间，针对不同时段和中转时间的不同，机场可以推出相应的服务套餐来适应旅客的需要。

资料链接 4-3

重庆江北国际机场春运期间推出服务新举措

重庆江北国际机场为保障旅客安全、顺畅出行，进一步提高旅客服务质量，在保证原有服务的基础上，在春运期间推出"1＋5"主副服务品牌及"空铁联运"服务项目。

"1"为"1秒服务"主品牌，口号为"重庆机场为您专注每一秒"，意指防微杜渐，专注"安全"每一秒；惜时如金，专注"便捷"每一秒；怡情悦性，专注"愉悦"每一秒。

　　"5"为"机场百事通"、"金葵问讯"、"红缨导乘"、"木兰安检"和"天空街市"副品牌："机场百事通"是由机场打造的服务热线电话"966666"，该热线提供24小时服务，市区范围拨打全免费，旅客可以拨打热线查询乘机流程、安检标准、航班实时动态等内容；"金葵问讯"主要负担江北机场航站楼内服务咨询、服务引导、旅客个性服务、旅客建议收集等工作，还在问询柜台推出了百宝箱、温馨提示卡片、无线上网咨询、旅游咨询、地理咨询、治安联防报警等各种特色服务；"红缨导乘"主要为广大旅客提供自主值机帮助、团队预约办理、急特旅客引导及高端旅客预留等乘机手续，"红缨导乘"承诺乘机手续问题1分钟解答、排队超10人则2分钟内增开柜台、航班停止办票前3分钟最后召集；"木兰安检"主要为在江北机场乘机的旅客提供人身及随身行李的安全检查服务，做到旅客证件查验准确率100%，"木兰安检"承诺非高峰期旅客排队等候时间不超过10分钟，若无违规物品，旅客个人安检时间不超过3分钟；"天空街市"为江北机场目前拥有的1.3万平方米的综合购物及餐饮区域，旅客可以在候机过程中充分享受购物及品尝美食的乐趣。

　　此外，重庆江北国际机场还推出"空铁联运"服务项目，在机场专设了火车售票业务，并且将春运期间火车票售票时间延长至晚上9点。为持有当日到达重庆航班登机牌及当日（含）以后重庆始发火车票的旅客提供免费休息地点，并按照人数合理调配车辆，将其免费送至火车北站，便利了旅客出行。

　　通过提供更加优质的服务，重庆江北国际机场努力在春运的繁忙中为广大旅客营造一片温馨、和谐的环境。

（资料来源：http://www.caac.gov.cn/A3/201201/t20120128_45554.html.）

（二）建立并传播品牌

　　虽然机场不像其他产品的品牌在竞争中表现非同一般的作用，但随着不同交通运输方式间竞争的日益激烈及机场密度的提高，品牌的作用将日益显现。

　　实施机场的品牌策略首先要致力于建立品牌。它包括保持良好的安全和服务记录，不断改进服务，更好地满足顾客需求，创造有特色的服务产品，形成机场独特的优势和特色等。建立机场品牌的重要因素是提高机场的地缘可达性及机场航线、航班网络的连接性。没有便捷且低成本的地面交通配置，没有开辟较大纵深且有一定延展潜力的市场区域，没有相对密集的航线航班使旅客、货主有较强的选择性，就谈不上良好的机场品牌。在建立机场品牌的同时，应充分注意品牌的有形展示，即善于利用构成机场服务的各种有形载体把无形的服务品质表现出来，从而达到品牌传播的目的。

世界最佳机场排名出炉 新加坡樟宜机场第一

新加坡樟宜国际机场在 2013 年的英国咨询集团 Skytrax 的世界机场排名中获得第一名。这是樟宜机场在过去 14 年里，第四次在这项世界排名中获得第一名，上一次是在 2010 年。

Skytrax 在日内瓦公布排名成绩。樟宜机场同时获得"亚洲最佳机场"及"最佳休闲设施机场"两项殊荣。获得第二名的是韩国仁川国际机场，第三名是阿姆斯特丹史基浦国际机场。香港国际机场和北京机场依次排名第四名和第五名。

（资料来源：http://news.163.com/air/13/0412/08/8S8FLFPO00014P42.html.）

新加坡樟宜机场：足浴游泳池齐备全球最好睡

1. 淋浴足浴、游泳池

樟宜机场提供的设施只有在其他机场航空公司为贵宾提供的高档休闲室里才能找到。这里有休息或看电视的舒适区域，有高档酒吧、办公桌和免费互联网。休息室的收费约为 3 小时 23 美元，花 6 美元就能洗一次淋浴。如果想把脚放在鱼缸里让小鱼吃掉死皮，那么花 17 美元就能享受 20 分钟这种待遇。

泳池对机场转机酒店的宾客免费开放，其他宾客收费标准为每人约 11 美元。

机场还免费提供新加坡巴士观光游。由于是机场安排，因此旅客不需要办理入境手续。

2. 洗手间配备触摸屏

樟宜机场很重视一些简单而人性化的措施，如尽量减少广播及叮叮当当（微博）的推车，而是播放舒缓的音乐来缓解压力。将各个货币兑换处和服装店与竞争对手安排在一起以促进竞争。洗手间配备触摸屏，如厕纸用完时，旅客可通过触摸屏向管理人员发信息。

3. 航站楼像一座城市

最大的三号航站楼于 2008 年开放，顶部采用天窗设计，一面由众多玻璃窗组成，另一面爬满了机场温室培育的绿色植物，这些绿植会定期进行轮换。航站楼本身就是一座城市：干洗店、医疗中心（可治疗从牙齿保健到不育症等各种疾病）、便利店、药房、花店、珠宝店、服装店，还有一个专为儿童设计的室内游乐场，里面还有一个气球屋。

此外，樟宜机场的免税店也堪称"购物天堂"。

4. 零售额超 10 亿美元

樟宜机场认为，这些额外的好处能促进旅客在机场消费，并选择新加坡而不是其他中转枢纽。商业区面积约 75 万平方英尺（约 7 万平方米），大约相当于一个郊区购物中心，为机场提供了 50% 的收入，用来帮助购买设施及降低航空公司的成本。机场方面称，2011 年商品零售额创造了 10 亿美元的纪录。

机场甚至还将四层楼高的游乐园式滑梯与零售进行了捆绑。如果想体验滑梯，就必须出示一张在机场购物约 8 美元及以上的收据。如果没有收据，就只能乘坐最底下 1.5 层楼高的滑梯。

（资料来源：http://finance.sina.com.cn/money/cfgs/20120215.）

实训项目 4-3

【实训主题】调研重庆江北国际机场的产品。

【实训目的】了解重庆江北机场的服务产品及产品设计的依据，调研旅客对机场服务产品的需求状况。

【实训形式】以小组为单位，查阅资料、参观访谈、问卷调查等方式进行。

【实训步骤】①组织学生；②讲解实训的目的和任务；③实施调研；④实训汇报。

【实训评价】教师评价、学生评价、自评。

二、合理灵活的价格策略

价格是市场营销中最重要、最敏感的因素之一。机场的局部有限垄断特征使价格不像完全竞争性企业表现得那么突出，但随着机场竞争的加剧，价格因素也日显重要。机场实行灵活的价格策略措施主要有以下几方面。

（一）对航线航班的价格策略

为了鼓励航空公司开辟新的航线或增加航班，机场采取收费价格折扣、减免相关费用或对航空公司适当的财务补贴的价格策略。例如，美国佛罗里达州的墨尔本国际机场为了和相距 62 英里的奥兰多国际机场竞争，为每家新开辟墨尔本机场航线的航空公司提供至少 20 万美元的初期促销费用，而且一年内免收起降费及售票柜台、行李装运费和办公室的费用或租金，而且还为每位乘机旅客提供 8 美元的推销费。这些项目加起来，每家航空公司将获得 120 万美元的优惠补贴。但机场要求航空公司承诺在 3 年内至少再向一个尚未与墨尔本机场通航的城市每天开通一个以上的航班。

（二）对客货市场的价格策略

为了提高货流量或培养某一特定市场，机场采取航班或搭客奖励办法，或采取补贴包舱、包座位的价格策略。例如，在"非典"期间，为支持航空公司稳定市场，马来西亚吉隆坡机场和新加坡机场、香港机场都分别对所有飞往本机场的航空公司实行 50% 或 15% 的起降费回扣。为鼓励航空公司载运更多旅客到新加坡，新加坡樟宜机场于 2003 年设立 2.1 亿新元的航空枢纽发展基金。航空公司可以获得起降费、办公室和仓库租赁费 15% 的回扣。基金还同时为航空公司进行业务拓展和促销计划提供资助，2004 年又推出 4000 万新元的航空公司搭客增幅奖励计划，对客货流的增长起到了很好的推动作用。

（三）对机场设施的价格策略

为了充分有效或更为均衡地利用机场设施设备，减少为短暂高峰期而配备的人员成本，机场根据不同季节、时段、航线采取不同的收费标准和价格策略。例如，很多旅游城市机场在旅游淡季时往往造成机场设施的大量闲置及工作人员冗余，而在旅游旺季时又显得设施设备不足、人员紧张，甚至影响到服务质量。为了缩小峰谷之间的差距，提高设施设备及人员的使用效率，降低投资及运行成本，机场则应在非高峰季节为航空公司提高大幅度优惠的价格政策，对鼓励和引导航空公司缩减淡季航班具有一定的影响作用。

三、多产品联动或捆绑营销策略

机场的产品包括航空业务产品和非航空业务产品，多产品联动营销主要有以下两种情况。

（一）机场内部的产业链联动

机场内部的产业链联动主要包括产品组合和价格组合。

产品组合是指在营销过程中，根据客户的需求由机场"牵头"，组织各经营单位，集中提供各种产品介绍、服务质量标准，集中与客户交流及商洽，一揽子提供客户所需的各种产品，如飞机起降服务、地勤服务、候机楼服务、货站服务、机务维修服务及机组过夜和航班延误所需的酒店服务、航空配餐服务等。若由于各项服务分别由不同的经营主体负责，客户需要逐个进行项目调查、了解，分别谈判、签约，这样一则影响效率；二则在运行中可能增加协调难度而增加客户成本，不利于营销。

价格组合即在统一的营销战略指导下，为形成更明显的价格优势而采取的联动的价格优惠。不论是航空公司还是旅客货主，在机场的成本都由服务链中各环节的成本综合构成，一个环节的优惠影响力有限，且可能由于其他环节较高的收费所抵消。对旅客而言，较高的陆路运输成本或机场内的其他消费成本甚至可能抵消机票的折扣优惠。因此，要形成整体竞争优势、提高营销成效，就必须建立机场内部产业链中各经营主体的价格协调机制，使价格因素在营销整合中发挥更大的作用。

（二）机场集团或联盟内的多机场联动

机场集团或联盟内的多机场联动即集团内或通过建立利益联盟的相关机场为实现某一

营销目标，协调营销行为，最大限度地利用有效资源而开展的营销活动。多机场联动营销可以表现在两个方面，一是价格联动，共同形成更有吸引力的价格条件，更有效地提高目标航空公司投入动力的信心；二是多产品组合打造精品航线，形成对市场更大的影响力。

四、机场促销策略

机场促销的任务就是短期内吸引消费者的注意，提高机场客流量。这就需要结合旅客需求和客户满意度情况，制定相应的方案。航空公司更希望了解机场客、货市场的成长性及其条件，机场的安全记录情况、服务特征；旅客、货主、旅行社、货代公司更希望了解机场航线航班的分布、密度、时刻安排的动态情况，以及机场能为客户创造的独特的价值（如环境的温馨、出入机场或中转的便捷、口岸通关服务的有效保障）。简洁而良好的机场评论、有针对性的机场广告及机场专题调研报告都是很好的促销手段。可以制作能代表机场服务品牌的影像资料寄送给客户或在合适的场合播放，满足客户对服务的心理预期；参加各种质量评比活动，力争获得较高的奖励；向客户做出某些公开承诺，一方面表现机场的服务水准，另一方面能真正满足目标客户的需要。对于旅客，机场可以定期免费发放和邮寄介绍机场商品及价格的各类手册、各航线目的地当期的旅游情况或随信夹带优惠券等方法广为宣传，扩大机场的影响，特别是旅客容易流失地区的促销影响。机场还可以推动部分商店向购物的旅客赠送礼品券、抽奖等，以刺激购买。奖品的设置应根据机场的能力决定，可以与航空公司合作推出抽奖送免票等，尽可能地降低成本促销。

机场促销的方式主要有以下几种。

（一）会展推介

会展推介即通过参加各种行业内或相关的会议、展览并争取在会上发言、发放推介资料或设置展位等推介机场。该方式接触面广、层次高，可以利用这些机会相对集中地与营销对象的中、高层接触、沟通，易于获得新的市场机会。但一次性费用较高、目标不集中，也可能产生不良效果。这一方式多用于国际航线的营销。

资料链接 4-5

北京首都机场举办京交会项目机场服务产品大型推介会

为较好地完成中国（北京）国际服务贸易交易会（以下简称京交会）服务项目，公司于 2013 年 3 月 31 日在首都机场成功举办了京交会项目机场服务产品大型推介会。当日来自京交会 12 个服务贸易领域的 44 家承办单位，以及京交会组委会办公室一行 80 余人出席了本次首都机场服务产品推介会。

会议上作为首届京交会战略合作伙伴的北京首都国际机场股份有限公司首先代

表首都机场京交会服务项目工作组向参会人员介绍了首都机场在贵宾接待、酒店预订、公务机及货运代理等服务资源为服务京交会项目方面的专业及地理优势，其后贵宾接待组、酒店预订组、公务机服务组、货运运输组分别对各专业服务产品方案、保障流程、预订服务等内容进行了详尽介绍。在听完首都机场方面关于京交会项目相关业务接待方案的介绍后，组委会办公室会展组王杰主任首先肯定了首都机场在京交会服务筹备方面的积极态度，并大力向各承办单位推荐、使用首都机场提供的各类服务项目。

随后，首都机场服务项目工作组人员组织参会嘉宾现场参观了首都机场T3贵宾休息区、公务机楼、希尔顿及朗豪酒店，感受、体验了相关服务。

现场体验结束之后，首都机场股份公司常务副总经理高利佳、副总经理张伟、北京市商委副主任倪跃刚、服务贸易处处长苏本生等领导出席了招待午宴。宴会上，倪跃刚副主任及苏本生处长充分肯定了此次活动的意义及作用，强调此次活动使参会嘉宾进一步熟悉了首都机场的主要服务设施和服务流程，建立了良好的协会沟通交流平台，为今后良好合作奠定了基础，达到了预期效果。同时，参会嘉宾也表示此次参观活动，使承办单位更能够直接感官认识到首都机场有如此众多优质设施与特色服务。

作为机场服务资源的管理者，北京首都国际机场股份有限公司今后还将致力于打造统一对外营销平台，发挥资源整合者的作用，整合首都机场服务资源供应链条，通过提供"一站式管家"服务，将首都机场方面有特色、有专业背景、有行业优势的服务资源形成具有竞争优势的统一、合力对外产品服务，树立首都机场服务产品形象，助力展会经济服务、北京国际化城市发展与建设。

（资料来源：http://www.bcia.com.cn/minisite/intersection/news/news-2012041602.html.）

（二）访问推介

访问推介即派专人或团队直接向营销对象推介机场，这一推介方式有利于与营销对象沟通，感觉亲切，便于建立直接的互动关系。

（三）信函推介

信函推介简单易行、成本低、适用面广，但不易引起营销对象的重视。在市场准备较充足、意向较明确的情况下，以机场高层名义直接向航空公司高层发送推介函可能会收到良好的效果。

（四）专题推介

专题推介是指机场通过召开推介会的方式来营销机场。该方式主体突出、目的性强、影响面广，但所需费用较高，需要动用较多的人力、物力。

五、机场营销的规划和实施

以民用支线机场为例，机场市场营销规划和实施的具体环节及内容如下。

（一）营销规划环节和内容

在表 4-5 中所提到的 SWOT 分析和目标 SMART 原则都是管理学中非常重要的理念。SWOT 分析即"强弱机危"综合分析法，是一种企业竞争态势分析方法，通过评价企业的优势（Strengths）、劣势（Weaknesses）、竞争市场上的机会（Opportunities）和威胁（Threats），用以在制定企业发展战略前对企业进行深入全面的分析及竞争优势的定位。

表 4-5　机场市场营销规划框架

第一步	市场环境分析	① 机场 SWOT 的分析 ② 机场所提供的主要服务和使用者 ③ 机场今后发展状况或趋势 ④ 本地区（本区域、本国乃至全球）航空业发展趋势，机场发展趋势 ⑤ 竞争分析——竞争对手的 SWOT 分析 ⑥ 机场目前所存在的问题和未来机遇
第二步	市场营销规划目标	首先应该采用目标 SMART 原则确定市场营销的目标，目标最好不要太多。在每个具体指标中都要明确目标市场、竞争优势、采取行动的具体措施
第三步	行动方案	① 根据具体目标，确定具体活动方案，同时对于活动的顺序排列事先考虑到位 ② 认真研究所需的内外部资源（主要是人员、预算、材料等）；提前预算资金，不要临时抱佛脚 ③ 严格管理过程，这就是严格执行的过程，同时适时评审规划的有效性，避免出现年底"算总账"的尴尬局面

所谓 SMART 原则就是目标必须是具体的（specific）；目标必须是可以衡量的（measurable）；目标指标必须是可以达到的（attainable）；目标是实在的，可以证明和观察（realistic）；目标必须具有明确的截止期限（time-based）。无论是制定团队的工作目标还是员工的绩效目标都必须符合上述原则，五个原则缺一不可。

（二）营销实施步骤

美国运输研究委员会所推出的市场营销规划准备和实施步骤见表 4-6。

Table 4-6 机场市场营销实施步骤

步骤	具体内容
1	目标制定：可以采用头脑风暴或根据历史数据（统计方法）等制定今年的目标，如吸引新客户、提升机库租赁收入等。实际上这就是机场最高层的"希望"或是"短期愿景"
2â	SWOT分析：考虑到机场自己内部资源。例如，制定了宏伟蓝图，但是最终发现缺少人力、财力，根本无法实施，这样只会费时、耗材。对于自己内部能力很好的评估是市场营销规划取得成败的关键因素之一
3	重新定义目标：根据SWOT分析结果（可以引入咨询机构帮助完成）以及对自己内部资源的合理评估，最终对原先"愿望"设定的目标进行更正，目的在于使目标更加现实和具备可实现性
4	目标市场/行动：确定目标市场，机场不可能服务于所有人，选择自己最合适的服务对象（航空公司、租户、代理人等）。同时，制定合适的市场营销行动，包括和社区之间的沟通战略
5	市场营销工具：选择合适的市场营销工具将自己机场的信息传递给目标市场：如选择互联网、电视广告、宣传牌，还是电波广播形式。这也是营销学上经典的4P组合——以正确的价格通过正确的途径和正确的促销手段传递到正确的目标客户手中
6	执行市场营销规划：执行既是最容易的，又是最难的。许多机场领导人都会认为，居高位不必操心实际经营间的细节事务。在这种观点影响下，当领导可说是相当愉快的：你高高站在山顶，思索策略性问题，并且以种种美好愿景来激励下属，至于一些麻烦的事就交由管理者处理。但在执行上，有怎样的领导就有怎样的兵
7	监控和评估：所有的规划不管事先如何精密部署、仔细研究，在执行过程或多或少都会产生偏差，因此机场必须建立必要的监控和评估市场营销规划方案。其中最主要的应该是"定量监控"，或许用一句话就可以发现市场营销规划是否得以顺利实施——我们是否达成了市场营销规划所设定的目标

实训项目 4-4

【实训主题】为×××机场做营销方案。

【实训目的】通过为×××机场做营销策划方案，掌握机场市场营销需要规划的内容和实施步骤，从而更深入地了解机场的运营及管理。

【实训形式】小组作业、小组活动。

【实训步骤】①组织学生；②讲解实训的目的和任务；③项目实施；④实训汇报。

【实训评价】教师评价、学生评价、自评。

第四节　我国民用机场营销管理中存在的问题

机场属地化后，机场的经营环境发生了巨大的变化。随着机场经营模式的转变，机场间的竞争日益激烈，这也推动机场逐步开始对营销进行探索。目前我国的机场营销仍处于起步阶段，缺乏机场营销专业理论的指导和实际营销经验，国内机场迫切希望采取有效的机场营销手段，吸引航空公司新开航线、增加航班，最终实现旅客和货邮吞吐量的快速增长，在机场获得发展的同时也拉动区域经济的增长。国内机场营销管理中存在的主要问题有以下几个。

一、营销理念陈旧落后

营销理念落后的原因主要有以下几个。

（1）民用机场长期处在计划经济体制下运行，到目前为止，大多数机场还没有真正成为市场主体。于是人们习惯于用生产观点、产品观点认识和运作机场，认为只要搞好航空地面服务保障，把服务搞好、把商品供应搞好，企业的经营管理也就能搞好。有的甚至利用计划经济条件下的生产观点、产品观点，运营现代市场经济条件下的机场。

（2）民用机场本身属性中具有被动接受的特点。机场起降的飞机数量多少、方向如何，到机场的旅客人数多少、什么时候出现最终由航空公司决定，机场的货物运输业务更加体现出为航空公司服务的特点。因此在这三个层次中，机场的服务的确具有一定程度的被动性，服务属性中的这些特点强化了人们只看重生产、产品的观念。

（3）改革开放以来，民用航空一直处在高速增长的阶段，这个时期在需求上表现为供不应求的卖方市场特征。在这样的情况下，用生产观念、产品观念足够维持企业发展，客观上不具备"营销观念"生长的土壤。

二、营销实践存在问题

营销实践存在的问题主要表现在以下三个方面。

1. 市场没有细分

各机场所具有的优劣势、强弱项均不相同，市场细分能帮助企业发现市场机会，用最小的成本获取最大的效益。我国民航早就将业务分为客运与货运，将运输分为国内运输与国际运输，将旅客分为公务、商务、个人等。划分的方法有很多，但为什么没有真正意义的市场细分？理由有以下三个。第一，虽然进行了这些划分，但这些划分本身并没有成为机场企业进行经营、获取竞争优势的有效工具，而是"分类"意义上的划分，不是"市场"意义上的划分。市场意义的划分是企业使自己的产品（服务）、行销方案与市场细分得出的需求、欲望的差异相适应。第二，信息获取系统的建立和市场调研技术的运用处在很原始的初级阶段，目前整个行业运用统计进行有效市场预测、市场分析的工作是粗浅的，达不到市场细分的要求。第三，一些十分重要的市场细分工作没有做，没有进行地理变量中城市规模与机场规模的分析，因此我国民用机场在布局上、规模上缺乏战略思考；没有进行人口变量中不同职务、收入水平、消费需求的分析，因此，各机场在商业经营上基本是经验型的和带盲目性的；在消费者行为特征分析方面，特别是在心理变量和行为变量分析方面几乎空白，对于影响消费者行为特征的文化因素、社会因素、个人因素、心理因素不了解。

2. 市场目标模糊

市场目标模糊表现在，机场经营者没有明确的市场战略目标和有效的行动措施。首先，机场的经营者并不知道或者不了解某一具体的市场，如旅游者市场、公务旅客市场、商务旅客市场或暑期学生市场、某一航线旅客市场，它们的具体规模和增长程度；不了解它们的现行量、增长率、预期能带来的直接或间接收入（航空服务收入与商业收入）是多少，更不了解如何才能保持或扩大这些市场。其次，他们没有研究竞争对手的情况，甚至对半径150公里内相互交叉的机场的情况也不清楚；没有从数量上研究其他交通运输工具对民航市场的影响；没有研究消费者相对购买力的情况，没有具体有效的对策。最后，市场目标模糊最主要的体现在对自身资源状况和企业战略目标的模糊上，大多数机场经营者们并不制定企业战略发展目标，对自己企业的显现或潜在的人力、物力、财力、信息资源状况不了解。以上这些情况都表明我国民用机场业在整体上市场目标模糊，在经营中根本没有具体的市场无差异、差异或集中覆盖战略。

3. 市场定位不准

市场没有细分、市场目标模糊，必然影响到市场定位不准。所谓市场定位，就是企业所有资源的市场形象和目标定位，而这些资源的市场定位最终要体现出的是产品、服务、人员、形象的差异性。差异性既表现为选择目标市场的差别，也表现为企业资源、形象、目标的差别。差异性使得每一个企业都必须通过建立一整套独一无二的竞争方案，达到不同于其他企业的市场目的。我国民用机场定位不准表现在以下几个方面。第一，投资及规模定位不准。许多方面脱离市场需求，不进行科学的市场细分和市场目标的预测，造成投资过大、规模过大、经营陷入困境。第二，机场性质定位不准。把本来应该全部或分部具有公共设施、公共设备性质的机场定位为纯企业性质，使机场建设出现建成一个亏一个的"投资怪圈"现象。第三，经营优势和形象定位不准。在经营中，机场经营者不能有效地选择竞争优势，不能向市场传播和送达一个完整统一的市场形象等。

三、对机场产品和服务的认识上存在偏差和误区

（1）在"核心产品"概念把握上出现偏差。过去很长一段时间里，民航业一直把机场的"核心产品"理解为"为飞行器提供起降服务"，这种理解长期以来限制了人们全方位发展机场业的思维。民用机场的"核心产品"应该理解为"为飞行器提供起降服务，为旅客、货主提供过站服务"两个方面。事实上，旅客、货主不仅是航空公司的客人，更重要的是机场的客人，是机场商业经营活动的目标顾客。因此，应该把旅客、货主和航空公司放在同等重要的位置上，并当成最重要的资源去管理。机场的商业化发展是当前全球机场业务发展的重要趋势之一，机场"核心产品"概念中确定旅客、货主和航空公司的地位是十分重要的。

（2）在"实际产品"概念把握上存在不足。由于"核心产品"概念定位的偏差，机场

的经营者缺乏对实际产品（服务）的开发和管理，营销理论所说的服务差异管理、服务质量管理、服务生产力管理水平普遍比较低下。一方面，各机场在服务内容、项目上几乎千篇一律，没有差异和特色。经营者没有试图通过品牌来建立差别形象，进而提高产品（服务）质量，提升经营效益。另一方面，服务质量管理体系未能在各机场真正建立，产品（服务）管理未能实现制度化、标准化和规范化。此外，近几年服务成本飞速增长，要求机场的经营者必须提高服务生产率，但到目前为止在这方面能看到的努力微乎其微。

（3）在"服务性质"和"外延产品"的把握上相距甚远。有些机场经营者对服务的无形性、不可分性、可变性、易消失性的认识不足，不懂得服务利润链的形成需要把注意力集中在顾客和员工两者身上，不懂得机场利润的提升需要将企业、员工和顾客的满意程度联系在一起。消费者倾向于把产品（服务）看作满足他们需要的复杂利益集合，但各机场在"外延服务"领域基本没有进入，因此不能最大程度地满足消费者的一系列利益组合要求。产品（服务）在第三个层次上的缺陷，实际上丧失了众多的潜在市场、潜在用户。

（4）产品（服务）是市场营销组合中最重要的因素。产品策略要求人们对产品组合、产品商标及附加服务做出协调一致的决策。民用机场是一个包括航空地面保障业、商业、餐饮业、酒店业、旅游业、广告业等多元化的经济实体，它对产品的协调决策要求更高。但目前互相脱节、各自为政甚至相互矛盾的现象十分严重，这就使得机场服务这一整体产品缺乏统一的完整概念，其产品在人们心目中的形象就可想而知了。

四、价格制定不合理

（1）价格是商品最本质的属性之一，其活动反映出市场经济极其丰富的内涵。价格决策一般受七个因素的影响。其中内部因素有企业市场目标、市场营销组合战略、成本、组织考虑，外部因素有市场和需求的性质、竞争、其他环境因素等。这七个因素在经济运行的过程中对价格决策起到了不断调整和修改的作用。也正因为这七个因素影响的不同，各机场在价格上应该显现出多样性的特征。机场航空收费标准的行政规定造成的问题是多方面的。第一，价格统一的负强化作用，使机场不愿意过多地投入资金改善经营环境，改进设施、设备。因为这方面的投入越多，越体现不出效益。同理，机场主观上没有改进服务工作的愿望。第二，价格统一，使机场缺乏一个调控生产经营的手段，机场整体利用率低下。民用机场特别是大型国际机场普遍存在一个高峰时段挤不进来、低峰时段不愿意来的现象，这和西方发达国家，特别是美国机场的情况形成鲜明的反差。美国机场利用价格杠杆的作用，使 24 小时内均有飞机起降，而我国机场平均利用率不及美国的 1/3。

（2）机场在商业活动中普遍使用高价格定价战略。这一战略定位在社会和广大消费者心目中已经形成了一个较稳定的公众印象。简单地说，价格定价战略无论好坏是没有意义的，这必须和经济发展阶段分析、旅客构成分析，特别是收入结构、购买心理的分析结合起来，才能说明问题。从发达国家目前的情况看，由于飞行已经进入普通老百姓的生活，成为生活中的重要组成部分，因此他们更多的是采取良好价值战略或经济战略去定价，并且取得令人满意的快速高增长。价格越高，需求越少，因此从长远看，随着航空市场的不断扩大，高价格战略最终会妨碍机场商品市场的开拓和发展。

（3）在机场的经营活动中，价格问题没有被众多机场经营者放在战略组合重要要素的高度去思考，缺乏对价格调整手段和方法的研究，没有把具体价格的制定和决策放在企业整体目标系统中考虑。总的来说，价格管理是处于没有理论指导、没有定价程序、没有科学合理的目标、没有方法、不讲技巧的状态中。这些就是出现航空收费统得太死、商业价格制定杂乱的根本原因。

五、机场促销沟通方面存在不足

（1）促销的目标不明确。这存在两个方面的问题，一个方面是，大量的机场经营者根本不知道该向谁促销、促销什么。一般认为机场的促销对象应该包括航空公司、旅客、货主、政府（包括空军和空管局）、非竞争性机场。向航空公司应该促销机场的基地作用、地面服务时间、服务内容、价格，帮助航空公司准确了解本地市场，组织航线、航班等；向旅客应该促销机场多元化的便利商业服务、特色服务等，向货主应该促销机场安全、快捷的货运收、提、运服务；向政府的促销，应该使政府充分认识到机场在地区经济发展中的重要地位和作用，重视机场的净空时间保证和净空条件保护，协助防止非法干扰问题等；向非竞争性机场促销，是与非竞争性机场联手为航空公司、旅客、货主提供更加周全完美的服务。另一个方面是，许多机场仅有的一点媒体宣传目标零散，是让消费者了解企业、企业产品和服务，还是强调本企业与竞争者属性的不同；是强调产品或服务的价值，还是刺激需求，有时候经营者并不明确。但促销理论要求机场经营者的促销必须明确，促销目标随市场环境而变化，但是在一定的时期内，企业促销目标必须是确定的，并且常常是唯一的，只有这样，有限的宣传才能达到强化促销的目标。

（2）由于没有严格意义上的促销，因此在研究和具体实践上存在几个方面的不足：一是对信息沟通过程的了解不足。缺乏对信息内容、信息结构、信息格式的研究，沟通效果不好，甚至在有些公众的心目中，机场和航空公司是一样的。二是对促销方式及特点研究得不够。广告、人员推销、营业推广、公共关系各自的特点、组合的特点是什么，机场经营者大多一知半解。三是促销组合决策的程序在现实的工作中根本不出现，促销活动不做预算，也不检查结果等。

六、机场组织机构、专业人才、计划资金资源支持方面存在问题

（1）国内很多机场在组织机构中没有开展市场营销活动的部门。这种体制显然与营销职能已逐步渗入整个社会的各个层次、客户第一的时代特征相逆。

（2）机场缺乏掌握市场营销专业知识的人才，缺乏开展市场营销活动的资金来源，没有确切的营销计划和任务。信息时代的到来，使人们无法预料市场竞争将以什么方式出现，但有一点是肯定的，就是市场竞争将更加剧烈、更加巧妙、更加变幻莫测。因此，民用机

场没有足够的市场营销专业人才、必要的资金、周密的计划和任务，将很难在竞争中取胜。

资料链接 4-6

一场大雾暴露出的机场管理问题

2013 年 1 月 3 日上午 10 点开始，一场大雾笼罩了昆明长水国际机场，导致当天 440 架次航班被迫取消，近两万名旅客的出行受到影响。截至今天凌晨，仍有数百名旅客滞留在机场，由于长时间滞留，且得不到有效的出行动态，部分情绪激动的旅客冲击了登机口和值机柜台等设施。

从 2013 年 1 月 3 日到 5 日，有很多乘客都在长水机场先后经历了焦急等待、耐心消失、聚集宣泄、组织维权、无人理睬、打砸泄愤、疲惫不堪、睡地板、抢吃喝等让人的囧态最大化的被放大的过程，而造成如此状况的原因，除了讨厌的大雾外，可能更为让人愤懑的是长水机场管理和服务水平。

首先，出现大雾天气，作为机场部门，应该有乘客大面积滞留的应急预案，而且提前对乘机旅客进行短信提醒，已取消的航班能及时通知还没到机场的旅客，建议他们改签或延期，而不是像这次一样，使大量乘客滞留在机场。

其次，既然延误的事实已经存在，那么机场方面应积极配合航空公司做好应急工作，可是，在整个延误的事件里，无论是航空公司，还是机场地勤、机场管理层，都采取的"避而不见"的态度。这种政策规避了个人风险，却容易酿成风险性很大的群体性事件，如果处置不当，很可能会造成严重后果。

从应急方面来讲，乘客的要求其实并不高，能有一杯热水、一杯泡面、一个可以休息的房间，这些都足可以安抚乘客，但是该机场却因为一场大雾暴露出如此严重的应急能力不足，真是让人失望。

（资料来源：http://gb.cri.cn/27824/2013/01/06/2165s3981859.htm.）

思考与练习

一、简答题

1. 简述民用机场的系统结构。
2. 简述机场营销的策略。
3. 简述机场营销实施的步骤。
4. 简述机场营销的对象和内容。

二、论述题

国内机场营销和管理中存在诸多问题，试论述如何改进和完善。

第五章 航空公司营销

第一节 航空公司营销的基本理论

一、航空公司的概念及国际民用航空组织

航空公司（airlines）是以各种航空飞行器为运输工具为乘客和货物提供民用航空服务的企业，它们一般需要一个官方的运行证书或批准。航空公司使用的飞行器可以是它们自己拥有的，也可以是租赁的，它们可以独立提供服务，或者与其他航空公司合伙或者组成联盟。航空公司的规模可以从只有一架运输邮件或货物的飞机到拥有数百架飞机提供各类全球性服务的国际航空公司。航空公司的服务范围可以分为洲际的、洲内的、国内的，也可以分为航班服务和包机服务。

国际民用航空组织（International Civil Aviation Organization，ICAO）是联合国下属专责管理和发展国际民航事务的机构，1944 年为促进全世界民用航空安全、有序的发展而成立。国际民用航空组织总部设在加拿大蒙特利尔，其工作内容是制订国际空运标准和条例，

以保证各地民航航空公司运作的一致性，是 191 个缔约国（截止 2011 年）在民航领域中开展合作的媒介。国际民用航空组织为全球各航空公司指定三个字母的 ICAO 航空公司代码。

国际民用航空组织的主要职能有：制订国际航空和安全标准，收集、审查、发布航空情报，作为法庭解决成员国之间与国际民用航空有关的任何争端，防止不合理竞争造成经济浪费、增进飞行安全等。在成员国的合作下，该组织已逐步建立气象服务、交通管制、通信、无线电信标台、组织搜索和营救等飞行安全所需设施模式。鉴于航空事业发展迅速，空中污染状况日渐严重，故该组织在防止空中污染、保障国际航系安全方面的任务将日趋繁重。

国际航空运输协会（International Air Transport Association，IATA）是一个由世界各国航空公司所组成的大型国际组织，其前身是 1919 年在海牙成立并在第二次世界大战时解体的国际航空业务协会，总部设在加拿大蒙特利尔，执行机构设在日内瓦。与监管航空安全和航行规则的国际民用航空组织相比，它更像是一个由承运人（航空公司）组成的国际协调组织，管理在民航运输中出现的诸如票价、危险品运输等问题。大部分的国际航空公司都是国际航空运输协会的成员，以便和其他航空公司共享连程中转的票价、机票发行等标准。国际航空运输协会为全球各航空公司指定两个字母的 IATA 航空公司代码，但是有许多地区性的航空公司或者低成本航空公司并非国际航空运输协会的成员。

国际航空运输协会的基本职能包括：国际航空运输规则的统一，业务代理，空运企业间的财务结算，技术上合作，参与机场活动，协调国际航空客货运价，航空法律工作，帮助发展中国家航空公司培训高级和专门人员。

二、航空公司的分类

航空公司可以按多种方式分类：按公司规模划分，可分为大型航空公司、小型航空公司等；按飞行范围划分，可分为国际航空公司、国内航空公司；按运输的种类划分，可分为客运航空公司、货运航空公司；按工作时间划分，可分为定期航空公司、不定期航空公司。

国家航空公司指的是由国家出资设立或经营的航空公司，一般会在该公司的机体明显处漆上代表该国的国旗，如中国国际航空公司、新加坡航空公司、泰国国际航空公司。

低经营成本的航空公司称为廉价航空公司或低成本航空公司。

三、航空公司营销环境分析

民用航空业是受经济周期影响很大的产业。经济复苏，出行需求增加时，航空业发展就处于急速扩张的状态；一旦经济低迷，航空业会面临巨大挑战。航空服务市场是一个对外部环境比较敏感的市场，高涨和低落、淡季和旺季的需求量差异非常明显，这就要求航空服务提供主体通过长期市场规划和独特的经营主张来赢得市场竞争。

菲利普·科特勒将营销环境分为宏观营销环境和微观营销环境。

（一）宏观营销环境

宏观营销环境风险因素由人口环境、经济发展、政策法律、技术进步、自然环境、社会文化、政治等因素构成，由于国内社会文化、政治因素比较稳定，不确定性较小，在此不做赘述。

1. 人口环境

市场是由有购买欲望、支付能力的人构成的，人口环境影响着市场的规模和特征。由人口环境因素引起的营销风险事件主要体现为人口数量、结构、质量变动三方面。人口环境变化趋势比较清楚、明显，一般不会对航空公司营销战略造成影响。

2. 经济发展

经济发展因素引起的营销风险事件可从经济周期波动、经济发展趋势、经济发展水平三方面考虑，一般可以在一定范围内预测。航空运输是一种派生需求，是由社会经济活动这一本源需求引起的，其对经济发展状况十分敏感。故一般经济环境变化对航空公司营销战略有重大影响。

3. 政策法律

政策法律与航空运输业联系非常密切，影响最大的政策法律风险事件是放松管制与自由化。一般政策法律变化有多种可能，各种可能性结果通常可以预测，但其可能程度较难预测，有可能对营销战略造成较大影响。

4. 技术进步

技术因素引起的营销风险事件一般体现在航空公司是否应用新技术，技术进步导致增强消费者竞价能力两方面。其变化有多种可能，各可能性结果一般可以预测，但其可能性程度往往无法预测，对营销战略可能造成较大影响。

5. 自然环境

自然环境与航空公司经营联系密切，其中自然资源短缺以及航空气象条件对航空运输有重大影响，航空气象风险持续时间一般较短，影响范围一般不大，对航空公司营销战略造成较大影响的可能性较低，但其造成的直接经济损失一般较大。自然环境变化有多种可能，其可能结果一般可以预测，但各可能性程度无法准确预测。

（二）微观营销环境

根据波特五力理论，微观营销环境包括现有竞争者、潜在进入者、替代品、供应商、买方五种影响因素，直接作用于航空公司营销整个过程。

1. 现有竞争者

现有竞争程度主要受行业增长率、竞争者集中度、差异度、超额能力、进出壁垒等因素影响。我国航空运输业需求由于经济长期持续高速发展和民航体制改革的影响，一直保持较高的增速，市场集中度持续提高，行业进出壁垒相应降低，但由于运力增速过快，运输产品差异度低，行业竞争异常激烈，导致行业竞争风险显著提高。行业竞争者受多种因素相互作用、共同影响，不确定性较高，而且较难合理估计各种可能性，又无法预测各可能性发生的概率，很有可能带来战略性影响，造成致命威胁。

2. 潜在进入者

新加入企业的竞争程度取决于该行业进入的容易程度，主要体现在规模经济、进入分销渠道和关系网的难易度、法律障碍等方面。航空运输业属于高投入、高技术、高风险行业，新进入的航空公司仍然面临规模经济问题，但随着航空代理、直销渠道的快速发展，以及民航体制改革行业进入门槛降低，航空公司面临越来越多的潜在进入者风险。潜在进入者可能带来的不确定性有多种可能，一般各可能性结果可以预测，但各可能性程度无法预测，可能对营销战略造成较大影响。

3. 替代品

替代品的风险是由于存在替代品及消费者转购替代品的成本等因素导致顾客转向其他竞争者，严格地说是生产同类或同种产品的企业都构成了对企业产品的威胁。航空运输的替代品主要包括铁路运输、公路运输、水路运输。

高铁线路扩张给各家航空公司带来了巨大的竞争压力。在价格、时间成本、舒适度几个方面的权衡之下，铁路大幅提速后对飞机航线的冲击正在逐步显现。根据其他国家的经验，高铁建成后将对民航运输造成极大冲击——在日本，新干线开通后，日航停飞东京至大阪、名古屋等航线；在法国，欧洲之星快速列车占伦敦—巴黎运输市场份额的70%，BMI航空公司已经停飞了伦敦希思罗机场至巴黎戴高乐机场的所有航班。据业内人士分析，500公里左右的航线，受冲击程度超过50%；800～1000公里航线，约20%受冲击。高铁的快速发展，不仅影响到航空行业的"钱景"，也会分流部分客源，从而阻碍整个行业的发展。

4. 供应商

航空公司的供应商主要包括机场、空管、航材企业、航油企业、航空电信企业，航空维修企业等航空运输保障组织。我国民航市场化改革目前较多涉及航空公司，而对航空公司各保障组织市场化改革涉及较少，仍处于政府管制的垄断状态，受市场环境影响较小，确定性较高，一般不会影响航空公司的营销战略。

5．买方（消费者与代理人）

买方主要通过压低价格和对产品质量和服务质量的要求，以及对产品偏好的选择来影响市场上现有企业的盈利，因此其对企业营销活动的风险比较大。由于大多数情况下消费者通过航空代理人来消费航空运输产品，为了分析方便，本文将航空代理人也归入买方一类。消费者因素引起的风险主要体现为消费者需求变异带来的风险，代理人因素引起的风险主要是代理人信用风险。在一定范围内的未来，只能确定消费需求变异或代理人信用风险未来可能发生的范围，该范围往往是连续的，其对营销战略影响较大。

资料链接 5-1

京广高铁扩大"同城效应"，航空业面临冲击

京广铁路客运专线（简称'京广高铁'）是以客运为主的快速铁路。它北起首都北京，南到广州，全程2298公里，基础设施设计速度350公里/小时，目前运行速度降低为300公里/小时。该客运专线是我国"四纵四横"客运专线网之一，形成一条与京广铁路并行、纵贯我国南北、辐射范围最广的快速客运通道。该客运专线通车后，将使京广铁路实现客货分离。京广高铁于2012年12月26日全线开通运营。

与首发当日自北京始发的三趟列车几乎满席离京相呼应，各界对高铁经济效应的讨论也骤然升温。专家认为，虽然京广高铁在高成本、难兼容等方面存在一定争议，但由于其能在北京—广州实现"朝发夕至"，这条南北大动脉或许可促成北京、广州等中心城市的同城效应，协调不同区域间的规划和发展。

中国银行国际金融研究所高级分析师周景彤在接受中新社记者采访时表示，京广高铁贯通后，将形成一条高铁经济带，对沿线城市特别是大中城市之间的协同化发展、旅游、购物、贸易乃至城镇化进程等均能产生促进作用。

据介绍，京广高铁由北京出发向南经石家庄、郑州、武汉、长沙至广州，是现有"四纵四横"铁路网规划中的重要"一纵"。

周景彤认为，与航空业"点对点"的运作方式不同，京广高铁能将包括华北、中部、珠三角等主要经济区"串成线"，其作用无异于新增一条南北大动脉。

高铁线路设计者之一、铁道第三勘察设计院京郑项目总工程师陈亚兵也认为，由于京广高铁贯穿几个主要经济区，辐射面广，尤其对于高铁经停的如武汉、长沙等区域性的铁路枢纽城市，其"中枢"作用将更为凸显。

分析人士认为，京广高铁超300公里的时速能将北京—广州的车程缩短一半有余。意味着北京、广州等一线城市的同城效应将逐渐形成。对此，有网友戏称，京广高铁能够实现"早上啖广东早茶，晚上吃北京烤鸭"。

分析人士认为，高铁所带来的人流、物流、信息流、资金流的南北贯通将提高国内市场的统一性，协调不同区域间的规划，促进城市转型。

在旅游方面，目前多地已有旅行社组织京广高铁旅游团。中国国旅一位工作人员告诉中新社记者，国旅 29 日将组织一个从北京—广州—香港的"高铁团"，目前报名的旅客已超过一半。不过，由于高铁车票相比团购机票并无明显优势，其能否成为一支"热线"仍有待观察。

虽然京广高铁的经济效应明显，但专家提醒，成本高、兼容难及对其他行业的冲击等问题也不容忽视。

北京交通大学教授赵坚在接受中新社记者采访时坦言，由于目前京广高铁线路与既有线路不兼容，或使该线路运力得不到充分发挥，货运需求无法有效释放。

赵坚解释，中国目前的铁路交通仍是客货并行，虽然高铁的投入使用能够分流一定的客运压力，使既有线路的货运得到一定程度的释放。但由于除动车组外的普通绿皮和红皮火车无法在高铁线路上行驶，既有线路上普通客运列车对货运的挤压效应仍然存在，货运瓶颈无法得到实质性的缓解。

此外，赵坚表示，由于高铁的速度与其建设、运营和维护成本成正比，"京广高铁设计 300 公里以上的时速所带来的成本压力可想而知"。他认为，这样的高成本使高铁票价陷入两难，"太高则民众负担不起，太低则无法盈利"。

京广高铁的开通对航空业的冲击也广受人们的关注。周景彤分析，对于 600～700 公里以上的远距离运输，京广高铁对航空业的冲击有限；但对于中短途的航线来说，高铁开通后航空业受到的影响较大。目前部分中短途航空线路已有 2～3 折的大幅降价迹象出现，更有媒体报道一些短途航线已处于停飞状态。

但中国民航管理干部学院航空法研究中心主任刘伟民在接受中新社记者采访时分析，这也对航空公司整合航线网络、提高效率形成倒逼机制，或为航空业提供新一轮转型机遇。

(资料来源：http://info.jctrans.com/zhuanti/ztd/xw/2013141731248.shtml.)

四、市场营销的 4P 理论

4P 营销理论（the marketing theory of 4Ps）产生于 20 世纪 60 年代的美国，随着营销组合理论的提出而出现。1953 年，尼尔·博登在美国市场营销学会的就职演说中创造了"市场营销组合"（marketingmix）这一术语，其意是指市场需求或多或少地在某种程度上受到"营销变量"或"营销要素"的影响。

1967年，菲利普·科特勒在其畅销书《营销管理》第一版中进一步确认了以4P为核心的营销组合方法。

产品（product）：注重开发的功能，要求产品有独特的卖点，把产品的功能诉求放在第一位。产品是营销组合中最基本的要素。

价格（price）：根据不同的市场定位，制定不同的价格策略，产品的定价依据是企业的品牌战略，注重品牌的含金量。

渠道（place）：企业并不直接面对消费者，而是注重经销商的培育和销售网络的建立，企业与消费者的联系是通过分销商来进行的。

促销（promotion）：企业注重销售行为的改变来刺激消费者，以短期的行为（如让利、买一送一、营销现场气氛等）促成消费的增长，吸引其他品牌的消费者或导致提前消费来促进销售的增长。

尽管营销理论在不断发展，但4P仍然是最基本、最核心的要素。因此，本书将以4P理论为基点进行介绍。

第二节　航空公司产品概述

一、产品和产品策略

1.产品

产品是指能够提供给市场，被人们使用和消费，并能满足人们某种需求的任何东西，包括有形的物品、无形的服务、组织、观念或它们的组合。产品一般可以分为三个层次，即核心产品、形式产品、延伸产品，见图5-1。核心产品是指整体产品提供给购买者的直接利益和效用；形式产品是指产品在市场上出现的物质实体外形，包括产品的品质、特征、造型、商标和包装等；延伸产品是指整体产品提供给顾客的一系列附加利益，包括运送、安装、维修、保证等在消费领域给予消费者的好处。

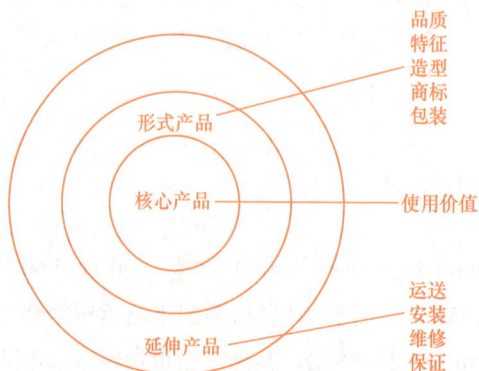

图5-1　产品概念内涵

2．产品策略

产品策略是企业为了在激烈的市场竞争中获得优势，在生产、销售产品时所运用的一系列措施和手段，包括产品定位、产品组合策略、产品差异化策略、新产品开发策略、品牌策略及产品的生命周期运用策略。产品策略是市场营销组合策略的基础，从一定意义上讲，企业成功与发展的关键在于产品满足消费者需求的程度及产品策略正确与否。

二、航空公司的产品

相对于有形产品而言，航空公司的产品具有其特殊性，它是一种顾客认为有用的服务，是无形的，这种服务就是旅客或货物的位置移动。航空公司的产品从产品层次上可以分为两类，即航线类产品和服务类产品。

（一）航线类产品

1．航线类产品的概念

航线是指一定方向上沿着规定的地表面飞行，联络两个或几个地点进行定期或不定期运输业务的空中交通线。航线产品着眼于产品核心层，不同的航线构成了不同的产品，可以满足旅客不同的位移需求，如北京—广州、上海—深圳、重庆—悉尼等航线。

航线不仅确定了飞机飞行的具体方向、起讫与经停地点，还根据空中交通管制的需要，规定了航线的宽度和飞行的高度，以维护空中交通秩序，保证飞行安全。从经营的角度看，航线是经过批准开辟的连接两个或几个地点的航空交通线。航线应具备以下三个条件。

（1）有运输机定期飞行。

（2）有足以保证运输飞行和起降所需要的机场及地面设备。

（3）经过批准，现民航航线除由民航局发展计划司审查批准外，还需报请空军和总参批准，这主要涉及空域的管制权。

从运输生产的角度看，航空公司是按航线和航班组织生产的，计算和考核航空运输生产是按航线进行的。

2．航线的分类

1）根据起讫地点的归属分类

（1）国内航线。飞机飞行路线起讫点均在本国国境以内的称为国内航线。国内航线分为干线航线和支线航线。干线航线是指连接首都北京和各省省会、直辖市或自治区首府的航线，以及连接两个或两个以上的省会、直辖市、自治区首府或各省、自治区所属的城市之间的航线。支线航线是指一个省或自治区之内的各城市之间的航线。

（2）地区航线。地区航线系指根据国家特殊情况，在一国境内与特定地区之间飞行的航线。例如，内地与香港之间、内地与澳门之间和未来内地与中国台湾之间的航线属地区航线。

（3）国际航线。国际航线系指飞机飞行的路线跨越本国国境，通达其他国家的航线。

2）根据航线经停点及来回程的形式分类

（1）没有经停点的直接对流航线，简称直达航线。

（2）含有经停点的间接对流航线。

（3）环形航线。

3）根据经营特色分类

（1）旅游热线。这是以运载旅游游客为主到达旅游地的航线。

（2）精品航线。这是以服务品牌取胜的航线。

（3）代码共享航线。这是两国航空公司互相共享对方代码的航线，以达到双方航线延伸的目的。代码共享是指两个航空公司互相利用对方经营航线来延伸和增加本公司的航线，以降低经营成本，拓展市场网络和增强市场竞争力。代码共享是迅速扩展航空客运市场的一项有效的策略。

（4）乡音航线。这是以乡音吸引乡音国旅客的航线。

（5）地方航线。这是只由地方集资组建的航空公司所经营的航线。

4）根据航线结构为类

（1）城市对式（图5-2）。从各城市自身的需要出发，建立城市与城市之间的航线。其基本特点是两地间都为直飞航线，旅客不必中转。这是任何航空公司开辟航线所必须采取的形式。

（2）城市串式（图5-3）。城市串式结构的特点是一条航线由若干航段组成，航班在途中经停获得补充的客货源，以弥补起止航站之间的运量不足。

图 5-2　城市对式示意

图 5-3　城市串式示意

（3）中枢辐射式。中枢辐射式结构由城市对航线和枢纽机场的辐射航线共同构成。通常要确定全国或区域范围内的中枢机场，它是区域内的航空客货集散地，与区外的其他中枢机场之间有便利的空运联系。中枢机场之间采用城市对式航线直飞，再以每个中枢机场为中转站建立其辐射航线。客流量较小的城市之间不采用对飞形式，而是分别把客货运送到中枢机场，通过中枢机场进行航班衔接、客货中转，实现相互之间的空中联结。

见图5-4，A和B是中枢机场，两地之间是城市对式航线直飞，a1和a2以A为中转，

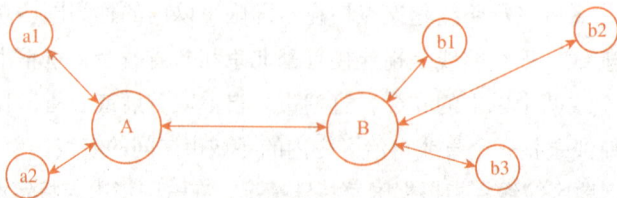

图 5-4　中枢辐射式示意

b1、b2 和 b3 以 B 为中转，这样，通过 A 和 B 两地实现多地空中联接。

相对于城市对式或城市串式航线网络结构来说，中枢辐射式航线结构具有多方面的作用或优点。

第一，能更好地适应市场需求。多数国家的空运需求集中分布于少数大型中枢机场，而大多数中小型机场的空运需求量较少，这是空运市场的显著特点。中枢航线结构中的中枢机场正是考虑到这一特点而建立的。中枢机场之间的干线飞行一般采用大中型飞机，且可安排较高的航班密度，基本上能够满足空运主要市场的需求。辐射式航线的飞行一般采用中小型飞机，一方面满足了运量不大的市场需求，另一方面可适当增大航班密度，显示航空方便快捷的优势。

第二，能刺激需求，促进航空运输量的增长。在中枢航线结构中，干线与辐射式支线连通后，所有网络内的航站之间均可通航，增加了通航点，使大中小城市之间的空中联络更为畅通，这无疑能为旅客提供更大的便利，并促使一些潜在的空运需求转化为现实的需求。进一步，由于在此种结构中，干线与支线功能明了并有机地连接在一起，大小机群与航线匹配，能使航空公司的运营效率提高、运营成本降低，从而可降低票价，进一步刺激市场需求。

第三，有利于航空公司提高飞机的利用率、客座率和载运率。运量较少的机场之间采用对飞的形式，一方面使自身航线经营难以维持，另一方面又对中枢机场起到不必要的分流作用，降低了中枢机场之间的航班客座率和载运率。中枢航线结构的建立，可将原来小型机场对飞航线上的空运量转移到干线上，从而提高了干线上的客座率和载运率。原来吞吐量较少的机场改用小型飞机运营，通过支线与中枢机场连接进而与干线连通。这样就避免了在运量较少的机场之间采用大中型飞机对飞而造成的运力过剩，同时提高了小型飞机的客座率和载运率。由于可以在不增加运力的情况下大量增加航线数量和航班频率，又可以提高飞机的利用率。

第四，有利于机场提高经营效益。中枢航线结构的建立，使得中枢机场能发挥规模经济效应，飞机起降架次和客货吞吐量的大幅度增加，将使航空业务收入和非航空性收入随之增加，单位运营成本降低；同时，中小机场也能通过起降架次和客货吞吐量的增加而改善财政状况，增强自我生存和发展的能力。总之，中枢航线结构的建立和成功运营，能提高航空公司和机场的经营效益，促进航空运输业的发展，并有效带动地区经济的发展和繁荣。

中枢航线结构的始创者是美国的航空公司。美国的主要骨干航空公司从 20 世纪 60 年代末开始尝试中枢航线结构的建设和运营。1978 年，美国开始对航空运输业实施放松管制政策后，中枢航线结构得到大多数航空公司和机场当局的重视，逐步发展和完善起来。欧洲和亚洲的一些航空公司亦纷纷效仿。总的来看，近 20 余年，世界上大多数航空发达国家都先后进行了中枢航线结构的建设，逐步实现以城市对式为主的航线网布局向中枢辐射式航线网布局转化。目前旅客运输量排名前 20 位的大型航空公司基本上实行了中枢航线网络的运营；旅客吞吐量排名前 20 位的机场无一例外都是中枢航空港。中枢航线结构的作用和优点被实践一一验证。特别在全球放松管制和航空联盟盛行的今天，中枢航线结构越来越成为航空公司建立长期竞争优势的必要而有效的手段。有人将中枢航线结构与计算机订座系统、收益管理系统和常旅客奖励制度一起，称为现代航空公司经营管理的"四个基本条件"。

资料链接 5-2

重庆航空增开高原航班 山城打造高原航空中转枢纽

重庆地处中国西南和东北、东南、西北的黄金接合点上，也是连接中国港澳台地区、日本、韩国、东南亚与中国西部高原的最佳航空枢纽，具有承接从国内、国际地区中转到西部高原旅客的天然地理优势。近一两年，重庆机场结合区位优势，开展了一系列的市场营销活动，力图成为中转高原的最佳航空枢纽。

今后由重庆中转飞往拉萨、林芝等高原城市将更方便。华龙网记者从重庆航空获悉，2011 年夏秋航班计划中，将新开或进一步增加重庆—拉萨、九寨沟、林芝等高原航线班次，着力把山城打造为连通各高原城市的"航空中转枢纽"。

作为国内为数不多的以城市命名的航空公司，自 2007 年 6 月 16 日正式挂牌成立以来，重庆航空从最初的三架飞机，发展到至少拥有七架飞机，并全面开通重庆至京、沪、广、深等国内重点城市，以及西南地区各中心城市、旅游点等 40 余条航线。

"今后，重庆航空将主打高原飞行，将重庆打造为内地连通各高原城市的航空中转枢纽。"重庆航空有限责任公司总裁刘德俊向记者透露，在南航与重庆签署战略合作协议后，已确定了重航作为建设重庆航空枢纽"排头兵"。

据介绍，这个"高原中转枢纽"运行的模式简而言之，就是全南航各分公司将本地的高原旅客集中到重庆，然后在资源配置上侧重高原飞行的重庆航空公司，以一日多个班次的"航班波"，将客人接力送上高原。

"中转旅客在重庆最多待 2 小时，就可以登上前往目的地的航班。除个别航线需要隔夜中转，如前往大理必须早班飞机执飞外，其余航线均可实现无隙中转，航班间隔一般在 1 小时以内，最长不超过 2 小时。"刘德俊说。

记者同时获悉，为配合枢纽建设，南航旗下子航空公司均开设了飞往重庆的航班，在 2011 夏秋航班计划中，南航（含重航）自重庆始发或中转的高原航班班次也大幅增长。

（资料来源：http://cq.cqnews.net/html/2011-06/14/content_6779902htm.）

3. 航线网络设计

航线网络设计涉及航空公司经营战略层面，对航空公司的生存和发展至关重要。航线网络设计的思路一般以枢纽机场为中心，加强飞机过夜基地建设，在考虑市场竞争、战略发展、飞机运力的基础上，根据自身情况构建航线网络。目前，国航主要以北京、成都，南航主要以广州，东航以上海，海航以北京、西安为枢纽构建立各自的航线网络并占据市场。

航线网络构建主要涉及以下两个关键要素。

(1) 飞机过夜基地建设。航空公司的飞机一般并不停放在总部所在地机场，而是分散停放在不同的过夜基地。过夜基地是航空公司在各个地方的根据地，也是航班始发点。从市场的角度来看，过夜基地的多少和大小标志着该航空公司市场的辐射范围和竞争力。

(2) 枢纽基地建设。枢纽基地即具有枢纽作用和意义的机场过夜基地，是航空公司的总部或重要分部，航空公司真正意义上的航线网络应该至少拥有一个枢纽基地。从地理位置和实际航班运营情况来看，国内全国性的枢纽机场有北京、上海、西安、广州等城市，新疆乌鲁木齐、云南昆明等机场具有明显的省内枢纽机场的特征。航空公司需要充分利用枢纽机场的优势，安排运力和布局航线网络。

4. 航线开发的原则和注意事项

航空公司开辟设计一条新航线主要遵循以下三个原则。

(1) 新航线开辟必须考虑两地经济相关性和经济增长率。两地经济相关性是开辟新航线（包括建设新机场）需要考虑的重要因素，经济相关性的范围包括两地城市间政治活动、经贸往来、旅游文化交流等，此外还包括两地间宏观经济影响和微观经济影响。经济相关性的大小对新航线开辟的成功性影响较大。当地的经济增长率主要包括当地的人口及其增长率、经济发达水平及其国民生产总值和国民收入增长率、人均收入水平和增长率、消费水平和增长率、自然资源及其开发前景等。

在经济飞速发展的今天，航空业已成为当地经济发展的"晴雨表"，因此机场旅客吞吐量大幅增加的背后必然是两地交流的频繁、当地经济的快速发展。

(2) 新航线开辟应该考虑优先选择旅客运输吞吐量和年平均递增率排名靠前的机场。

选择开辟旅客运输吞吐量排名靠前的机场，主要原因是这些城市的航空市场比较成熟、发展潜力相对较大，而且这些城市间存在比较稳定的客源。航空公司在这些城市间开辟新航线容易规避因客源不足所造成的市场风险，当然，这些成熟的航线也有可能要面对激烈的市场竞争。

旅客运输吞吐量的多少主要用于衡量机场规模的大小，平均递增率则是衡量机场发展速度的尺度。因此，在选择新航线开辟时应该参考两地机场以往吞吐量相关的历史数据，如果两地机场过去2～4年内旅客运输吞吐量平均递增率超过20%，则航线开辟成功的可能性非常大。但是对于没有或缺少历史数据可供参考的机场，考虑两地的经济相关性则显得非常重要。我国千万级机场情况、国内机场旅客吞吐量排名前50名情况、全球机场旅客吞吐量排名前30名情况如图5-5～图5-7所示。

(3) 新航线开辟可遵循中小型城市航班飞往大中型城市的原则。随着中国经济持续、高速的发展，必将带动中小城市的特色旅游、贸易、经济的发展。例如，以旅游客源为主的中小型城市有三亚、张家界、西双版纳、丽江、九寨沟、拉萨、武夷山、黄山、大理、威海、敦煌等；以特色经济客源为主的中小型城市有太原、天津、晋江、呼和浩特、无锡、石家庄、义乌、柳州等。

2013年我国千万级机场地区分布 不含港澳台地区

数据来源：中国民航局、各机场；制图：民航资源网（www.CARNOC.com）

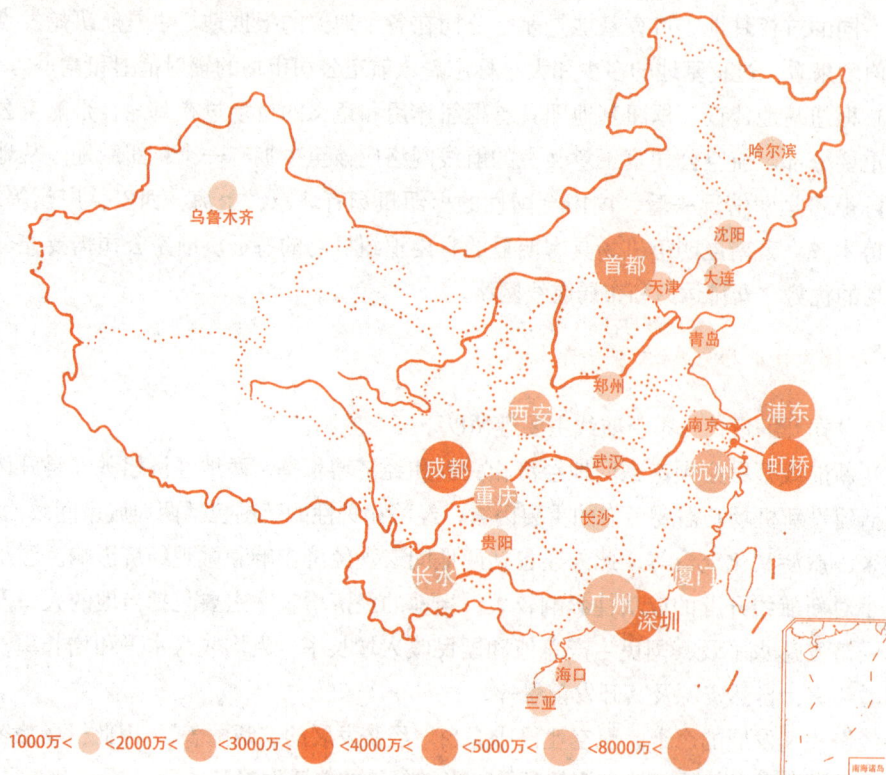

图例：1000万< <2000万< <3000万< <4000万< <5000万< <8000万<

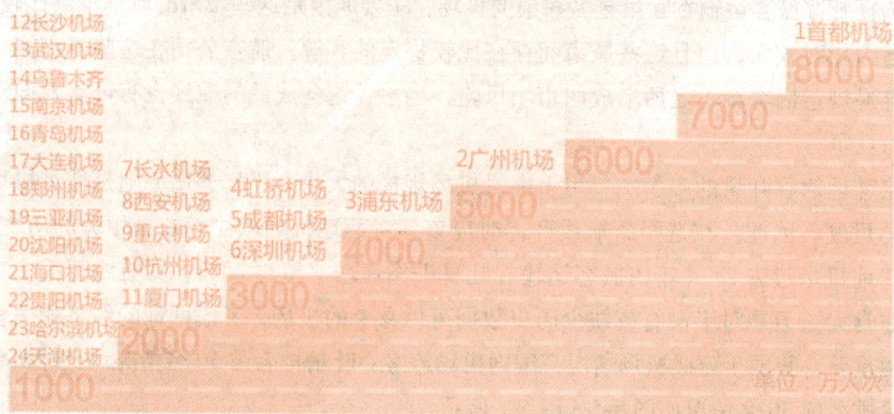

2013年我国千万级机场级别分布 不含港澳台地区

12长沙机场
13武汉机场
14乌鲁木齐
15南京机场
16青岛机场
17大连机场   7长水机场
18郑州机场   8西安机场   4虹桥机场
19三亚机场   9重庆机场   5成都机场   3浦东机场   2广州机场   1首都机场
20沈阳机场   10杭州机场   6深圳机场
21海口机场   11厦门机场
22贵阳机场
23哈尔滨机场
24天津机场

8000 7000 6000 5000 4000 3000 2000 1000

单位：万人次

图 5-5　我国千万级机场情况

排名	所在城市/机场名	旅客吞吐量/人	增长率/%
1	北京/首都	83712355	2.18
2	广州/白云	52450262	8.57
3	上海/浦东	47189849	5.15
4	上海/虹桥	35599643	5.23
5	成都/双流	33444618	5.85
6	深圳/宝安	32268457	9.13
7	昆明/长水	29688297	23.81
8	西安/咸阳	26044673	11.20
9	重庆/江北	25272039	14.58
10	杭州/萧山	22114103	15.69
11	厦门/高崎	19753016	13.82
12	长沙/黄花	16007212	8.53
13	武汉/天河	15706063	12.34
14	乌鲁木齐/地窝堡	15359170	15.07
15	南京/禄口	15011792	7.22
16	青岛/流亭	14516669	15.20
17	大连/周水子	14083131	5.59
18	郑州/新郑	13139994	12.56
19	三亚/凤凰	12866869	13.43
20	沈阳/桃仙	12106952	9.95
21	海口/美兰	11935470	11.58
22	贵阳/龙洞堡	10472589	19.74
23	哈尔滨/太平	10259908	12.21
24	天津/滨海	10035833	23.29
25	福州/长乐	8925923	13.68
26	南宁/吴圩	8157331	16.00
27	济南/遥墙	8139087	6.20
28	太原/武宿	7803574	14.54
29	南昌/昌北	6811028	13.17
30	长春/龙嘉	6733076	15.70
31	温州/永强	6595929	17.01
32	呼和浩特/白塔	6150282	13.16
33	桂林/两江	5875327	3.30
34	兰州/中川	5649605	23.26
35	合肥/骆岗	5628013	8.35
36	宁波/栎社	5459333	3.66
37	石家庄/正定	5110536	5.33
38	北京/南苑	4455263	28.77
39	银川/河东	4247843	11.51
40	丽江/三义	3999422	38.66
41	烟台/莱山	3635467	21.81
42	无锡/硕放	3590188	10.85
43	西宁/曹家堡	3236417	21.46
44	西双版纳/嘎洒	3050170	32.17
45	珠海/三灶	2894357	38.45
46	揭阳/潮汕	2686007	27.70
47	泉州/晋江	2634423	22.56
48	拉萨/贡嘎	2296958	25.53
49	鄂尔多斯/伊金霍洛	1731882	-3.81
50	包头/二里半	1708846	5.10

图 5-6　2013 年中国民航机场旅客吞吐量排名前 50 情况

备注：数据来源中国民航总局，不含港澳台地区

排名	机场名称	国家及地区	旅客吞吐量	增长率/%
1	哈茨菲尔德-杰克逊亚特兰大国际机场	美国	94430785	-1.1
2	北京首都国际机场	中国大陆	83712355	2.2
3	伦敦希斯罗机场	英国	72368030	3.3
4	东京羽田机场	日本	68906636	3.3
5	芝加哥奥黑尔国际机	美国	66883271	0.1
6	洛杉矶国际机场	美国	66702252	4.7
7	迪拜国际机场	阿联酋	66431533	15.2
8	巴黎夏尔-戴高乐机场	法国	62052917	0.7
9	达拉斯-沃思堡国际机	美国	60436266	3.2
10	雅加达苏加诺-哈达国际机场	印度尼西亚	59701543	3.4
11	香港国际机场	中国香港	59609414	6.3
12	法兰克福国际机场	德国	58036948	0.9
13	新加坡樟宜机场	新加坡	53726087	5
14	阿姆斯特丹史基浦机	荷兰	52569250	3
15	丹佛国际机场	美国	52556359	-1.1
16	广州白云国际机场	中国大陆	52450262	8.6
17	曼谷素万那普机场	泰国	51363451	-3.1
18	伊斯坦布尔阿塔蒂尔克国际机场	土耳其	51172626	13.6
19	纽约约翰肯尼迪国际	美国	50413204	2.3
20	吉隆坡国际机场	马来西亚	47498157	19.1
21	上海浦东国际机场	中国大陆	47189849	5.2
22	旧金山国际机场	美国	44944201	1.2
23	夏洛特道格拉斯国际	美国	43456310	5.4
24	拉斯维加斯麦卡伦国	美国	41856787	0.5
25	首尔仁川国际机场	韩国	41679758	6.5
26	迈阿密国际机场	美国	40563071	2.8
27	凤凰城天港国际机场	美国	40318451	-0.3
28	休斯顿乔治·布什洲	美国	39865325	-0.1
29	马德里巴拉哈斯机场	西班牙	39710903	-12.1
30	慕尼黑机场	德国	38672644	0.8

图 5-7　2013 年全球民航机场旅客吞吐量排名前 30 情况

　　按照航空市场的普遍规律，一般情况下中小型城市开通飞往大中型城市或省会城市的航线比较容易取得成功，如义乌—广州、柳州—广州、湛江—广州、晋江—北京等航线，主要原因是这些大中型城市的客流量相对较大，经贸往来频繁，市场容易培养。

　　新航线开辟还需注意的事项有以下几个。

　　（1）至少提前一年时间（甚至更长时间）调查两地经济发展情况、经济相关性情况、往来客源的结构及市场需求。

　　（2）发挥航空公司整体网络规模优势。

　　（3）设计开发有针对性的多种营销产品（运价产品、服务产品等）。

　　（4）新航线正式开通前应提前半年以上时间进行市场宣传、销售渠道的建设。

　　（5）中小城市新航线开辟可考虑争取当地政府的各种优惠政策。

实训项目 5-1

【实训主题】调研重庆江北国际机场的航线产品。

【实训目的】了解机场航线产品的分类、航线的特点、航线所属航空公司等。

【实训方式】实地调研。

【实训结果】调研报告。

【实训评价】教师评价、学生评价、自评。

(二) 服务类产品

航空公司服务类产品着眼于产品的形式层和延伸层，如机上服务、机场服务、送票服务、退改签服务和常旅客积分等。此类产品非常丰富，是航空公司根据顾客的不同需求设计产品运用最频繁的部分，也是体现航空公司特色和市场定位的主要方面。

1. 服务类产品的构成

旅客从购票开始，一直到离开机场，虽然在这个过程中提供服务的单位不同，但基本以航空公司为主，兼以代理人提供的各项服务构成了整个民航旅客服务链。在这个过程中，航空公司可以根据旅客的不同需求，在服务链的各个环节加以设计和运用，就可以形成不同的民航产品系列。航空公司服务环节及内容见表5-1。

表5-1 航空公司服务环节及内容

序　号	服务环节	服务内容
1	购票服务	营业部柜台服务、代理公司柜台服务、网上购票服务、呼叫中心服务等
2	机场出港服务	候机服务、行李服务、登机服务、航班不正常情况下的保障服务等
3	机上服务	微笑服务、安全知识演示、机上餐饮服务、特殊旅客服务、旅行信息服务、紧急情况服务、安全保障等
4	航班到港及延伸服务	行李领取、中转服务、酒店预订、旅游服务等

2. 服务类产品的分类

根据产品特性，可以将服务类产品分为头等舱产品、商务舱产品、多航段组合产品、特价舱位产品、特殊旅客产品、同区航段任意更改产品、特殊时期主题活动产品、购票送礼产品、航空延伸产品等，各航空公司都有自己对应的具体产品。

1) 头等舱产品、商务舱产品

头等舱 (舱位代码为F)、商务舱 (也称公务舱，舱位代码为C) 是航空公司根据顾客的需求等级而设计的产品，如国航的紫金头等舱、紫宸公务舱、南航的F/C舱高尔夫套餐、深航的尊鹏头等舱体验等。

我们以国航的紫金头等舱和紫宸商务舱为例来了解该产品的特色及服务。

国航紫金头等舱的座椅是一个由隔板环绕而成的隐私的、舒适的独立包厢。座椅集办公、交流、娱乐、休息于一身，具备平躺、斜靠、起飞三个挡位；座椅可展开呈180°，成为一张长190厘米、宽70厘米的可完全平放的空中睡床。紫宸商务舱座椅仰角最大可达170°，座椅长度190厘米、宽54厘米。在紫金头等舱、紫宸商务舱的舱内配有多制式电源插座，方便使用手提电脑；并安装有动态灯光系统，可根据旅客需要对灯光的颜色、亮度等进行调节，变化出日出、日落、夜晚、黎明等数种色彩不同的场景；装备了先进的具有数码音频、视频点播功能的娱乐系统，每位旅客的座椅前有一个 10.4 英寸（1 英寸 = 0.025 千米）液晶显示屏，并有定期更新的 60 部 DVD 影片、98 盘 CD 音乐及多种电子游戏供旅客选择。

国航紫金头等舱及紫宸商务舱全流程尊贵服务内容包括以下几个方面。

（1）免费豪华房车接送服务。免费享受北京首都国际机场 / 上海浦东、虹桥机场与市区间的豪华商务车接送服务。

（2）免费豪华中转酒店服务。凡购买国航北京或上海中转联程的紫金头等舱旅客可免费享受五星级中转酒店服务，紫宸商务舱旅客可免费享受中转四星级酒店服务。

（3）机场全程引导服务。在北京首都国际机场 / 上海浦东、虹桥机场完成登机手续后，国航会安排专人引导旅客通过联检通道；旅客办理完联检手续后，工作人员引导旅客到休息室候机；如旅客乘坐航班到达北京首都国际机场 / 上海浦东、国航将安排专人于登机闸口或摆渡车入口处举牌迎接，引导旅客通过联检通道；旅客办理完联检手续后，工作人员将旅客送至豪华车接送指定地点。

（4）电动车服务。当航班开始登机时，旅客在工作人员的引导下可乘坐电动车到登机闸口登机。

（5）精致菜肴、点菜服务。在北京始发航班上配有 18 种精选佳肴，包括烤鸭、甜羹、烤麸、盖浇饭等特色中餐，还备有鱼子酱、雪糕、各种芝士和蛋糕等供旅客选择，更在北京—纽约（CA981/2）、北京—法兰克福（CA931/2、CA965/6）等航线提供点菜服务。

2）多航段组合产品

多航段组合产品如南航推出的"纵横中国"、海航的中转联程 / 来回程及深航的"天下行"都是很有特色的产品。以下是"南航行 纵横中国"的产品特色。

（1）中转任我行。南航超过 400 条航线组成的航线网络覆盖全国近 100 个大中城市，可体验在任意城市间自由穿梭的感觉。

（2）天天有特惠。全年 365 天不受节假日限制，越早购买越优惠，订的段数越多越优惠。

（3）销售网络遍及全国。快捷方便的运价查询和遍布全国各地的售票服务，使旅客可随时购买到南航的"纵横中国"套票（可在任何一个南航售票处及代理点购买）。

（4）一票到底。在南航开通"一票到底"业务的国内城市，可一次性办理多段登机牌，交运行李直接到目的地提取。在广州、北京（奥运期间暂停提供）、西安、武汉、长沙中转的旅客，在当天航班衔接不上时，还可享受免费住宿一晚。南航无缝隙中转服务和灵活优惠的中转套票可使旅客"一票到底，纵横中国"。

3）特殊旅客产品

特殊旅客产品是针对特殊旅客群体设计的产品，如国航的合家欢乐香港游、深航的 MBA 考生 8 折机票升舱、东航的夕阳无限好、海航的阳光老人等。例如，深航的 MBA 考生 8 折机票升舱产品规定：只要考生购买了深航 8 折（含）以上机票，并且乘机日期在

2009 年 1 月 7 日～1 月 14 日，即可凭准考证和行程单及身份证和准考证的复印件（本阶段特供产品名额共 20 个，先到先得），于登机前在机场深航工贸柜台换取一张头等舱升舱券，享受深航头等舱的服务，全程轻松舒适。

4）同区航段任意更改产品

同区航段任意更改产品是指符合条件的旅客可以灵活地变更目的地，方便旅客自由安排行程，如南航的"新疆 8 折一票通"服务产品、海航的"华东四城市一票通"产品等。海航"华东四城市一票通"产品介绍如下。

为了形成海航在华东地区的航线竞争合力并且争取机会市场，根据华东区域从市场需求出发提议，推出华东四城市一票通，将长江三角洲四个营业部（上海、南京、杭州、宁波）视为一个整体销售地区，视以上四城市为同一个航班起讫点，符合条件的旅客可以灵活变更，方便旅客自由安排行程。

（1）适用时间。航班日期为 2010 年 3 月 1 日～2010 年 12 月 31 日。

（2）适用航线。上海、南京、杭州、宁波中任意一个城市的进出港 HU/CN 国内自营航班（包机及代码共享航班除外）。

（3）产品内容。产品适用条件：

① 适用旅客：散客；儿童票、军残、警残、教师、学生适用；如无明确说明，不与其他优惠政策同时使用。

② 适用订座舱位：F\C\D\P\Y\B\H\K\L\M\Q\X\U\E 舱。

③ 适用旅行类型：单程、来回程、缺口程。

④ 适用出票日期：产品政策下发之日起至 2010 年 12 月 31 日。

⑤ 变更条件：旅客购买国内各地进出上海、南京、杭州、宁波 E 舱以上舱位的机票，可在上海、南京、杭州、宁波四地之间进行免手续费更改换乘，但需补齐实付价与即时开放舱位的票款差额，差额收取原则是多不退少补。

⑥ 适用票证：海航本票、电子客票及 BSP 客票。

⑦ 航段变更地点：海航直属售票处、合办售票处或机场柜台。

⑧ 变更时限：航段变更要求须在航班截载前。

客票换开操作办法：

① 旅客须凭有效身份证和原有票证方可到上述换票地点进行更改，如已打印电子客票行程单的，须携带行程单一同前往；如已打印电子客票行程单却未曾携带，售票员可通过 DETR 指令调取旧票信息打印以作为证明。

② 售票员提出编码核实状态（OPEN FOR USE、舱位为 F-E 舱），如核实无误后则按后续规定操作。

③ 售票员在订座系统中查询所需更改的航班开放舱位，并建立一个新的编码。

④ "票价"栏：打印实收票价。

⑤ 售票员 EI：备注"不得变更航段，CYPT，及原客票号码"。

⑥ 售票员将原记录编码取消，并且将原编码更改为"REFUND"状态，收回原有票证

开具退款单，将原票做全退处理。

⑦ 售票员将原票证收回后，再次出具新票证即可。

⑧ 售票员记录新票号，连同回收的原票证或打印的原客票信息一同附至退款单后交财务。

财务结算：计财部收入结算分部按各售票处提供的客票原票证或票证信息、换开航段后新票证票号进行结算。

（4）退改签规定。

① 签转：按相应舱位等级执行。

② 变更：航段只允许免费变更一次，如旅客客票已经标注"CYPT"，再次申请航段变更按自愿退票处理，其余按相应舱位等级执行。

③ 退票：航段变更后的客票，退票按原客票对应舱位等级规定办理；航段未变更的客票退票，按照客票对应舱位等级规定办理。

④ 不正常航班保障按照琼航运《关于下发国内不正常航班处置预案的通知》、《关于下发海航/大新华国内不正常航班票务处理规定的通知》的规定办理。

（5）注意事项。

① 销售时应清楚、准确、完整地向旅客说明有关的限制条件、退票规定等。

② 退款单"备注"栏需标注：长江三角洲一票通换开全退。

5）特殊时期主题活动产品

特殊时期主题活动产品是指航空公司在节假日、非常时期推出的产品，如国航的"冬季九寨自由行"产品、新春之旅（温情航线）等。

实训项目 5-2

【实训主题】针对某航空公司的某一服务类产品进行以下分析：该产品的目标顾客是谁？该产品满足的需求是什么？该产品设计利用的因素是什么？

【实训目的】了解航空公司服务类产品的特征及其设计因素。

【实训方式】小组讨论。

【实训评价】教师评价、学生评价、自评。

3. 服务类产品的开发与设计

1）产品开发策略的内容

现代产品管理理论认为，新产品开发策略至少要包含以下四个方面的内容：

（1）产品类型和目标市场。

（2）新产品开发的目标。

（3）取得上述目标的基本途径，如革新的来源、革新的程度和开发的时机等。

（4）开发过程的协调与控制的基本原则。

2）产品开发的策略种类

航空公司开发新产品要以满足市场需求为前提、企业获利为目标，遵循"根据市场需要，开发适销对路的产品；根据企业的资源、技术等能力确定开发方向；量力而行，选择切实可行的开发方式"的原则进行。采用何种策略则要根据企业自身的实力、市场情况和竞争对手的情况。当然，这与企业决策者的个人素质有很大关系，开拓型与稳定型的经营者会采用不同的策略。常用的策略有以下几个。

（1）先发制人策略。先发制人策略是指企业率先推出新产品，利用新产品的独特优点，占据市场上的有利地位。采用先发制人策略的企业应具备强烈的占据市场"第一"的意识。因为对于广大消费者来说，对企业和产品形象的认知都是先入为主的，他们认为只有第一个上市的产品才是正宗的产品，其他产品都要以"第一"为参照标准。

因此，采取先发制人策略，就能够在市场上捷足先登，利用先入为主的优势，最先建立品牌偏好，从而取得丰厚的利润。而且，从市场竞争的角度看，如果能抢先一步，竞争对手就会被落在后面，而自己不满足占领已有的市场，连续不断地更新换代，开发以前没有的新产品、新市场，竞争对手就会疲于奔命。一个不断变化的目标要比一个固定的靶子更让人难以击中。这样就会取得竞争优势。采用先发制人的策略，企业必须具备以下条件：企业实力雄厚，且科研实力、经济实力兼备，并具备对市场需求及其变动趋势的超前预判能力。

（2）模仿式策略。模仿式策略就是等别的企业推出新产品后，立即加以仿制和改进，然后推出自己的产品。这种策略是不将投资用在抢先研究新产品上，而是绕过新产品开发这个环节，专门模仿市场上刚刚推出并畅销的新产品，进行追随性竞争，以此分享市场收益。所以，模仿式策略又称为竞争性模仿，既有竞争，又有模仿。模仿式策略不是刻意追求市场上的领先，但它绝不是纯粹的模仿，而是在模仿中创新。企业采取模仿式策略，既可以避免市场风险，又可以节约研究开发费用，还可以借助竞争者领先开发新产品的声誉，顺利进入市场。更重要的是，它通过对市场领先者的创新产品做出许多建设性的改进，有可能后来居上。

（3）系列式产品开发策略。系列式产品开发策略就是围绕产品向上下左右前后延伸，开发出一系列类似的但又各不相同的产品，形成不同类型、不同规格、不同档次的系列产品。采用该策略开发新产品，企业可以尽量利用已有的资源，设计开发更多的相关产品。例如，海尔围绕客户需求开发的洗衣机系列产品，适合城市与农村、高收入与低收入、多人口家庭与少人口家庭等不同消费者群的需要。

3）产品开发的原则

制定正确的新产品开发策略，要遵循以下三个原则。

（1）服从企业总体经营战略的要求。包括新产品开发策略的产品决策是企业经营决策的一个部分，而战略性的经营决策应当并已经在企业资源与外部环境之间做出最佳选择，所以制定新产品开发策略首先应该服从总体经营战略的要求。

（2）准确定义新产品开发的目标。只有准确定义新产品开发的目标，才能约束和限定开发工作的方向，并有助于在开发过程中对执行情况做出自身评价，制订正确的新产品营销计划。

对开发过程中所需的协调、控制和决策给以原则性的指导 这样做的目的是避免在具体开发中出现过多的争执和冲突。

实训项目 5-3

【实训主题】针对某航空公司的某一服务类产品进行以下分析：该产品的开发策略是什么？该产品在市场上起到什么作用？

【实训目的】了解航空公司服务类产品设计与开发的原则及策略。

【实训方式】小组讨论。

【实训评价】教师评价、学生评价、自评。

第三节　航空公司产品的价格

一、产品定价的理论依据

定价是市场营销组合中最灵活的因素，企业定价的目标是促进销售，获取利润。这要求企业既要考虑成本，又要考虑顾客的接受能力，因此定价具有买卖双方双向决策的特征。

产品定价的基本依据是价值规律理论，即产品的价值由社会必要劳动时间决定，产品实行等价交换。一般而言，价值是价格的基础，价格是价值的货币表现，价值应等同于价格。但实际上价格总是以价值为中心在不同的时间进行上下波动，价格的波动受产品生产者、顾客和竞争者的影响。一般说来，决定价格下限的是生产成本，上限是产品的市场需求。

影响企业定价的因素分为企业内部因素和外部因素。企业内部因素主要有企业的营销目标、企业的营销组合、产品成本和定价目标。外部因素主要有市场结构、市场需求的价格弹性、竞争者的产品和价格、国家政策法规及其他外部环境因素。

资料链接 5-3

民航推行多级价格体系 同一航班票价多达 14 种

1. 机票价格多达 14 种的原因

现阶段的中国市场渴望低价机票的呼声非常高，毕竟能提前 30 天订好低折扣机票的乘客是少数。民航资源中国网在曾以"您会选择以下什么航班乘坐？"为题做了一项调查，结果 51.75% 的被调查者选择了 3 折以下的票价，尽管它没有任何机上服务，不得改签；三成三的被调查者选择了 5 折以下的票价，享受机上服务，但不得改签；11.43% 的被访者可以承受 7 折以下的票价，享受全部服务；只有 2.96% 的人愿意购买全票或更高，为的是享受不同于他人的服务。

也许正是看到了市场的这一需求，如今市面上机票的"脸孔"的确丰富不少。在《民航国内航空运输价格改革方案》中允许的在基准价基础上上浮25%、下浮45%的范围内，制定了不同价格的机票。

记者从南航网上订票系统了解到，在一个由波音757执飞的广州—北京的航班上，南航将198个舱位分为14类，其票价品种达13种。原本公布票价为1700元的这条航线，实际上可以从市场上买到价格从770~2550元各种价位的机票。也就是说，这条航线在公布票价的基础上最大折扣达到4.5折。又如，广州—湛江，其票价品种达14种，从最低的4折票290元到最高的公务舱价格950元，满足了各种消费水平乘客的需要。航空公司将这种票价销售体系称为"多级票价体系"。

2．多级票价民航乘客皆得利

众所周知，在此次民航价格改革方案实施之前，国内航空价格是"单一票价"（至少在合法性上是）。然而旅客成分是多样化的，不同航线、不同季节的市场需求也是多样化的，用一种单一票价"肯定无法满足多样化的市场需求。航空公司和市场都在呼唤票价的多样化。随着国内航空市场的逐步规范，从"明折明扣"到政府由过去的"直接价格（单一票价）管理"转变为"幅度管理"，且上下浮动范围进一步扩大。在政府规定的这个幅度内，各航空公司自行制定具体票价种类、水平和适用条件。航空公司可以施展的空间大了，人们选择的余地也更大。

一些航空公司在灵活地运用价格杠杆、制定多级票价的同时，还运用"收益管理系统"等辅助技术手段，在提前预测市场需求的基础上，提前确定各种舱位优惠机票的供应数量。"对于限制票价下浮幅度的国内航线，设置了多达13种舱位；对于不限票价下浮幅度的航线，设置了多达14种舱位，这些舱位分别对应不同的价格水平和适用条件。在将来，舱位的种类数及每种舱位所能提供的数量将根据销售的进度和航线的具体情况分别设置、进行动态调整。"南航客运部产品销售管理处副经理吴广海说。收益管理系统的理论告诉我们，舱位划分得越细，航空公司的收益会越大。

中国民航体制多年的改革成果在机票价格上已逐步显现，机票越来越具备商品的完全特性，其价格波动也不得不看市场的"脸色"，遵循市场规律。尽管目前它还有上、下浮动范围的限制，但其市场化特征日趋明显。不过鉴于中国民航体制的特殊性，机票要彻底回归市场尚需时日。

3．多级票价体系通行国际

多级票价体系是国际民航业的主要营销模式。在有的美国飞机上，如果乘坐150个旅客的飞机可能出现支付148种价格的不同差异。有按舱位分级售票的，同一航线、同一航班的票价，其最高价位与最低价位之间相差很大；有按季节分的，如夏季冬季、淡季旺季；有按旅客类型分的，如学生票、青年票、老人票；有按旅客目的分的，如朝圣票等；有按购票时间分的，提前购买和临时购买的价差很大，一年前、半年前、三个月或一个月前预订座位机票价格各不相同。离成行时间越近，价格越高。其中当天在机场买机票的顾客支付的是最高价格，而有的顾客可能使用的是免费机票。

（资料来源：http://news.sina.com.cn/c/2004-06-09/10523395572.shtml.）

二、定价的方法

企业的定价方法主要有三种，即成本导向定价法、需求导向定价法和竞争导向定价法。

（一）成本导向定价法

成本导向定价法是指企业在定价时主要以成本为依据。在这一类定价方法中，最常用的是加成定价（markup pricing），即在产品成本之上加上一定比例的利润，构成产品价格。成本导向定价法是一种保本经营的做法。当企业对市场需求及竞争等有关信息了解不多时，可采用这一方法。

（二）需求导向定价法

需求导向定价法是根据买方对商品价值的理解和需求强度来定价，而不是根据卖方的成本来定价。这类定价法主要是理解价值定价法（perceived—value pricing）。理解价值也叫"认识价值"或"感受价值"，它指的是买方在观念上所理解的价值。因此，卖方可以运用营销组合中的非价格因素，影响买方对产品的认识，使之形成对卖方有利的价值观念，然后根据产品在买方心目中的价值来定价。

出口企业若运用理解价值定价，可以通过营销调研，找到一个顾客能接受的国外市场价格，然后从这一估算价格中减去中间商利润、关税、运费等，从而反推出产品的出厂价（或离岸价）。如果该价高于企业产品在国内的售价，则出口对企业十分有利；如果低于国内售价，企业就要综合考虑各种因素，决定是否出口。面临这种情况，企业一般有以下几种选择：①国内市场若有较好的销售机会，可以放弃出口；②企业设法缩短营销渠道，以降低营销成本；③部分改变产品，使产品成本降低，如可使产品包装由精装改为简装。一般来说，需求导向定价法比成本导向定价好得多，更符合现代营销观念的要求。但需要企业掌握很多信息，而获得这些信息也需要代价。

（三）竞争导向定价法

竞争导向定价法要求企业在定价时主要以竞争对手的价格为依据。其特点是，只要竞争者的价格不动，即使成本或需求变动，价格也不动；相反，只要竞争者调整价格，这个企业也调整价格，即使其成本或需求没有变动。这种定价方法主要适用于以下几种情况。

(1) 企业在某一时期的经营目标是击败某个或某些竞争对手。

(2) 企业刚刚进入某一市场，对如何定价尚无主见。

(3) 企业经营的是大宗性商品，定价时只需随行就市。

三、定价技巧和运用

(一) 撇脂定价法和渗透定价法

1. 撇脂定价法

新产品上市之初，企业将价格定得较高，在短期内获取厚利，尽快收回投资，就像从牛奶中撇取所含的奶油一样，取其精华，称为撇脂定价法。

这种方法适合需求弹性较小的细分市场，其优点：①新产品上市，顾客对其无理性认识，利用较高价格可以提高身价，适应顾客求新心理，有助于开拓市场；②主动性大，产品进入成熟期后，价格可分阶段逐步下降，有利于吸引新的购买者；③价格高，限制需求量过于迅速增加，使其与生产能力相适应。缺点：获利大，不利于扩大市场，并很快招来竞争者，会迫使价格下降，"好景不长"。

2. 渗透定价法

在新产品投放市场时，企业将价格定得尽可能低一些，其目的是获得最高销售量和最大市场占有率。

当新产品没有显著特色、竞争激烈、需求弹性较大时宜采用渗透定价法。其优点：①产品能迅速为市场所接受，打开销路，增加产量，使成本随生产发展而下降；②低价薄利，使竞争者望而却步、减缓竞争，获得一定市场优势。

对于企业来说，无论采取撇脂定价法还是渗透定价法，需要综合考虑市场需求、竞争、供给、市场潜力、价格弹性、产品特性、企业发展战略等因素。

(二) 心理定价法

心理定价法是根据消费者的消费心理定价，有以下几种。

1. 尾数定价或整数定价

尾数定价是指商品的价格宁可定为 0.98 元或 0.99 元，而不定为 1 元，是适应消费者购买心理的一种取舍。尾数定价使消费者产生一种"价廉"的错觉，比定为 1 元反应积极，可促进销售。相反，有的商品不定价为 9.8 元，而定为 10 元，同样使消费者产生一种错觉，迎合消费者"便宜无好货，好货不便宜"的心理，这是指整数定价。

2．声望性定价

声望性定价有两个目的：一是提高产品的形象，以价格说明其名贵名优；二是满足购买者的地位欲望，适应购买者的消费心理。

3．习惯性定价

习惯性定价是指某种商品由于同类产品多，在市场上形成一种习惯价格，个别生产者难于改变。降价易引起消费者对品质的怀疑，涨价则可能受到消费者的抵制。

（三）折扣定价法

大多数企业通常都酌情调整其基本价格，以鼓励顾客及早付清货款、大量购买或增加淡季购买。这种价格调整叫作折扣定价法。

1．现金折扣

现金折扣是对及时付清账款的购买者的一种价格折扣。例如，"2/10 净 30"，表示付款期是 30 天，如果在成交后 10 天内付款，给予 2% 的现金折扣。许多行业习惯采用此法以加速资金周转，减少收账费用和坏账。

2．数量折扣

数量折扣是企业给那些大量购买某种产品的顾客的一种折扣，以鼓励顾客购买更多的货物。大量购买能使企业降低生产、销售等环节的成本费用。例如，顾客购买某种商品100 单位以下，每单位 10 元；购买 100 单位以上，每单位 9 元。

3．职能折扣

职能折扣也叫贸易折扣，是制造商给予中间商的一种额外折扣，使中间商可以获得低于目录价格的价格。

4．季节折扣

季节折扣是企业鼓励顾客淡季购买的一种减让，使企业的生产和销售一年四季能保持相对稳定。

5．推广津贴

为扩大产品销路，生产企业向中间商提供推广津贴。例如，零售商为企业产品刊登广告或设立橱窗，生产企业除负担部分广告费外，还在产品价格上给予一定优惠。

（四）差别定价

企业往往根据不同顾客、不同时间和场所来调整产品价格，实行差别定价，即对同一产品或劳务定出两种或多种价格，但这种差别不反映成本的变化。差别定价主要有以下几种形式。

（1）对不同顾客群制定不同的价格。

（2）对不同的花色品种、式样制定不同的价格。

（3）对不同的部位制定不同的价格。

（4）对不同时间制定不同的价格。

实行差别定价的前提条件是，市场必须是可细分的且各个细分市场的需求强度是不同的；商品不可能转手倒卖；高价市场上不可能有竞争者削价竞销；不违法；不引起顾客反感。

四、民航客运价格体系

（一）国内航空运价管理体制沿革

1992 年以前，国内航线旅客票价由国家物价局会同民用航空局管理，管理的形式是国家定价。

1992 年，国务院召开关于研究民航运价管理体制改革问题的会议，会议确定了国家物价局和民用航空局在国内航线运价管理方面的分工：公布票价及浮动幅度、航空邮件价格由国家物价局管理；折扣票价和省区内航线公布票价及货运价格由民航总局管理。同时允许航空公司票价可以上下浮动 10%。

1996 年 3 月 1 日起至今，根据《中华人民共和国民用航空法》和《中华人民共和国价格法》，国内航线票价管理明确为以民用航空局为主，会同国家计委（现为国家发展和改革委员会）管理，管理形式为政府指导价。国内航线货物运价由民航总局统一管理。

1997 年 7 月 1 日起，实行境内和境外旅客乘坐国内航班同价政策，即境内、外旅客在境内购票统一执行每客公里 0.75 元的票价（称为 B 票价）；在境外购票统一按公布票价每客公里 0.94 元（后称为 A 票价）执行。

1997 年 11 月，民用航空局推出"一种票价、多种折扣"的政策。1999 年 2 月 1 日，为规范市场秩序，原国家计委、民用航空局联合发文，规定各航空公司票价按国家公布价销售，不得滥用折扣。

2000 年，民用航空局决定，自 5 月 15 日起，先期以海南联营航线为试点，实行旅游团队优惠票价、自 10 月 1 日起，放松对支线票价的管理。即对支线飞机所飞省（市、区）内航段票价、支线飞机独家经营的跨省（区、市）航段票价，实行最高限价管理，最高票价不得超过公布票价（A 票价）的 10%。限价内具体票价由航空公司自行确定，并报民用航空局备案。支线飞机所飞省（市、区）内航段以外，且由航空公司共同经营的航段票价，需经航空公司协商后，报民用航空局审批。自 2001 年 11 月 5 日起，对国内航线实施"燃油加价"政策，允许航空公司票价最大上浮 15%，单程不超过 150 元。同时建立票价与油价联动机制，当国内航油价格变动 10% 时，允许航空公司票价最多可变动 3%。

2001 年，民用航空局决定，自 3 月 6 日起，在北京—广州、北京—深圳等 7 条多家经营航线上试行多级票价体系；自 5 月 20 日起，在海南联营航线也试行多级票价体系。

2002 年，民用航空局决定进一步完善国内航线团体票价政策，自 6 月 10 日起，对国内航线（港、澳航线除外）团体票价试行幅度管理。即团体票价最低折扣率可根据购票时限、航程性质、人数不同而有所区别。

2004 年 4 月 20 日，《民航国内航空运输价格改革方案》（以下简称《改革方案》）经国务院批准正式实行。根据《改革方案》的规定，民航国内旅客运价，以当时航空运输企业在境内销售执行的各航线公布票价为基准价（平均每客公里 0.75 元），允许航空运输企业上浮幅度不超过基准价的 25%、下浮幅度不超过基准价的 45% 的范围内，自行制定具体票价种类、水平、适用条件，提前 30 天通过航空价格信息系统报民用航空局、国家发展和改革委员会备案，并对外公布后执行。同时，考虑到部分航线的实际情况，《改革方案》还规定，对三类特殊航线实行更加灵活的价格政策。包括对省、自治区内及直辖市与相邻省、自治区、直辖市之间，已经与其他替代运输方式形成竞争的短途航线，实行市场调节价，不再规定票价浮动幅度；对由航空运输企业独家经营的航线及部分以旅游客源为主的航线，票价下浮幅度不限，以适应消费者需求，鼓励航空运输企业积极开拓市场。

（二）航空公司客运价格分类

航空公司国内客运价格主要分为两大类：普通运价和特殊运价。

1. 普通运价

普通运价（Normal Fare）即民用航空局批准的正常公布运价和公布折扣运价。

1）正常公布运价

国内航线客运公布运价按照政府规定执行，是在考虑成本和利润水平的基础上，限定一条航线的最高限价。根据国家发展和改革委员会及民用航空局〔2004〕第 18、51 号文件规定，平均每客公里费率在 0.75 元，个别独飞航线可视情况申请每客公里费率在 0.75 元以上。这是中国政府规定的民航客运基准运价。

正常公布运价计算公式为

$$客公里费率 \times 航距 = 基准运价$$
$$基准运价 \times 1.25 = 正常公布运价$$

正常公布运价即航空公司所称的全价，也叫 Y 舱价格。正常公布运价制定时应注意以下几条原则。

（1）直达航线公布运价制定。新开航线在制定基准运价（0.75 元）的同时，还需参考临近的直达航线公布运价。例如，制定重庆—三亚的运价，要参考重庆—海口的直达运价，两者公布运价的差距不能过大，要考虑地面运输成本。

（2）经停航线公布运价制定。每段票价相加应超过直达运价。例如，乌鲁木齐—西安—海口票价为 2680 元，乌鲁木齐—西安票价为 2050 元，西安—海口票价为 1730 元。

（3）省内航线运价制定。票价不受上下限制。

2）公布折扣运价

公布折扣运价即以正常公布运价为基数乘以一定的折扣率的运价，最高为 150%，最低为 40%，即从头等舱价格到 4 折价格，间隔一般为 5%。例如，长沙—徐州正常运价为 1010 元，各舱位对应折扣票价见表 5-2。

表 5-2　各舱位对应折扣票价

航线	F舱	C舱	Y舱	B舱	H舱	K舱	L舱	M舱	Q舱	X舱	U舱	E舱
长沙—徐州	1520	1310	1010	910	860	810	760	710	610	510	450	400

2．特殊运价

特殊运价是指带有一定限制条件的折扣运价。特殊运价种类繁多、结构复杂、应用也最为灵活。由于特殊运价比普通运价低很多，因此对旅客非常有吸引力。此类价格由航空公司按照市场情况定期或不定期制定，也即销售政策的制定。特殊运价通常有特价、中转联程价格及团队价格等。

1）特价

特价指 4 折以下（不含 4 折）的价格，主要是供销售淡季使用，起到促销的作用。特价没有固定的价格水平，由航空公司根据市场和竞争情况实时制定和调整。

特价的制定是由各地营业部根据市场情况制定特价政策，报市场收益部门审核后，再发布特价政策。特价政策的推出一般基于以下几种情况：第一，新开航线单向航班促销；第二，时间较长的淡季，如三亚地区每年的 6～9 月；第三，特殊原因下和竞争公司进行对抗，以谋求谈判筹码。

主要航空公司的特价舱位国航为 Z、E、T，南航为 N、R，东航为 X、G，海航成员公司为 Z、T、I。

2）中转联程价格

中转联程价格指旅客经停某点，乘坐两个或两个以上不同航班号航班到达目的地的运价。中转联程价格能够充分体现航线网络的优势和资源，提高客座率，满足旅客的多种出行需求。中转联程价格由航空公司根据市场和竞争情况实时制定和调整。

主要航空公司中转联程舱位：国航为 W，南航为 B，东航为 Q，海航成员公司为 V。

中转联程价格制定的原则有以下几个。

（1）中转联程价格原则上不能高于直飞价格。

（2）要考虑竞争公司中转价格水平，如果中转时间没有竞争公司得好，在价格上一般要低一些，如过夜中转或中转停留时间在 4 小时以上等。

（3）注意分析去年同期中转旅客数量，根据客流情况不同尽可能制定不同的中转价格，使之和市场需求更加吻合。

3）团队价格

团队价格相对比较复杂，类型较多，由航空公司根据市场和竞争情况实时制定和调整。团队一般由 10 人以上组成，在一些旅游航线上，团队所占比例可高达 90%。团队价格的几种类型：按航程可分为往返程团队、缺口程团队、中转联程团队和单程团队政策；按团队来回搭配时间可分为常规团队和非常规团队政策；按销售政策制定时间可分为月度/销售季团队政策、临时性团队政策和一团一议政策。

各主要航空公司团队舱位设置：海航为 G，国航、南航和东航不固定。

资料链接 5-4

飞机舱位及代码

国内飞机舱主要分为头等舱（first class）、商务舱（bussiness class）、经济舱（economy class or coach）。通常价格以头等舱最高，其次为商务舱，最后为经济舱。若经济舱票价为 100 元，那么头等舱票价是 150 元，商务舱票价是 130 元。

经济舱的座位设在靠中间到机尾的地方，占机身的 3/4 空间或更多，座位安排得比较紧。

对于进出拥挤的座位有困难或者不能排队等候上厕所的老年人、残疾人，或者愿意使旅行较为舒适而又承担得起的人来说，头等舱或公务舱是很有吸引力的。那里的座位宽敞，旅客可以在座位之间的桌子上打牌或者看文件。鸡尾酒是免费的，食品更加精美，如果想要，还可以供应香槟。每位乘务员只照顾 10~15 位旅客，所以旅客的每项要求几乎都能立即得到满足。

国内客票的舱位等级主要分为头等舱（舱位代码为 F）、公务舱（舱位代码为 C）、经济舱（舱位代码为 Y）；经济舱里面又分为不同的座位等级（舱位代码为 B、K、H、L、M、Q、X、E 不等，这种代码每个航空公司的标识都不相同，价格也不一样），折扣舱依次往下排列，这些价格虽然都属于经济舱，但是低舱位的价格享受的服务和高舱位的不大一样，最明显的就是提前预订机上座位与餐食服务（即使提前预订好了座位与餐食，也有可能在机上遇到不能实现的状况）。另外，价格特别低的舱位不能退票。

国际客票的舱位等级主要分为头等舱（舱位代码为 F A）、公务舱（舱位代码为 C D J）、经济舱（舱位代码为 Y）；经济舱下属的座位等级和国内的差不多，也有不能退票的规定。但是除了特别低的舱位不能退票外，如果想取消行程还要向航空公司打电话通知本人预取消座位。否则航空公司会收取 No-show 罚金（No-show 指虚占座位）。

　　每个航空公司舱位代码可能都不一样：F 舱为头等舱公布价，A 舱为头等舱免折、常旅客免票，C 舱为公务舱公布价，D 舱为公务舱免折、常旅客免票，Y 舱为普通舱（经济舱）公布价，S 舱为联程、缺口程等特殊舱位，B 舱为普通舱 9 折，H 舱为普通舱 85 折，K 舱为普通舱 8 折，L 舱为普通舱 75 折，M 舱为普通舱 7 折，N 舱为普通舱 65 折，Q 舱为普通舱 60 折（含教师、医护人员、县级（含）以上劳模），T 舱为普通舱 55 折，X 舱为普通舱 50 折（含学生、长者（年满 55 周岁的中国大陆公民）），U 舱为普通舱 45 折，E 舱为普通舱 40 折，W 舱为普通舱 35 折，R 舱为普通舱 3 折，O 舱为普通舱 25 折，Z 舱为代码共享留座专用舱，V 舱为常旅客专用舱（国航知音卡旅客订座），G 舱为普通舱免折和常旅客免票。

（资料来源：http://www.360doc.com/content/13/0603/10/1252353 290096022.shtml.）

（三）航班销售收益管理

　　收益管理，又称产出管理、价格弹性管理，亦称效益管理或实时定价，它主要通过建立实时预测模型和对以市场细分为基础的需求行为进行分析，确定最佳的销售或服务价格。其核心是价格细分，亦称价格歧视（price discrimination），就是根据客户不同的需求特征和价格弹性向客户执行不同的价格标准。这种价格细分采用了一种客户划分标准，这些标准是一些合理的原则和限制性条件。收益管理的基本特征就是"精确的营销"和"以收益为中心"。

　　通俗地讲，收益管理就是在正确的时间和地点（right time and place），以正确的价格（right price）向正确的顾客（right customer）提供正确的产品或服务（right product or service），实现资源约束下企业收益最大化目标"，即著名的 4R 理论。

　　航班销售收益管理是指航空公司为了确保航班销售收入最大化而采取的定价策略和措施，并将这种策略和措施投入现实操作。在销售收益管理过程中，航空公司必须决定以什么价格销售多少个座位，接受什么样的旅客，或者因收益太低而拒绝某类旅客，这一过程的实质就是对价格和座位的管理。航班销售收益管理是航空公司市场营销的核心部分。航班销售收益管理指标有以下几个。

　　最基础的指标包括座位数、登机数、客座率、平均票价和座公里收入等。

　　座位数是指一个航班的投入座位数，但不包括机组人员的。

　　登机数是指一个航班起飞时的最终旅客登机人数。

　　客座率、平均票价和座公里收入是需要计算的三个指标。计算方式是

$$客座率 = \frac{登机人数}{航班座位数}$$

$$平均票价 = \frac{航班总收入}{登机数}$$

$$座公里收入 = \frac{航班总收入}{航班座位数 \times 航班的航程公里数}$$

航班收益受两个因素的影响，即航班均价和客座率。收益管理的目标就是提高客座率、优化价格组合，使航空公司能够从每一个航班获得可能范围内的最大收益。航班销售收益管理工作主要包括以下几个方面。

1. 制定销售预案

销售预案的主要功能包括数据收集、分析、预测判断等，是收益工作开展的前期核心，也是航班销售管理的前提，一般按销售季或月份提前45～60天制定。

销售预案从目标和内容上可以分为整体市场销售预案、区域市场销售预案、航线销售预案、特殊微观季节销售预案等。

销售预案的内容主要有以下三个方面。

（1）调研历史同期销售情况，主要包括历史客流、历史舱位、历史销售进度、历史团队信息等。

（2）预测本期客流情况，包括客流拐点、客座率等。

（3）制定未来整个季度航班的销售策略，如本期开舱计划、航班最低折扣、团队计划量、提前销售量等。

2. 航班舱位管理

销售是一个动态的过程，各种信息都在不断变化，航线管理员要根据销售预案，结合实际市场情况，在不同时段对不同的舱位进行监控，判断在航班起飞前几天内重点销售哪些舱位，也即在合适的时间销售合适的舱位，合理控制舱位开放，以确保航班收益最大化。

一般说来，起飞前3～7天重点在团队销售，主要在于对团队位的判断和超订上。0～3天内重点在散客销售监控上，必须提高舱位调整次数。当发现某个低舱位销量加快时，应马上锁低舱位而进行高舱位销售。

因此，舱位管理的本质是研究客流规律。就航线的角度来讲，客流规律是指该航线在某段时期内的客流量大小，或者说客流的集中度规律，它最终表现为市场／航线的淡、旺季特征。就航班的角度来讲，客流规律是指该航班的上客规律。航班的上客规律又可以从上客启动时间、上客集中时间和上客舱位三个角度来解读，最后一个也可以称为票价结构或者舱位结构。

3. 航班超售管理

旅客购票后，由于各种原因，部分旅客可能在没有通知航空公司或办理退票的情况下没有到机场登机，从而使航空公司损失这些座位的收入。为了减少这种情况的出现，国际上航空公司一般采取航班超售的方式，即订座的数量可以适当地大于航班实际可利用座位数，以避免出现空座位的情况。超售是收益管理实现航班收益最大化的一个手段。

由于超售存在着不成功的风险，即所有旅客都到机场登机，这时航空公司需要对被拒绝登机的旅客进行赔偿和相应的安排，因此航线管理员必须了解超售的航班的 No-show 旅客（未到机场登机的旅客）的数量和概率，同时要了解该航班平时的 Co-show 人数（到机场买票或候补乘机人数）进行准确测算，避免不必要的超售并控制超售数量，将超售风险降到最小。

4. 团队接收管理

对于大部分航线尤其是旅游航线，顺利合理地接收团队能确保整体航班收益。航线管理员根据预先制定的团队价格和团队位进行团队接收。在几个团队同时提交时，有名单的团队优先接收，非常规团队视情况处理。另外，团队的接收要避免团队占位但最后没有出票形成的虚耗。目前，有很多航空公司实行网上团队提交、审批和出售，大大提高了团队接收的效率，从而增加了收益。

5. 价格联盟

价格联盟是指航空公司为了稳定并提高航班销售价格，争取市场销售的主动性，与竞争公司协商，通过价格联盟的方式共同稳定价格水平，避免价格战，提高航班收益，达到共赢的目的。价格联盟是航空公司各地营业部和航线管理员日常工作的重要内容之一。

资料链接 5-5

五大航空公司结成价格联盟 京沪航线票价上涨

经民用航空局牵头，国航、东航、上航、南航、海航试行"京沪空中快线"，实行公交化运营，平均30分钟一班，随到随飞并任意签转。与此同时，航空公司结成价格联盟，京沪航线票价上涨。

为实现航班快捷化，提高资源有效利用率，创建高品质的航线运营模式，民用航空局决定选择影响面最大的京沪航线寻求突破，酝酿了打造"京沪空中快线"品牌的方案，由民用航空局牵头，华北和华东两大地区民航管理局，北京和上海两大机场，国航、东航、上航、南航、海航五家航空公司共同参与。

业内人士承认"京沪空中快线"的参与者结成了价格联盟，各航空公司经过多次双边协商形成了一个事实上的多边约定——"京沪空中快线"最低折扣不能低于7折。理由是机票相互签转必须以价格一致为基础，否则签出或签进的航空公司总有一方吃亏。为了避免结算上的麻烦，五大公司选择团结起来。"最近恰好是民航业旺季，7折的下限因此冲高到9折和无折"。

京沪航线是一条很成熟的航线，以商务客居多，上座率可以保持在80%水平。"商务客对价格不敏感，但是对服务质量很在乎，出于签票方便，很多人主动要求购买全价票。"据悉，航空公司基本不会在京沪航线进行程度激烈的价格竞争，而是共同制定行业规则实现共同致富，这次当然也不例外。

（资料来源：http://news.qq.com/a/20070806/000124.htm.）

6. 航班取消和调整

对于航班收益特别差的航班，航线管理员需要做出取消或调整的选择，以规避损失。一般说来，如果航班收益预计不能覆盖变动成本，原则上都可以取消或调整。

第四节　航空公司分销渠道

航空公司之间的竞争不仅是航线产品、航空服务的竞争，更是分销渠道的竞争，拥有稳定、高效的分销渠道是航空公司核心竞争力之一。

一、分销渠道的概念

分销渠道（direct channel）是指产品从生产者向消费者转移所经过的通道或途径，它是由一系列相互依赖的组织机构组成的商业机构，即产品由生产者到用户的流通过程中所经历的各个环节连接起来形成的通道。营销渠道的起点是生产者，终点是用户，中间环节包括批发商、零售商、商业服务机构（如经纪人、交易市场等）。

二、分销渠道的类型

由于商品具有不同的特点和类型，因此企业必须选择恰当的分销渠道，以达到商品顺利、快速销售的目的。

（一）根据分销渠道中销售层次的多少划分

根据分销渠道中销售层次的多少划分，分销渠道一般分为直接渠道和间接渠道。

1. 直接渠道

直接渠道（direct channel）是指生产者不经过任何中间环节，将产品直接销售给最终消费者或用户的分销渠道。基本模式为生产者—消费者。直接渠道是最简单、最直接的一种渠道，其优点是产销直接见面，环节少，有利于降低流通费用，及时了解市场行情，便于生产企业开展维护服务等。其不足表现在：由于生产企业自办销售直接为用户服务，因此必须承担销售所需的全部人力、物力和财力；在市场相对分散的情况下，将使企业背上沉重的负担，会给企业的生产经营活动带来不利影响。

直接渠道是产业用品销售采用的主要渠道，原因如下。

（1）产业用品的用途比较单一，厂家必须与用户见面，了解他们的需要，根据他们的要求来组织加工和供货。

（2）多数产业用品的技术比较复杂，特别是高技术产品，需要厂家给予安装、维护、指导使用和培训人员等方面的协助。

（3）产业用品的用户比较集中而且购买批次少、批量大，易于集中供货。

直接渠道不太适应于消费品的销售，除鲜活商品、某些手工业品及少数使用复杂、维修不便的高档电器产品可以在一定程度上采用直接销售形式外，大多消费品都采用间接销售的形式。

2. 间接渠道

间接渠道（indirect channel）是指生产者通过流通领域的中间环节把商品销售给消费者的渠道。基本模式为生产者—中间商—消费者。间接渠道是社会分工的结果，通过专业化分工使得商品的销售工作简单化；中间商的介入，分担了生产者的经营风险；借助于中间环节，可增加商品销售的覆盖面，有利于扩大商品市场占有率。但中间环节太多，会增加商品的经营成本。间接渠道包括经销商、代理商、批发商、零售商等。

1）间接渠道的优点

（1）企业可以利用国内其他组织机构在国外的分销渠道和营销经验，迅速将产品推向国外市场，为生产企业缩短买卖时间，在一定程度上帮助生产企业节约了资金，有利于生产企业把人、财、物等资源集中用于发展生产，可以取得良好的时间效益。

（2）减少了企业所承担的外汇风险及各种出口信贷的风险，对资金的使用有一定的安全性。

（3）企业不必设置从事进出口业务的专门机构或专门人员，可以节省人力、物力和财力，集中精力搞好生产。因为中间商具有较丰富的市场营销知识和经验，又与顾客保持着密切而广泛的联系，了解市场情况及顾客的需求特点，因而能够有效地促进商品的销售，弥补生产企业销售能力弱的缺陷。

（4）在间接渠道中，中间环节承担了采购、运输和销售的任务，起到集中存储、平衡与扩散商品的作用，进而调节了生产与消费需求之间的商品数量、花色品种和等级方面的矛盾。

2）间接渠道的不足

（1）限制了企业在国外市场上的经营销售能力的扩大。

（2）主要用于缺乏出口经验能力、没有海外分销渠道和信息网络的中小生产企业；或面对潜力不大、风险较大的市场；一般适用于消费品。

（二）根据分销渠道中每个销售层次使用同种类型中间商的多少划分

根据分销渠道中每个销售层次使用同种类型中间商的多少划分，可以分为宽渠道和窄渠道。

渠道的宽度取决于营销渠道内每个层次上使用同种类型中间商数目的多少。在营销渠道的每个层次上，使用同种类型中间商数目越多，渠道越宽，反之渠道就比较窄。

1. 宽渠道及其分销策略

生产者在某一环节选择两个以上的同类中间商销售商品，称为宽渠道。宽渠道的优点主要是，能使产品迅速进入流通和消费领域，有利于中间商展开竞争，不断提高产品销售效率，迅速实现产品价值及满足消费需求；缺点主要是，中间商多，使产销之间关系松散，不容易取得所有中间商的合作，生产者要花较多的精力、时间处理与中间商的关系。

宽渠道经常使用密集分销策略，制造商在一个地区动员尽可能多的中间商销售产品以迅速占领市场。这种方法主要适用于消费品中的日用品、小百货等量大价低的商品，以及产业用品中的原料等。这些商品由于选择性不高，往往需要就近购买。

2. 窄渠道及其分销策略

窄渠道是指生产者在特定市场上只选用一个中间商为自己推销产品的营销渠道。窄渠道的优点是，生产者与中间商的关系非常密切，相互依附关系强。生产者主要依靠所选择的中间商推销自己的产品，中间商也依赖生产者而存在发展。由于利益关系密切，双方可通力合作提高销售竞争能力。例如，生产者可以向中间商传授产品技术，给予资金、人力等支持，全力指导和支持中间商开展销售业务；中间商会随时将市场信息传达给生产者。但是，窄渠道风险较大，双方都将自身命运与对方连在一起，万一对方发生变化就会使自己陷于被动。

独家经销是最窄的渠道，制造商在一个地区只选择一家中间商，便于控制价格和促销活动，并监督占领市场，不得经销其他厂商的产品。这种策略适用于购买者十分重视品牌和技术性强、服务要求高的产品销售，如轿车、计算机等。

三、中间商

中间商指分销渠道里的中间环节，包括批发商、零售商、代理商和经纪人。

（一）中间商存在的价值

1．提高销售活动的效率

在跨国公司和全球经济迅速发展的时代，如果没有中间商，商品由生产制造厂家直接销售给消费者，工作将非常复杂，而且工作量特别大。对消费者来说，没有中间商会使购买的时间大大增加。例如，中间商可以同时销售很多厂家的商品，消费者在一个中间商那里就能比较很多厂家的商品，比没有中间商而跑到各个厂家观察商品要节约大量时间。

2．储存和分销产品

中间商从不同的生产厂家购买产品，再将产品分销到消费者手中，在这个过程中，中间商要储存、保护和运输产品。

3．监督检查产品

中间商在订购商品时就会考察厂家在产品方面的设计、工艺、生产、服务等质量保证体系，或者根据生产厂家的信誉、产品的名牌效应来选择产品；进货时，将按有关标准严格检查产品；销售产品时，一般会将产品划出等级。这一系列的工作起到了监督检查产品的作用。

4．传递信息

中间商在从生产厂家购买产品和向消费者销售产品中，将向厂家介绍消费者的需求、市场的信息、同类产品各厂家的情况；也会向消费者介绍各厂家的特点。这无形中传递了信息，促进了竞争，有利于产品质量的提高。

（二）中间商的类型

1．按商品在流通过程中所处的环节划分

1）批发商

批发商是指向生产企业购进产品，然后转售给零售商、产业用户或各种非盈利组织，不直接服务于个人消费者的商业机构，位于商品流通的中间环节。

批发商的特点：①拥有大量货物；②只大量出售，不提供零售业务；③出售的物品的价格会比市面上的低。

2）零售商

零售商是指将商品直接销售给最终消费者的中间商，是相对于生产者和批发商而言的，处于商品流通的最终阶段。零售商的基本任务是直接为最终消费者服务，它的职能包括购、销、

调、存、加工、拆零、分包、传递信息、提供销售服务等。在地点、时间与服务方面，方便消费者购买。它又是联系生产企业、批发商与消费者的桥梁，在分销途径中具有重要作用。

2．按是否拥有经营商品的所有权划分

1）经销商

经销商具有独立的经营机构，拥有商品的所有权（买断制造商的产品／服务），获得经营利润，采取多品种经营，经营活动过程不受或很少受供货商限制，与供货商责权对等。

2）代理商

代理商又称商务代理，是在其行业惯例范围内接受他人委托，为他人促成或缔结交易的一般代理人。代理商是代企业打理生意，是厂家给予商家佣金额度的一种经营行为。所代理货物的所有权属于厂家，而不是商家。因为商家不是售卖自己的产品，而是代企业转手卖出去。所以代理商一般是指赚取企业代理佣金的商业单位，如企业代理商、销售代理商、寄售商、经纪人等。民航销售业中，中间商都属于代理商。

四、航空公司直接分销渠道

民航直接分销渠道即航空公司自己的销售系统，包括营业部柜台、网站、呼叫中心等。目前航空公司直销占其全部销售的比例仍然较低，国内航空公司一般不超过10%的比例。但随着电子客票和网站技术的发展，航空公司直销占其全部销售的比例在不断上升，各航空公司都在利用网站和呼叫中心的方式加大直销。

资料链接 5-6

航空公司搭建机票直销渠道 培养用户理念是关键

2014年7月1日，国航将中国销售国内客运票证代理手续费从3%下调至2%。有人说，此举折射出国航做大直销业务的野心。做大直销业务是每家航空公司的夙愿。此次国航"降佣"基于降本增效的强烈需求，无可厚非。但要做好机票直销，航空公司仅有野心不够，必须用实力说话。

这几年，国内外航空公司在机票销售方面都大力发展直销业务。通过发展直销，航空公司不仅可以降低销售费用，增加对销售渠道的控制力，还可以使航空公司积累大量的客户数据资源，为旅客提供更加个性化的服务，开展精准营销，进一步增加旅客对航空公司的好感和忠诚度。

目前，航空公司的直销业务一般通过四种方式实现，包括官网、呼叫中心、直属售票处及手机客户端等。客观地说，国内大部分航空公司这几年在提高直销份额方面进行了努力和尝试，无论是营业厅和直属售票处在服务项目和效率方面的改善，还是

呼叫中心、官网和移动客户端在功能和品质方面的加强，这些都是值得肯定的。但总体来看，国内航空公司直销比例并不是很高，大约只有10%。与此同时，国外航空公司直销比例都在30%以上，有的公司甚至高达80%。

航空公司的直销比例不高存在多方面原因。例如，航空公司的产品可选性少、直销手段单一、网站订票操作流程过于复杂及网络销售个性化服务不足。这些原因都导致了旅客不喜欢在航空公司提供的直销渠道中购票。

与此同时，票代机构却能够销售多家航空公司的机票，可以为旅客提供更多的航班时刻选择，容易吸引那些对于出行时间非常敏感的商务旅客。此外，票代机构还集中了各个航空公司的促销政策，可以提供更多的优惠机票，这也有助于吸引那些对于价格更为敏感的休闲旅客。如今，蓬勃发展的在线旅游服务商集合了机票、火车票、酒店、门票、接送机、租车、餐饮等各种资源，能够满足消费者多方面的出行需求，因而成为旅客购买机票的一个重要渠道。

面对"残酷"现实，航空公司必须意识到两点。第一，短期来看，传统的票代公司和在线旅游商仍是机票销售的主要渠道。第二，航空公司直销比例的多少，最终决定权还是在消费者手里。航空公司只有为旅客提供更好的、更加个性化的服务，才能增加旅客的好感和忠诚度，航空公司才会最终受益。

因此，航空公司要提高直销比例，一方面要有长期的心理准备，另一方面还得在用户体验和细节上下工夫。例如，除了在客户端上为用户提供机票查询、预定、支付等功能之外，是否能为用户提供航班动态查询、手机值机等自助服务，以节约旅客时间。一些用户发现航空公司官网或官方APP不支持国际信用卡或第三方平台支付，还有一些网站或APP不能像在线旅游商那样保存信用卡信息，以便简化下次使用时的输入等。另外一些用户抱怨在航空公司官方APP上不能随意退改签机票。这些细节的不完善，都促使旅客转向选择分销渠道购买机票。例如，航空公司在搭建直销渠道时，必须积极建立以用户为中心的理念，抛弃"我怎么方便就怎么操作"的过时理念。

（资料来源：2014-07-01. 中国民航报 .）

（一）直接分销渠道的主要构成及功能

航空公司直接分销渠道主要有呼叫中心、公司销售网站及传统的营业部柜台。其中呼叫中心担负着查票、订座、咨询等服务。网站销售由于其成本低、管理便利，随着网站支付技术和电子客票技术的成熟，目前已成为航空公司的主要销售模式。营业部柜台主要负责出票、机票退改签等服务，随着网站销售的发展，柜台销售已逐渐"萎缩"，因此目前机票的退改签及团队出票业务占据柜台业务的大部分。

（二）直接分销渠道的客户发展及关系维护——常旅客计划

常旅客计划（Frequent Flyer Program）也称客户忠诚计划，是指航空公司、酒店等行业向经常使用其产品的客户推出的以里程累积或积分累计奖励里程为主的促销手段，是吸引公商务旅客、提高公司竞争力的一种市场手段。

早在 20 世纪 80 年代初，航空公司就开始引入常旅客计划。当时作为一种客户忠诚度计划，它的确取得了一定的效果。随后世界上几乎所有的航空公司都有了自己的常旅客计划。航空公司的常旅客计划被认为是民航史上最成功的市场创新活动。航空公司为实施常旅客计划均成立了俱乐部，如"国航俱乐部""东航金燕俱乐部"等。符合各航空公司常旅客计划要求的旅客均可申请加入相应航空公司的俱乐部，并得到一张会员卡。会员通过乘坐该航空公司的航班而得到里程，也可通过在该航空公司的合作伙伴，如酒店处消费而得到里程。当里程达到一定标准时，会员可用所得里程换取免费机票、免费升舱或其他指定的奖励。

目前，国内各航空公司常旅客计划主要有中国国际航空公司的"凤凰知音"、中国南方航空公司的明珠俱乐部、中国东方航空公司的东方万里行、海南航空公司的金鹏俱乐部等。

国际上，几大航空联盟都推出了常旅客计划，即天合联盟常旅客计划、星空联盟常旅客计划、寰宇一家常旅客计划。

航空公司在实施常旅客计划时应注意以下几个方面。

1. 了解常旅客需求

旅客加入常旅客计划一般有以下几点需求。
（1）积攒积分容易，兑换积分方便。
（2）积分使用期限长，并且可以赠送或转卖。
（3）积分奖励形式多样，如免费升舱、乘机特殊优待、获得免费机票等。
（4）能提供额外或增值服务，如 24 小时常旅客呼叫服务等。

2. 计算机技术支持

由于计算机技术的发展，常旅客计划已实现了计算机系统的全面支持。各航空公司都已具备较完善的常旅客计算机系统和常旅客数据库，运作高效而便利，能够实现对每一位常旅客信息的永久保存和调用。

3. 分级管理

为使常旅客计划更加合理、管理更加方便，目前在先进的常旅客计划中对会员资格都实行了分级管理，如金卡旅客、银卡旅客等，不同的级别享有不同的优惠待遇。

资料链接 5-7

南航常旅客计划——南航明珠俱乐部

南航明珠俱乐部是中国南方航空股份有限公司的常旅客里程奖励计划。南航销售服务热线及遍及全国各大机场的明珠俱乐部现场服务中心和常客服务分中心，为明珠俱乐部会员提供完善、便捷的服务。已有超过 500 万明珠俱乐部会员不仅可在南航的航班上累积和兑换里程，还可在四川航空及其他天合联盟成员的航班上累积和兑换里程。

无论在航空旅行、入住酒店，还是日常刷卡消费、打电话等，只要乘坐南航和航空合作伙伴的有效航班，以及使用酒店、银行、租车、通信、餐饮等合作伙伴的服务和产品，即可轻松地累积明珠里程。

1. 享受的优惠

(1) 南航明珠俱乐部是南航的常旅客里程奖励计划。

(2) 成为南航明珠会员，每次乘坐南航、天合联盟等航空合作伙伴的航班，以及使用银行、酒店等合作伙伴的产品和服务，均可获得丰厚的里程奖励。该里程可用于兑换免费的奖励机票和奖励升舱，实现您和家人的旅行梦想。

(3) 金、银卡会员在南航乃至天合联盟全球航线网络内旅行时更可享受到优先办理乘机手续、贵宾休息室候机等多项优先权，出行从此将更加便捷舒适。

2. 会员级别

南航明珠俱乐部会员级别（由高到低）分为三个等级：南航明珠金卡、南航明珠银卡和南航明珠普通卡。

南航明珠金卡将同时为天合联盟超级精英（SKYTEAM Elite Plus），南航明珠银卡将同时为天合联盟精英（SKYTEAM Elite）。

3. 入会方式

(1) 登录南航明珠俱乐部网站，即可轻松注册入会。网上入会成为会员，更有机会获得里程奖励。

(2) 致电南航销售服务热线申请入会。

(3) 在南航直属售票处、机场、南航航班上填写入会申请表申请入会。

（资料来源：http://baike.baidu.com/view/4332609.htm?fr=aladdin.）

五、航空公司间接分销渠道

民航间接分销渠道的销售量约占据整个民航销售的 80%。民航中间商都属于代理商性质，业内称为民航客货代理人。随着电子客票特别是网站电子客票的出现，代理人行业准入门槛大大降低，竞争日益激烈。竞争范围由原来的各地区扩大到全国，网站销售比例呈快速上升趋势。

航空公司与代理人是相互依存、合作伙伴的关系，代理人每卖出航空公司一张机票，航空公司一般按3%～10%的比例付给其佣金。代理人代理航空公司销售机票，对顾客而言，使得购买机票更加方便快捷；对航空公司而言，则避免了投入太多的人力和财力在各地建立售票处，节约了成本。

（一）民航间接销售渠道方式

1. 传统柜台销售渠道

传统柜台销售是指由航空公司授权的销售代理人在固定的对公众开放的营业场所从事客票销售及相关服务的客票销售方式。售票处销售渠道虽然略显"过时"，但凭借其固有优势是现在不可或缺的销售方式。售票处的最大特点是可以为消费者提供"面对面"的服务，这是其他销售渠道所不具备的。"面对面"服务的真实感会给消费者带来全方位的服务体验，这种体验将有助于提高销售方对消费者的黏性，吸引其再次来购票。售票处也是航空公司和销售代理人展示自身形象和实力的最佳平台，对其整体形象的提升有重要的促进作用。航空公司直属售票处通常处理"线上"无法涵盖或者交易成本较高的业务，这部分个性化很强的业务是无法用其他方式来得到有效解决的。因此，售票处销售渠道无法被完全取代。代理人售票处的呈现形式日渐发生变化。由传统只经营机票销售业务的单一售票处形式，转变为可以同时满足消费者机票销售、酒店预订、旅游分销、汽车租赁、签证代办、商务考察、邮轮旅游等"一站式"差旅服务需求综合产品销售渠道。

2. 呼叫中心销售渠道

呼叫中心是目前机票销售领域中重要的渠道之一。不仅仅是航空公司重视呼叫中心渠道，机票销售代理更是依靠该渠道。作为中国在线旅行代理商的携程网，在通过发会员卡积累目标客户的同时，积极构建其呼叫中心。目前，携程网在江苏南通建立了近2万个坐席的呼叫中心，全国各地的机票业务、订房业务都可以经呼叫中心及IT后台统一处理，机票的出票时间和价格、酒店的预约时间和价格，甚至员工的服务质量也都能得到监控。

3. 互联网销售渠道

互联网销售渠道是民航机票电子化后的必然产物。以互联网技术为代表，信息技术的快速发展改变着世界传统经济模式，当航空客票销售邂逅信息技术就产生了航空电子商务这一新型的渠道模式，也就是互联网销售渠道。从纸质客票到电子客票，从计算机订座系统到全球分销系统，从机票销售总代理到机票竞价平台，这都是信息技术带给机票销售领域的环境改变。目前，航空公司利用互联网技术的间接销售渠道主要有以下几个。

1）OTA分销模式

OTA（Over-The-Air，空中下载）是一项基于短消息机制，通过手机终端或服务器（网上）方式实现 SIM 卡内业务菜单的动态下载、删除与更新，使用户获取个性化信息服务的数据增值业务（简称 OTA 业务）。

携程网扮演着航空公司和酒店的分销商的角色，它建立了庞大的酒店及机票产品供需方数据库，能做到"一只手"掌控全国范围内上千万的会员，"另一只手"向酒店和航空公司获取更低的折扣，自己则从中获取佣金。由于携程网整合的是信息层面的资源，使其可以几乎零成本地加入新的航线、酒店产品的预订。

2）竞价平台模式

目前国内主流竞价平台大概有十多家，各个平台的产品和营销模式都很相近。首先，吸引全国各地区大型代理企业上线作为供应商，由供应商提供查询订座配置接口，并且提供销售代理费政策；其次，广泛吸引全国代理企业，以及为数更多的上线采购商；最后，平台通过支付宝等在线支付工具，完成供应商和采购商的结算、出票全过程。

3）垂直搜索引擎模式

垂直搜索引擎是针对电子商务的专业化采购产品而设计的，其主要功能是采集、整理和挖掘海量的在线商品信息和商家信息，向消费者在线提供精准的挑选商品和选择商家等功能。例如，对不同网站的相同产品进行综合比较，包括价格比较和用户客观评论比较，最终得到性价比最高的产品。网络爬虫技术是实现垂直搜索比价的关键，框架技术的应用为系统提供了一个灵活、清晰、可伸缩、易维护的体系结构。

去哪儿网和酷讯网就是机票销售领域知名的垂直搜索引擎，消费者进入其界面，输入出发和到达城市、出行时间，进行有针对性的搜索，系统就会按照消费者的自定义排序，将相关搜索结果呈现出来。消费者选择好符合自己需求的机票后，通过网页跳转，进入机票真实销售商的网站，完成相关购票操作。

4. 移动终端销售渠道

随着移动互联网技术的日臻完善，用户通过智能手机购买机票将成为移动电子商务最容易实现的在线应用项目。机票同酒店、邮轮、旅游、会展、租车等综合旅游类其他细分市场产品相比，是业内公认地最容易被标准化的产品。随着众多航空机票销售应用软件的上线，腾讯微信产品的功能日益强大，移动终端为机票销售线上交易模式提供了全新的承接载体。曾有业内人士指出，机票信息可以完整地呈现在智能手机的一页屏幕上，这注定了它终究要通过智能手机销售的未来。

（二）民航间接销售渠道管理

民航间接销售渠道的管理主要包括以下三个方面。

1. 选择渠道成员

选择渠道成员是指生产商决定由谁来分销其产品的相关决策。选择渠道成员考量的标准有经营规模、管理水平、经营理念、对新生事物的接受程度、合作精神、对顾客的服务水平、其下游客户的数量及发展潜力等。

2. 维护渠道成员

1) 激励代理人，维护代理人利益

航空公司一般采用 3＋X＋Y 的代理人佣金制度，即每卖一张机票，代理人都会有最基本的 3% 的代理费，在此基础上，视航线和市场情况给代理数量为 X 的促销费，这两项都是在机票价格上扣除。代理人和航空公司进行结算时，代理人只需将扣除（3＋X）% 的部分返还给航空公司。除此之外，航空公司为鼓励代理提高销售量，设置了 Y 的后返政策，即以每月或每季、年为周期，如果代理人在这个周期内的销售总量达到要求，就给予代理人 Y% 的后返促销费，以激励代理人。

2) 设立客户经理走访制度，维护良好关系

航空公司为了管理和维护渠道成员关系，设立了客户经理岗位，由客户经理负责与代理人的关系维护。客户经理走访制度要求客户经理到代理人工作场所进行走访，完成的工作内容主要有收集市场信息、培训代理人、帮助代理人解决在销售工作中遇到的问题和困难、征求代理人意见等，并将这些信息和待解决的问题带回公司，以确保航空公司与代理人维护良好的关系，保证合作效果，达到双赢的目的。

3. 评估渠道成员

航空公司需要对代理人进行评估，以掌握代理人的销售和表现情况，并采取相应措施进行改进。航空公司评价代理人主要考虑以下几个因素。

（1）各级代理人资信情况。

（2）销售配额完成情况。

（3）平均存货水平。

（4）人员促销水平。

（5）与企业的促销和培训计划的合作情况。

（6）代理人提供给顾客的服务等。

第五节　航空公司促销

促销（promotion）就是指营销者向消费者传递有关本企业及产品的各种信息，说服或吸引消费者购买其产品，以达到扩大销售量的目的。促销实质上是一种沟通活动，即营销者（信息提供者或发送者）发出作为刺激消费的各种信息，把信息传递到一个或更多的目标对象（信息接受者，如听众、观众、读者、消费者或用户等），以影响其态度和行为。常用的促销手段有广告、公共关系、人员推销、网络营销和营业推广。企业可根据实际情况及市场、产品等因素选择一种或多种促销手段的组合。航空公司的促销组合通常包括广告、公共关系和网络营销等几种形式。

一、广告

广告，即广而告知之意。是为了某种特定的需要，通过一定形式的媒体，公开而广泛地向公众传递信息的宣传手段。广告有广义和狭义之分，广义广告包括非商业广告和商业广告。非商业广告指不以盈利为目的的广告，又称公益广告，如政府行政部门、社会事业单位乃至个人的各种公告、启事、声明等，主要目的是推广。狭义广告仅指商业广告，是指以盈利为目的的广告，通常是商品生产者、经营者和消费者之间沟通信息的重要手段，或企业占领市场、推销产品、提供劳务的重要形式，主要目的是扩大经济效益。本章介绍的是商业广告。

（一）广告的功能

广告可传达产品的信息、品牌、形象从而吸引消费，主要包括以下几个方面。

1. 树立品牌形象

企业的形象和品牌决定了企业和产品在消费者心中的地位，这一地位通常靠企业的实力和广告战略维护和塑造。在平面广告中，报纸广告、杂志广告由于受众广、发行量大、可信度高而具有很强的品牌塑造能力。航空公司的广告语通常展示了航空公司的品牌形象，见表5-3。

表 5-3　各航空公司的广告语

航空公司	经典广告语
中国南方航空公司	您的空中之家
中国国际航空公司	爱心服务世界，创新导航未来心有翼，自飞翔给梦想高飞的翅膀
上海航空公司	乘上航，到家了 服务到家，温馨到家
中国东方航空公司	飞向世界 有限航程，无限服务
中国深圳航空公司	任何时候，自然体贴
海南航空公司	清新自然
韩亚航空公司	带您走遍全世界
大韩航空公司	世间任意角落，皆唯我独有
泰国航空公司	Smooth as silk（丝般顺滑）

2. 引导消费

广告一般可以直接打到消费者手中，信息详细而具体，因此如购物指南、房产广告、商品信息等都可以引导消费者去购买产品。三维广告则可以通过动态效果的影响，促使消费者消费。

3. 满足消费者

一幅色彩绚丽、形象生动的广告作品，能以其非同凡响的美感力量增强广告的感染力，使消费者沉浸在商品和服务形象给予的愉悦中，自觉接受广告的引导。因此，广告设计是物质文化和生活方式的审美再创造，通过夸张、联想、象征、比喻、诙谐、幽默等手法对画面进行美化处理，使之符合人们的审美需求，可以激发消费者的审美情趣，有效地引导其在物质文化和生活方式上的消费观念。厦门航空公司新航线广告见图5-8。

图 5-8　厦门航空公司新航线广告

(二) 广告策划

广告策划是为了用较低的广告费用取得较好的促销效果。广告策划工作包括分析广告机会、确定广告目标、形成广告内容、选择广告媒体及确定广告预算等内容。

1. 分析广告机会

首先，通过广告机会分析解决针对哪些消费者做广告及在什么样的时机做广告等问题。为此就必须搜集并分析有关方面的情况，如消费者情况、竞争者情况、市场需求发展趋势、环境发展动态等。其次，根据企业的营销目标和产品特点，找出广告的最佳切入时机，做好广告的群体定位，为开展有效的广告促销活动奠定基础。

2. 确定广告目标

确定广告目标就是根据促销的总体目的，依据现实需要，明确广告宣传要解决的具体问题，以指导广告促销活动的进行。广告促销的具体目标，可以使消费者了解企业的新产品、促进购买而增进销售或提高产品与企业的知名度，以便形成品牌偏好群等。

3．形成广告内容

广告的具体内容应根据广告目标、媒体的信息可容量加以确定，一般来说应包括以下三个方面。

（1）产品信息。主要包括产品名称、技术指标、销售地点、销售价格、销售方式及国家规定必须说明的情况等。

（2）企业信息。主要包括企业名称、发展历史、企业声誉、生产经营能力及联系方式等。

（3）服务信息。主要包括产品保证、技术咨询、结款方式、零配件供应、保修网点分布及其他服务信息。

企业在安排广告内容时应注意以下几个问题。

（1）真实性。即传播的信息必须真实可信，不可有夸大不实之词，更不能用虚假广告欺骗消费者。

（2）针对性。即传播的信息应该是目标消费者想了解的，做到有的放矢。

（3）生动性与新颖性。广告要具有吸引力、感染力，从根本上来说取决于以上两个方面，但也与广告的生动性与新颖性密切相关。因此，广告内容应简明易懂、易于记忆，广告形式应生动有趣、富有新意，如新西兰航空公司的创意广告见图 5-9。

图 5-9 新西兰航空公司的创意广告

新西兰航空创意广告 霍比特人集体卖萌

作为《魔戒》系列影片的拍摄地，新西兰航空当然也就成为了矮人国的官方航空公司，就连飞机上的安全须知也专为霍比特人订制。电影里的人物纷纷登上公司最新的波音 777-300ER 飞机，中土的奇装异服和各类魔幻道具让客舱变成原始味十足的山洞。不知驾驶舱里搞怪的法师机长会把飞机开往何处呢。

4．选择广告媒体

广告信息需要通过一定的媒体才能有效地传播出去，然而不同的媒体在广告内容承载力、覆盖面、送达率、展路频率、影响价值及费用等方面互有差异，因此正确地选择广告媒体是广告策划过程中一项非常重要的工作。企业的广告策划人员在选择广告媒体时必须了解各种媒体的特性。广告可以选择的传播体及其特性的有关情况如下。

1）印刷媒体

印刷媒体指的是报纸、期刊等印刷出版物，这类媒介是广告最普遍的承载工具。

（1）报纸的优缺点。报纸的优点：信息传递及时、读者广泛且稳定、可信度比较高；刊登日期和版面的可选度较高，便于对广告内容进行较详细的说明；便于保存，制作简便，费用较低。报纸的局限性：时效短、转阅读者少；印刷简单，因而不够形象和生动，感染力差。

（2）期刊的优缺点。期刊的优点：读者对象比较确定、易于送达特定的广告对象；时效长、转阅读者多、便于保存；印刷比较精美、有较强的感染力。期刊的不足：广告信息传递前置时间长，信息传递的及时性差，有些发行量是无效的。

2）视听媒体

视听媒体主要有广播、电视等。

（1）广播的优缺点。广播的优点：覆盖面广、传递迅速、展露频率高；可选择适当的地区和对象、成本低。广播的缺点：稍纵即逝、保留性差、不宜查询；受频道限制而缺少选择性，指南性与形象性较差，吸引力与感染力较弱。

（2）电视的优缺点。电视的优点：覆盖面广、传播速度快、送达率高；集、形、声、色、动态于一身，生动直观、易于接受、感染力强。电视的不足：展露瞬间即逝、保留性不强；对观众的选择性差，绝对成本高。

3）户外媒体

户外媒体包括招牌、广告牌、交通工具、霓虹灯等。户外媒体的优点：比较灵活、展露重复性强、成本低、竞争少。户外媒体的缺点：不能选择对象、传播面窄，信息容量小，动态化受到限制。

4）邮寄媒体

邮寄媒体是指遍布全国乃至全世界的邮政网络。邮寄媒体的优点：广告对象明确而且具有灵活性，便于提供全面信息。邮寄媒体的局限性：时效性较差，成本比较高，容易出现滥寄的现象。

5. 确定广告预算

广告预算是企业广告计划对广告活动费用的匡算，是企业投入广告活动的资金费用使用计划。它规定在广告计划期内从事广告活动所需的经费总额、使用范围和使用方法，是企业广告活动得以顺利进行的保证。广告预算是广告战略策划的一项重要内容，它是一项系统性工程。广告所有活动的实施要以广告预算支持。多数企业是依据广告预算制定广告策略的，即有多少广告费用投入，就决定进行多大规模的广告活动。

二、公共关系

公共关系是指某一组织为改善与社会公众的关系，促进公众对组织的认识、理解及支持，达到树立良好组织形象、促进商品销售的目的的一系列公共活动。

（一）公关的特征

1. 情感性

公共关系是一种创造美好形象的艺术，它强调的是成功的人和环境、和谐的人事气氛、最佳的社会舆论，以赢得社会各界的了解、信任、好感与合作。

2. 双向性

公共关系是以真实为基础的双向沟通，而不是单向的公众传达或对公众舆论进行调查、监控，它是主体与公众之间的双向信息系统。组织一方面要吸取人情民意以调整决策，改善自身；另一方面又要对外传播，使公众认识和了解自己，达成有效的双向意见沟通。

3. 广泛性

公共关系的广泛性包含两层含义：一层含义是公共关系存在于主体的任何行为和过程中，即公共关系无处不在、无时不在，贯穿于主体的整个生存和发展过程中；另一层含义指的是其公众的广泛性。因为公共关系的对象可以是任何个人、群体和组织，既可以是已经与主体发生关系的任何公众，也可以是将要或有可能发生关系的任何暂时无关的公众。

4. 整体性

公共关系的宗旨是使公众全面地了解自己，从而建立起自己的声誉和知名度。它侧重于一个组织机构或个人在社会中的竞争地位和整体形象，以使人们对自己产生整体性的认识。它并不是单纯地传递信息，宣传自己的地位和社会威望，而是要使人们对自己各方面都有所了解。

5. 长期性

公共关系的管理职能应该是经常性与计划性的，这就是说公共关系不是"水龙头"，想开就开，想关就关，而是一种长期性的工作。

（二）公共关系的形式

公共关系活动是主观见诸于客观的一种社会实践。组织的公共关系活动是一个组织长期进行社会交往、沟通信息、广结良缘、树立自身良好形象的过程，它表现为日常公共关系活动和专项公共关系活动两大类。

日常公共关系活动是指为改善公共关系状态，人人都可以做到的日常接待工作，如热情服务、礼貌待客及大量的例行性业务工作和临时性琐碎的工作等。

专项公共关系活动是指有计划、有系统地运用有关技术、手段达到公共关系目的的专门性活动，如新闻发布会、产品展示会、社会赞助、广告制作与宣传、市场调查、危机公关等。

资料链接 5-8

新加坡航空公司的日常公关

航空运输业竞争异常激烈，而新加坡航空公司（以下简称新航）在国际航空业的激烈竞争中独占鳌头，连续多年被国际民用航空组织评为优质服务第一名。新航的服务有很多独特之处，他们把西方的先进技术及管理手段与东方的殷勤待客传统有机地融合在一起，把"乘客至上"的公共关系思想贯穿于服务的全过程，给每一位乘客留下极为深刻的良好印象，使来自各国的乘客成为新航的义务宣传员，再加上通过新闻媒体做广告宣传，公司的形象就被人所知晓。

新航制定了严格的服务准则：对所有乘客一视同仁地施以关心和礼貌，在一切微小的服务细节上给乘客留下难忘的印象，并树立公司的整体形象。这些服务准则通过每一位工作人员的良好举止体现出来。

通常，乘客在一般航空公司订票时是不能拿到座位号的，登机前才能在机场领到印有座位号的登机卡。而新航通过公司设在全球各地的计算机订票系统，可使乘客在任何国家预订任何班次的机票时，能够同时得到飞机上的座位号。公司将订坐某次班机的全体乘客姓名按舱位平面图排列交给当班乘务员，要求每个乘务员事先记住自己所负责的舱位所有乘客的姓名，乘客上机时只需将座位号贴在登机卡上，乘务员在机舱门引导乘客对号入座，并在舱位图上做记号。乘客就座完毕后，乘务员就能按照记忆，对每一位乘客直接以姓相称呼，使乘客在感到宾至如归的同时又略感和谐与舒适。这样周到的服务是世界上任何其他航空公司都不曾做到的。

新航的优质服务，使乘客从进入飞机起就感觉如同是在殷勤的主人家中做客一般。乘客在座位上刚坐好，乘务员就手拿衣架来到面前，和蔼地询问是否要把上衣脱下挂起来，如果需要，可把上衣连同登机卡一并交给她，下机时再把上衣送还。飞机起飞之前，乘务员会送来热毛巾、端来饮料，然后送上插着牙签的小点心请乘客选用。

一般的洲际飞行，乘客易疲劳，而且途中要用几餐饭。因此班机起飞不久，乘务员就给每位乘客送上一双尼龙软鞋套和遮光眼镜，供乘客休息时使用，还送来一份印刷精美的菜单，上面以英文、法文、德文三种文字印有全程每餐饭的菜名，并附有飞行各段所需的时间，然后乘务员来到座位上登记每位乘客所选用的主菜。公务舱开饭时，乘务员先给乘客小桌上铺桌布，再送上主菜托盘。主菜用完后，乘务员把托盘中的主菜取走，空出位置送甜食或水果，这样就等于把饭店的服务方式搬进空间狭小的机舱，而不是把所有的吃食都端到小桌上。

乘客在愉快的旅行结束后，可得到一包装潢精美的盥洗用具，包括牙刷、牙膏、肥皂、梳子和两小瓶化妆品，上面都印有新航标记，不但是美观实用的纪念品，更是值得保留的宣传品。乘客如需写信，均可由新航免费邮寄至世界各地，头等舱和公务舱的乘客如填写一张表格，便可将自己的姓名地址存入新航公司的计算机，并取得一个编号，日后可得到公司寄来的优待券，一年之内可凭优待券优先购买新航的机票，行李超重可不付费，还可以到新加坡的一些百货商店享受购物折扣优惠。

通过一系列充满活力的公共关系服务措施，新航在国际航线上赢得了声誉，赢得了顾客，在激烈的国际竞争中胜人一筹。

（资料来源：http://blog.sina.com.cn/s/blog_65d571aa0101qf4x.html.）

（三）危机公关

危机公关具体是指机构或企业为避免或者减轻危机所带来的严重损害和威胁，从而有组织、有计划地学习、制定和实施一系列管理措施和应对策略，包括危机的规避、控制、解决及危机解决后的复兴等不断学习和适应的动态过程。危机公关具有意外性、聚焦性、破坏性和紧迫性。

化解危机的策略有以下几个。

1. 高度重视危机事件

当发生公关危机时不管事件大小如何都要引起高度重视，站在战略的角度，并谨慎对待，具体处理方式要有整体性、系统性、全面性和连续性。只有这样才能把危机事件迅速解决，从而把危害控制到最低。危机发生后，活动主办方与运营方要由上至下全员参与其中，最高领导尤其要高度重视，只有所有决策都由最高领导亲自颁布或带头执行，才可以确保执行的有效性。

2. 发现问题的本质与根源

当发生危机时应该先客观全面地了解整个事件，然后冷静地观察问题的核心，找到问题的关键与根源，研读相关法规与规定，把问题完全参透，或聘请专业公关公司把关。

3. 快速处理

速度是危机公关中的第一原则。"堤坝出现一条裂缝时，立即修补会很简单，假如速度缓慢，几十分钟就可能发生溃坝，"当企业发生危机时就像堤坝上的一条裂缝一样，立即上前修补可以避免损失，但是因为看似很小的问题，没有引起重视或缺乏危机处理经验等，从而错过了最佳处理时机，结果就会导致事件不断扩大与蔓延。

4. 勇于承担责任

危机事件发生后的第一时间应该把所有质疑的声音与责任都承接下来，不可以含糊其辞、态度暧昧、速度迟慢，然后拿出最负责任的态度与事实行动迅速对事件做出处理。其实很多危机事件发生后，媒体与受众甚至是受害者并不十分关心事件本身，更在意的是责任人的态度。冷漠、傲慢、推诿等态度会增加公众的愤怒，把事件本身严重放大。

5. 及时充分地沟通

矛盾的80%来自于缺乏沟通，很多事只要能恰当地沟通都会得到顺利解决。当发生公关危急时，沟通就是最必要的工作之一。首先，要与全体员工进行沟通，使大家了解事件细节，以便配合企业进行危机公关活动，如保持一致的口径，一致的行为等。其次，与媒体进行沟通，必须第一时间向媒体提供真实的事件情况及随时提供事件发展情况，因为如果不主动公布消息，媒体和公众就会猜测，而猜测推断出的结论往往是负面的。所以，这个时候必须及时坦诚地通过媒体向大众公布信息与事件处理进展，这样可以有效填补此时舆论的"真空期"，因为不填补这个"真空期"，小道消息、猜测，甚至是竞争对手恶意散布的消息会填满它。最后，与政府及相关部门进行沟通，得到政府的支持或谅解，甚至是帮助，对控制事态发展有很大的帮助。同时，要对合作伙伴等进行沟通，以免引起误解及不必要的恐慌。

6. 转移视线

当企业发生公关危机时，在妥善处理后要尽快转移公众视线，否则对企业十分不利，但这种方式不是推诿责任与瞒天过海，而是在正确采取措施并得到妥善处理后使事件的"余震"尽快结束。例如，推出新产品、新发明、企业捐助公益事业等相关新闻，以转移公众的视线。

资料链接 5-9

美国联合航空公司的危机公关

戴夫·卡罗尔是加拿大"马克斯韦尔之子"乐队吉他手。2008年3月，他和乐队成员乘坐联合航空公司航班从加拿大哈利法克斯前往美国内布拉斯加州。在美国芝加哥奥黑尔国际机场转机时，他亲眼目睹了他心爱的吉他被行李员像"扔链球"一样装卸、导致损坏的过程。

为了修好价值3000美元的吉他，卡罗尔花费了1200美元，但他认为修理后的吉他已无法弹奏出以前的音色。

自那之后的9个月里，卡罗尔先后向美国联合航空公司在芝加哥、纽约、加拿大甚至印度的服务部门投诉，结果"皮球"总是被踢来踢去。

卡罗尔决定利用自己的专长——音乐来讨回公道。他把这件事情写成歌曲、制作成视频，然后放到网上，让大家知道他的遭遇。

在歌曲视频中，卡罗尔幽默地讲述了自己的遭遇，他的朋友们装扮成航空公司的服务员和乘客，几个志愿参演的消防员扮演行李员，把吉他在空中抛来抛去。歌曲视频《联航损坏了吉他》在网上推出后吸引了大量观众，点击率已超过60万，还有数千条留言。多家媒体要对他进行专访，著名脱口秀女主持人奥普拉·温弗瑞也给他打了电话。

歌曲视频形成了强大的舆论攻势，给美国联合航空公司造成了极大的压力。那么，该如何应对，才能消除负面影响，挽回企业声誉呢？

常规的做法大家都知道，就是承认错误，赔偿顾客损失。但这种补救式的公关方式最多只能将事件平息，却无法真正挽回影响。

而美国联合航空公司的做法是通过《洛杉矶时报》发表一项声明，说："这段歌曲视频非常精彩，我们打算用它来教育培训员工，以使我们的顾客可以得到更优质的服务。"

这是一个非常高明的做法。

实训项目 5-4

【实训主题】阅读材料 5-10，评述美国联合航空公司的危机公关的高明之处。

【实训目的】了解危机公关的重要意义和流程。

【实训方式】小组讨论。

【实训评价】教师评价、学生评价、自评。

三、网络营销

网络营销是指为发现、满足或创造顾客需求，利用互联网（包括移动互联网）所进行的市场开拓、产品创新、定价促销、宣传推广等活动的总称。航空公司网络营销的形式主要有以下几种。

（一）企业网站

建立企业网站的主要目的是向公众提供关于企业、产品和其他的相关信息。

（二）搜索引擎营销

企业通过付费给有关公司或搜索引擎，可以使其公司站点出现在搜索结果中。从目前的发展趋势来看，搜索引擎在网络营销中的地位依然重要，并且受到越来越多企业的认可，搜索引擎营销的方式也在不断发展演变，因此应根据环境的变化选择搜索引擎营销的合适方式。

（三）电子邮件

以电子邮件为主要的网站推广手段，常用的方法包括电子刊物、会员通信、专业服务商的电子邮件广告等。

（四）资源合作

通过网站交换链接、交换广告、内容合作、用户资源合作等方式，在具有类似目标网站之间实现互相推广的目的，其中最常用的资源合作方式为网站链接策略，利用合作伙伴之间网站访问量资源合作互为推广。

（五）网络广告

网络广告是常用的网络营销策略之一，在网络品牌、产品促销、网站推广等方面均有明显作用。网络广告的常见形式包括 BANNER 广告、关键词广告、分类广告、赞助式广告、Email 广告等。BANNER 广告所依托的媒体是网页，关键词广告属于搜索引擎营销的一种形式，Email 广告则是许可 Email 营销的一种，可见网络广告本身并不能独立存在，需要与各种网络工具相结合才能实现信息传递的功能。因此也可以认为，网络广告存在于各种网络营销工具中，只是具体的表现形式不同。将网络广告用户网站推广，具有可选择网络媒体范围广、形式多样、适用性强、投放及时等优点，适合于网站发布初期及运营期的任何阶段。

资料链接 5-10

新西兰航空公司争做社交网络营销先锋

游走在好莱坞名流间的社交新星 Rico 坐在一张华丽大气的 Skycouch（空中沙发）上，正与众多好莱坞大牌明星们进行愉快"卧谈"。这就是近期新西兰航空公司推出的"Rico 与大牌明星 Skycouch 卧谈会"系列视频，现已在全国各大社交媒体视频网站上全面上线。作为新西兰航空公司的旅行达人，Rico 和众多大牌明星们"卧谈"的话题，从彼此的旅游经历，到新西兰南北岛的旖旎风景，甚至他们的感情事业都无所不谈。

让古灵精怪的 Rico 与好莱坞大牌明星们进行一系列妙趣横生的卧谈，制作成系列短片并在 YouTube 等全球热门社交视频网站进行推广，这使得一向以大胆创新著称的新西兰航空公司再次走在行业前端，引领时下社交网络等新媒体品牌营销的潮流。"Rico 与大牌明星 Skycouch 卧谈会"系列视频将在线品牌推广和社交网络视频营销相结合，这也是新西兰航空公司在全球范围内的最新品牌推广策略。

"社交网络媒体已经深刻影响了我们的生活，新西兰航空对这一点一直保持高度敏感。作为一家相对而言整体规模并不大的航空公司，我们必须充分利用社交网络媒体的巨大潜力，抓住机遇并不断推出创新性的品牌宣传活动，才能最大限度地赢得更广泛的潜在客户。"新西兰航空公司全球市场营销总经理迈克·托德说，"社交网络媒体进行品牌宣传所能影响的全球潜在客户人群，对于新西兰航空公司及整个新西兰旅游行业来说，都是一个巨大的新兴市场。"

新西兰航空公司一直致力于为旅客提供更完美的长途旅行体验，包括 Skycouch 在内一系列新产品和服务的推出都是公司坚持科技创新的重要成果。在不断革新技术的同时，新西兰航空公司在品牌营销宣传方面始终坚持大胆创新的品牌精神，利用社交网络媒体的优势与市场机遇，积极搭建品牌宣传与市场开发的长期推广平台，使之成为全球社交网络媒体营销推广的先锋品牌。

（资料来源：http://www.yoka.com/life/travel/2011/0822524040.shtml.）

思考与练习

一、简答题

1．简述航空公司的产品及其特征。
2．简述航空公司产品价格的制定策略。
3．简述航空公司的分销渠道。
4．简述直接渠道和间接渠道的优缺点。
5．简述航空公司的促销手段及其运用策略。

二、论述题

论述航班销售收益管理的策略及模式。

三、实践题

在广泛收集资料和调研的基础上，运用学过的营销理论知识，对国内某家航空公司的产品、价格、渠道、促销等营销策略分别予以评析或建议。

第六章 航空货运营销

知识目标

- 了解航空货运的内涵、特点。
- 了解国内外航空货运发展现状及发展趋势。
- 掌握航空货运营销技巧和营销策略。

能力目标

- 能运用航空货运营销策略基本理论解决实践中的问题。

第一节 航空货运概述

一、航空货运的内涵及方式

(一)航空货运的内涵

航空货运是指通过客机腹舱或者货机和地面上的机场、导航设备,在规定的航线上进行飞行,实现货物在空间上的位移。航空货运是航空公司提供的 A—A(Airport to Airport,机场到机场)的服务,它是航空物流的核心,与由其而延伸出的仓储、配送等业务构成航空物流服务。

运输实现了货物的空间价值,是物流活动的核心环节。运输伴随着规模生产、专业化生产的发展而快速发展,运输业已经成为国民经济的基础产业。在整个物流服务流程中,运输时间和成本往往占有很大的比例,同时其风险也最大。运输功能的实现包括运输基础设施,如公路、铁路、机场等;运输设备,包括车辆、飞机等;在运输过程中消耗的能源,如汽油、航油等,因此运输的发展关联到很多不同的行业,在推动国民经济发展中起到重要的作用。运输只有与其他职能有机结合,才能实现物流的整体目标,因此不能单一地强调运输能力，还需要分析运输与其他物流职能的关系及融合的方式。

在与公路、铁路、轮船、管道四种主要运输方式相比较而言，航空运输以其快速、安全的特点，在现代交通运输中占据着越来越重要的地位。

航空运输的优势在于高速，只有充分发挥其优势，才能满足货主的要求。现阶段，航空货运的主要对象可以根据货物的重量和时间要求分为四类，即普货、重货、邮件和快递，见图6-1，每种货物都有特定的产品类型。例如，快递主要包括文件、商业凭证、通信产品、电子产品、贵重品等。其特点就是货物重量轻、体积小，但是运输的时效性要求高。随着空运设备的发展，一些具备运输大型设备能力的航空器已经开始使用，未来航空货运的服务范围越来越大。

货物重量 交付时间	0～50公斤　　　50～5000公斤　　　5000公斤以上		
4～7 天 2～4 天 48 小时以下	邮件 快递	普货 通过货代 或商业性 航线	普货 通过专业 性航空货 运航线
行业列举	文件、通信产品、电子产品、纺织品、机械产品、汽车配件等、商业凭证、高科技产品、办公用品、计算机、电器、发票、手表、服装、零售、通信设备、汇票等、珠宝首饰、玩具等、零件		

图 6-1　航空货运的类型

航空货运是航空物流的基础，只有将航空货运的优势充分发挥出来，才可能协同其他的业务环节提供高水平的物流服务。因此，在航空货运中存在的问题包括货运运力资源的优化、货运航线的优化、货运市场的开发等是航空物流必须要研究的内容。

（二）航空货运的方式

根据货主与承运人签订的运单类型，可以将航空货物运输方式划分为直走、转运、拼装和包机（包舱）四种方式。

1. 直走

直走是指从起始地到目的地都使用航空公司主运单，货主直接与航空公司接触，方便订舱，确保货物的装运，并能实时跟踪货物。但直走方式的不足就是运费议价的范围较小，对于不能与其他货物拼装、时效性要求较高的货物会采用该方式。直走强调的是使用航空公司的主运单，也就是货主直接和航空公司签订运输协议，但并不一定由一家航空公司运输。如果有直达航班，无须转机就可到达；如果没有直达航班，可以接驳本公司的航班，也可以是其他航空公司的航班，只要两公司之间有合作协议即可。例如，中国香港—法兰克福，无须转机；货物从台北运至布达佩斯，货主直接与匈牙利航空签订运单，但是匈牙利航空并没有到台北的航班，可以由该公司在台湾的代理为其完成地面集货，由国泰航空的航班先从台北运至阿姆斯特丹，再接驳匈牙利航空的班机达到布达佩斯。

2. 转运

货物由货运代理先运至某机场，再由该地合作的空运代理装运到适当的航班上，转运至目的地。其作业较复杂，但是转运方式的存在主要有以下几个方面的优势。

（1）较低的运费。通过航空货运代理可以获得较低的运费，从而降低运输成本。因为航空货代可以通过货物集运，与承运人之间进行运费协商，实现降低运费的目的。

（2）更广的货运网络。因为受到航权、航程或者运输量的限制，无法开通直飞航班，或直飞不经济，能够实现直飞的机场是有限的，所以必须依靠转运航空作业。转运作业需要起始站货运代理预先确定舱位，以及转运操作的便利性。转运作业的效果取决于货运代理对于预订的航空承运人的机型、载运量及转运机场的深入了解、中转货代的合作态度及工作效率。

（3）更灵活的货运服务。航空货运代理可以根据自身掌握的资源提供定制化的货运服务，最大限度地满足货物运输的要求。

3. 拼装

航空公司因为各自成本结构不同，根据货运量给予货运代理企业不同的优惠折扣费率。航空公司通常对于小于 45 公斤的货物收取最低运费，对于超过 45 公斤的，根据不同的重量收取不同的运费率，当然重量越大，运费率越低。货运代理通过拼装，增加货物重量，通过运费差而获取收益，也可以将其中的差额部分让利给货主，货主也可以节省成本支出。

4. 包机（包舱）

托运人根据所托运货物的重量和体积，为了能获得更优惠的运费率，可以采取包机或者包舱的形式运作。包机（包舱）能够确保货物装机，及时到达目的地。

根据规模经济和范围经济，一些大型货运航空公司纷纷建立自己的物流中心，进行货物集散，以提高货运效率。根据货物运输方式，直达货物装载成本只受到起始地装载的影响，而转运货物还要考虑货物在中转机场的操作成本。如果一个集装器中的货物是同一目的地的，只需要对集装器直接转运，如果不是就必须将集装器中的货物拆分后再根据目的地重新组合。因此在运输过程中，货物在起始地的装载模式不仅会影响货运的装载成本，还会影响货物的转机。

实训项目 6-1

【实训主题】航空货运初步感知。
【实训目的】认识航空货运的内涵，了解航空货运的方式。
【实训方式】参观访问。

【实训步骤】①组织学生；②讲解参观航空货运公司的目的和任务；③参观航空公司或货运代理公司；④实训汇报。

【实训评价】教师评价、学生评价、自评。

二、航空货运的特点

和其他货运一样，航空货运的特点也具有两面性，既具有其独特的优势，也存在一些不容忽视的缺点。

1. 航空货运的优点

1）运送速度快、运输路程短

运送速度快、运输路程短是航空货物运输最大的优势和主要特点。现代的喷气运输机时速都在 900 公里 / 小时左右，同时飞机不受地面地形条件的限制，除因航行的特殊需要以外，航空线路一般比平行的地面线路短，运程缩短意味着节省运输时间及社会劳动消耗。另外，90% 以上的国际航线上采用先进的宽体飞机和全货机运输，大大地提升了飞机的运送速度和运货能力。当前国际市场竞争十分激烈，行情瞬息万变，争取时间就能获得高的经济效益，对鲜活货物和季节性货物尤为重要。航空货物运输已成为国际市场商品竞争强有力的手段。

2）安全准确，有利于稳定和开拓市场

现代喷气式民航飞机的飞行高度一般在 1 万米以上，不受低空气流的影响，飞行平稳，货物所受的震动、冲击小，在飞行中货舱与外界隔离，货舱的温度和湿度能得到适当的控制，因此货物很少产生损伤、被盗、变质等。同时，飞机的航班准确率高，货物可按时到达目的地，加上运送速度快，货物质量有保证，有利于巩固已有的市场和开拓新的市场。

3）可简化包装，节省费用

航空运输具有现代化的装卸设备，货物途中倒装次数少，对货物包装强度要求低，包装可以相对简化。由于运送速度快、商品周转周期短、资金回收迅速，因此，可减少货款的利息费用和降低包装的成本费用。

4）不受地面条件影响，深入内陆地区

与火车、汽车或轮船要沿着蜿蜒曲折的铁路、公路或航道行驶，而受到线路严格制约相比，航空运输有极大的机动灵活性。飞机可以按班期飞行，也可不定期飞行；可以在固定航线上飞行，也可在非固定航线上飞行；在现有机场的基础上，可以按照不同的联结方法，根据需要立即组成新的通航线路。

2. 航空货运的缺点

1）货流量随时间波动性大

由于受社会交通、市场竞争、企业需求等各种因素的影响，货主到、离物流中心取、送货呈现一定的规律，但是短期内可能分布不均。例如，根据在浦东国际机场的调查统计，货物量在24小时内呈现较大的波动。从早上8点半到凌晨2点半，上午12点半之前和晚上8点半以后到达的卡车数量较多，货物比较集中。航空物流中心的作业时间也主要分布在早上和夜间，特别是大型枢纽机场，为了避免机场拥堵，会将货运航班主要安排在晚上，所以有夜间抵达物流中心进行配货、晨起装机或发出的趋势，形成夜间在库滞留，合、分解货物的集中情况。这种安排也适应了企业产品在白天生产，夜晚组织运输，第二天运送至目的地的运作要求。

2）货物量随季节波动性大

由于季节的变化及各种节日的到来，货物的流量和品种会随之变动，特别是鲜活、衣物、仪器设备等就更显得突出。并且由于物流中心地区、环境的不同，所发生的货流量峰值也不同。

3）货物运输的单向性

货物运输往往是从生产地运往消费地，不具有客流的双向性，而是具有单向流动的特点。特别是我国为贸易顺差国，货物出口量远远大于进口，导致出口的货运航班载运率高、收益高，而进口的货运的航班则缺少货源，收益不理想。但货运的固定成本已经确定，因此在货运量大的航段上，主要解决如何获得更多收益以平衡总的运输成本，而在货运量低的航段，承运人往往通过降低运费率、提高货运量以减少货运损失。针对这一特点，可以根据货物运送需求的分布特点与运力资源，科学优化机型、航线及航班频率、飞机飞行路线等问题。

4）货运流程复杂

由于与代理商、集运商、货物所有人、邮局等不同参与主体及海关、检验检疫局等各部门都有密切合作，所接受的货物来往于不同国家、地区，因此航空货运流程复杂。并且随着货运机型向大型化发展，服务向门到门方向发展，生产向零库存发展，货运市场的竞争也使物流中心的货物处理作业流程做出相应的转变，以适应不断的发展变化。

5）载运量小，运输费用高

因飞机的机舱容积和载重能力较小，因此单位运输周转量的能耗较大。除此之外，机械维护及保养成本也很高。飞机的载运量小，大型宽体飞机的最大业：使用的飞机，绝大多数是客货两用机，客货混合量开设航线投放航班，附带投放有限的货运能，所以航空运输的运价高于其他运输方式的运价，适应装运贵重货物、精密仪器、计算机、高级服装、鲜活货物、季节性货物和时间性强的邮件、包裹等。

第二节　国内外航空货运发展现状

航空货物运输自诞生至今还只有近百年的历史。自航空货运出现之后，它的发展速度很快，目前已经成为交通运输业和航空运输业的一支重要力量。航空运输除了其自身的产业经济效益外，更重要的是促进了世界经济、文化的交流发展，如今已经成长为一个宏大的全球经济基础性产业。世界航空货运业被比喻为世界经济活动的"晴雨表"，它随着世界经济繁荣而兴旺，随着世界经济衰退而不景气。随着我国经济的进一步繁荣和世界经济一体化的深入发展，航空货物运输活动迎来了更广阔的发展空间和良好的发展前景。

一、国际航空货运的发展

（一）国际航空货运的发展概况

1. 产生阶段：20世纪初至第二次世界大战

1903年12月17日，由美国人莱特兄弟设计制造的第一架飞机试飞成功，揭开了世界航空史的新篇章。1909年，法国最先创办了商业性的航空运输。早期的航空运输活动主要是旅客运输。随之由运送邮件和少量军用品开始，在法国、德国、英国、美国等欧美国家相继开办了航空货物运输。

2. 迅速发展阶段：20世纪50年代至90年代初

第二次世界大战后，航空货物运输在全球范围内得到迅猛发展。在战争中，飞机的质量、技术和规模有了很大提高。战争结束后，大批军用飞机转为民用，极大地推动了商业运输的发展。同时，各主要发达国家大力发展航空工业，改进航空技术，航空货物运输量越来越大，逐步形成完善的全球性航空运输体系。航空货物运输业开始成为战后一种重要的商品贸易运输方式，对于战后国家贸易的发展发挥了重要作用。根据国际民用航空组织的统计资料，20世纪60年代是世界航空货物运输历史上增长最快的时期。1962～1971年，国际航空货物运输量平均年增长率达到17%，接近每隔4年货物运输量就增长一倍。在1969年，美国通过空运方式进出口的货物占总进出口货物的8.8%，占总出口货物的13.8%。其后，尽管货运的增长速度减缓，但仍然每年达到6%～10%的增长水平。

促进航空货运发展主要体现在以下几个因素。

（1）经济增长速度。航空货运的发展主要取决于经济的发展、工业的发展和航空货运用户收入的提高，这些都增长了对航空货运的需求。各国地理位置、经济发展情况及贸易流量都决定了对货运的需求。

（2）世界经济的一体化发展。工业革命促使世界经济一体化发展，刺激了各国间的贸易，尤其像中国这样的新兴贸易大国，以让人难以想象的发展速度迅速成为世界经济强国，并可能成为21世纪初全球最大的经济市场。贸易带动货运，与之相关的世界航空货运需求也大幅提高。

（3）流动贸易链。在商品运输过程中，用户希望快速得到货物，而商家则希望货物准时又省钱，这无疑促进了航空货运的发展。因为航空货运既高效，又安全可靠，所以成为大多数商家的不二选择。商家越来越注意通过缩短货物的库存时间来提高效率、节约成本，从而获得竞争优势。

3. 航空货运市场重心逐渐转移至亚洲：20世纪90年代至今

近20年来，世界国际航空货运量几乎增长了近15倍。据资料显示，2000年航空货运仅占全球贸易运输总重量的2%，却占总值的40%。根据相关部门预测，世界航空货运量在未来20年终将以年均6.4%的速度增长，而同期客运平均年增长率仅为4.7%。采用航空运输方式的商品范围种类越来越多，从传统的计算机、医药、电子设备等高值产品，逐步扩展到食品、纺织品等大多数日常生活用品。

1997年是北欧、西欧和东亚三大经济体自20世纪80年代以来首次同时增长的一年，世界经济的增长必然驱使着各国贸易和航空货运业的增长。据美国专家预测，1997年世界货运业会大幅盈利，并且由于1997年油价较低，运输成本大幅下降，盈利达到30亿美元，比同期增长15%。从整个世界货运业来看，近年来太平洋各国一直保持着较高的增长速度，和客运是两个截然相反的局面。20世纪90年代以来，欧盟放松了对航空公司的管制并且实施天空开放政策，鼓励航空公司之间战略合并、航线共享、公司结盟。

然而，国际航空运输协会在2007年公布的全球十大货运航空公司的排名中，亚洲有5家公司跻身10强，其中大韩航空、中华航空、新加坡航空、阿联酋航空分别占据了前8强，大韩航空更是4年蝉联货运冠军的头衔。同年的全球十大机场的排名中，亚洲的机场共有4个占了前6强。根据波音的预测，与亚洲有关的市场的增长率将超过全球任何一个地方，北美与中国之间的航线仍然是全球最大的货运市场。

1950～2013年国际货运周转量见图6-2。

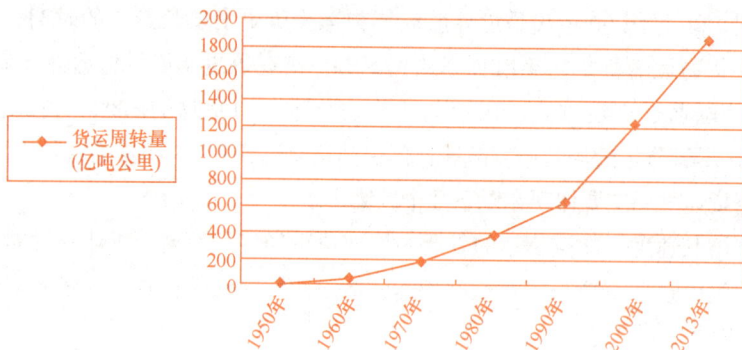

图6-2 1950～2013年国际货运周转量

（二）国际航空货运的发展趋势和特征

进入21世纪，国际航空货物运输的发展体现出以下几个方面的趋势和特征。

1. 货运经营战略地位的提高

长期以来，航空货物运输的发展一直落后于航空旅客运输，在航空客货运输周转量中，货物运输周转量所占的比例很小。在传统的航空公司经营思想中，一直存在着航空货物运输是航空运输配角的观念。但是从 20 世纪末期，航空旅客运输就开始了长时间的停滞不前，而航空货物运输却以一定的速度稳定地增长着，目前货物运输已经成为航空运输业的一个新的经济增长点。

适应形势的变化，业内人士已经意识到航空货物运输的重要性，逐步抛弃航空货物运输是配角的过时观念。在实际中，货运航空公司数量增多，规模发展很快，许多大型客货兼营的航空公司开始重视货物运输，并在机构设置、机型选择、收益核算等方面赋予货运应有的战略地位；一些航空公司甚至逐步实行客货运输的分类，成立专门的货运航空公司。

2. 计算机网络信息系统广泛应用于航空货运

适应现代经济信息化、自动化和智能化的要求，现代航空货运业也广泛地运用电子信息技术。意大利航空公司在 20 世纪 70 年代启用货运计算机系统后，世界各大航空公司纷纷采用该项先进技术加强对货物运输流程的管理。

目前，货运计算机系统已经发展成为囊括航空公司、机场、货运代理人、陆地运输公司各个方面，由所有相关单位共同使用的全球货运电子追踪和信息交换系统，以及电子空运单和电子结算网络，为各个航空公司和货运代理公司等广泛提供市场调研、市场预测、舱位预订、运力安排、经营绩效统计、货物流转跟踪信息，以及货损货差处理、财务结算等服务。例如，美国西北航空公司开发的"红衣鸟"货运计算机网络连接了全美国数百家货运代理人和上千家货主。汉莎航空公司、法国航空公司、日本航空公司和中国香港国泰航空公司和法兰克福机场建立的全球计算机货运系统能够把欧洲、亚洲、非洲、大洋洲都连接起来，为其提供货物信息、舱位预订、信息跟踪和结算服务。

3. 合作经营已成为航空货运公司经营的普遍形式

伴随着经济全球化的发展趋势，航空承运人越来越趋向于提供全球货运服务，为此，合作经营已成为航空货运公司经营的普遍形式。目前，航空货运间合作经营主要有以下几种形式。

一是按《统一国际航空运输某些规则的公约》的规定，航空公司间实行跨国联合运输，这是最普遍的形式。

二是按航空公司间签订的货运合作协议或航空货运代码协议，实行跨国合作运输，形成环球货运服务网络。

三是国际多式联运，航空公司与相关国家的地面运输公司签订协议，由其承担空运货物到达后的地面运输和派送，从而在航空始发地向货主签发直达目的地的空运单。

四是指随着空运全球化的推进，航空公司结构发生重大变革，如航空公司参股投资。一些航空公司在世界各地修建货运设施，与其他航空公司进行合资或互相参股，甚至实施兼并收购。为了使航空货运业务能以最快的速度和最少的投资覆盖全球，航空货运联盟的出现使合作经营进入新阶段。这些主要联盟有汉莎航空公司、北欧航空公司、新加坡航空公司组成的航空货运联盟；法国航空公司、达美航空公司、墨西哥航空公司、大韩航空公司组成的天合联盟将客运扩大到货运。联盟的特点表现为拥有统一的服务标准，航线网络实现互补，通过合作可将所有联盟成员的货运运送到世界各个城市。

4. 航空货物运输进军快递市场和邮件运输市场

快速传递信息，加快包裹货物运送速度，是经济发展的普遍要求。根据相关预测，未来一段时间全球航空货物运输的年增长率为6%，而全球航空快件运输的年增长率将达到15%。快件运输的绝对量也在货运总量中占越来越大的比例。1993年，美国的快递运量约站货运总量的44.8%，快递收入占货运总收入的77.6%，快件运输数占货物运输总件数的74.7%。航空快递正成为货运中发展最快和效益最佳的业务。为此，航空公司很快调整了经营方式，进入快递市场，把航空货运和快递业务有机结合起来，获得了更好的效益。

按照传统做法，邮政由国家垄断经营，航空公司进行邮件运输必须以国家邮政部门为对象，而不能直接从事由社会收取邮件的经营活动。目前，在一些国家，邮政业和航空货物运输业出现了融合的趋势：有些邮政部门开始拥有自己的邮运飞机；有的国家成立了专门的经营邮政业务的航空公司；有的邮政部门直接与专业的航空公司进行联营。这说明航空货物运输已经进入邮件运输市场。

二、我国航空货运的发展

（一）我国航空货运的发展历程

我国航空货运业起步较晚，大概可以分为以下几个阶段。

1）起步阶段：20世纪20年代初至1949年

在我国，航空货物运输应该说是一个新兴的行业。1918年，我国才开始有了民航运输活动。此时期，我国曾先后与美国泛美航空公司、德国汉莎航空公司、苏联民航管理处等合资设立了中国、欧亚、中苏等航空公司，以及多家国内航空公司。到1949年时，形成了中国航空公司和中央航空公司两家规模较大的航空公司。但是，由于战争的影响，两个航空公司的飞机并不多，运输业务量也非常少。

2）缓慢发展阶段：1949年至改革开放前

真正的民用航空运输活动是在新中国成立之后才开始的。1949年11月9日，两航员工在香港起义正式归我国所有，奠定了新中国民航事业的基础。1950年，我国与苏联合作，开始办理航空运输业务。由于体制的原因，航空运输业的发展整体发展比较有限。

3）迅速发展阶段：改革开放后至20世纪90年代末

随着20世纪80年代我国改革开放政策的实施，民航系统的改革也全面铺开，航空运输业取得飞速发展。1980年，全国所有民航运输机总共130架左右，而且多是苏制小型运输机；全年旅客周转量39.6亿客公里，货运邮件周转量1.4吨公里，分别占全国总运输周转量的1.7%和0.01%，在国际民用航空组织的排位为第35位。1996年，我国已拥有443

架飞机（其中大部分是 B747、B767、A310、A340 等大中型飞机），国内国际航线共 876 条。据国际民用航空组织当年的统计显示，中国航空运输总量已达到 80.61 吨公里，排位也从以前的位列全世界的 30 位上升到前 10 位，一跃而成为世界航空大国。

　　4）中国航空货运业逐步走向世界：2000 年至今

　　随着中国加入 WTO（Word Trade Organization，世界贸易组织）我国的航空货邮运量一直以 10% 左右的速度稳步增长，航空货物运输总量也在不断增加。2000 年，完成货邮周转量 50.3 亿吨公里，在全世界排名第九位。截至 2003 年年底，全行业在册运输飞机总数为 661 架，其中货机 18 架、业载能力 1080 吨。据相关数据推算，这 643 架客机腹舱总吨位约为 3700 吨。

　　根据中国民航局公布的数据，2013 年，中国民航完成航空运输总周转量 672 亿吨公里，其中货邮周转量 170 亿吨公里，与 1990 年相比，年均增长近 15%。1990～2010 年，货运周转量年均增长 16.7%。2010～2013 年，货运周转量年均增长 −1.5%。在货运周转量中，国际航线占 64.1%，国内航线占 35.9%。在当年货运周转量中，101 架货机完成 85.2 亿吨公里，占 50%。另外，50% 由客机腹舱运输。7 家货运航空公司完成 62.3 亿吨公里，占 36.6%。当年，中国 193 座机场完成货邮吞吐量 1258.5 万吨，排名前 10 位的机场完成数占 72.9%。其中，北京、上海、广州、深圳 4 座城市 5 座机场完成数占 59%，上海两场完成数占 26.7%。

　　1950～2013 年中国货运周转量见图 6-3。

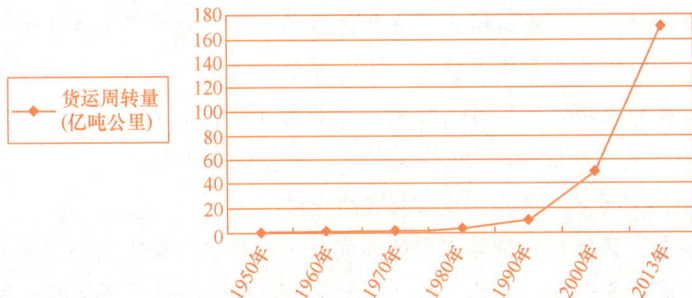

图 6-3　1950～2013 年中国货运周转量

资料链接 6-1

武汉机场加快国际业务营销　构建货运枢纽

　　为加快航空物流发展，助力武汉机场"门户＋枢纽"的战略目标实现，在面临郑州、长沙等口岸机场激烈竞争的大环境下，武汉机场货站将现有国际货运数据进行细致分析、加强大客户的有效管理，在细分市场上发掘货源、优化流程，努力做好国际市场营销工作。2013 年 1～10 月，扣除友和道通公司航空公司航班取消的影响，国际航空货量同比增长达 20%。

1. 全盘分析国际市场数据，深入挖掘航空货运市场潜力

2012年武汉机场货站数据显示：需要进行危险品鉴定的货物（包括出口电子零部件和化工产品）属于危险品，占出港国际货物的比例比较高，而在这些产品中锂电池产品占近9成；2012年4月才开航的武汉—巴黎航班的进口三文鱼占进口数额较大；空空转运货物，主要是贵州转关武汉的通过国航运输至澳门的茅台酒，广州转关武汉通过法国航空公司运输至巴黎的服装，有近3吨货量。

通过对2012年货运数据的详细分析，机场货站通过座谈、走访的方式密切联系企业和货运代理客户，针对性解决货物发运上的难题。例如，武汉富士康公司作为锂电池货物的最大客户，货站通过拜访了解到其在鉴定检测上所花费的时间和费用成本较大，在与安检站的密切配合下，简化了机场收运其安装在机箱及主板中纽扣式电池安检程序，为该客户每年节省了数万元检测费用并节省了时间成本，2013年1~10月该产品同比增加10%。

针对三文鱼进口产品，由于海关周末为休息时间不能清关，法国航空公司周六航班始终不能承运该产品，限制了运输量，在货站与货主的共同探讨下，货站给予周末冷藏仓储收费的特惠，吸引货主周末使用货站冷库存储至周一清关，采取该举措后，2013年三文鱼进港同比增长2倍。

针对空空转运产品，货站制定了全新的服务流程，免除了国内转国际仓库的操作收费并提供免费的转关文件处理服务，2013年该流程启用以来已处理十余票空空转运货物，通过数据和市场调研发现，冷藏冷冻货物在武汉的7~9月进口需求较为旺盛，因此2013年对于大宗冷藏冷冻货物货站给予了一些政策优惠。

2. 做好大客户管理，圆满完成货运包机保障

2013年年初，武汉机场货站在了解到武汉新芯集成电路有限公司将进口精密仪器设备，但由于该设备价值过亿元，客户对于货站原有的旧升降平台车的避震能力不放心，已经准备由洛杉矶飞赴上海机场后再通过高精度气垫车转武汉。为不丢失此次包机业务，货站密切与湖北机场集团相关部门保持联系，确保2013年已新购置的35吨升降平台车能在包机执行前到汉且调试到位。同时，货站及时向客户报送购置进展、制定保障预案，增强了客户信心，最终促使这次包机圆满飞往武汉。

联想武汉公司2013年年底开始试产，在8月初货站与同航空公司一同拜访了客户，了解了客户对于服务的要求，并一直保持着沟通和联络。11月2日第一票联想微计算机机箱由机场货站出发"乘坐"中华航空公司的航班飞往迈阿密，其良好的服务得到了客户的好评。

3. 发挥货站平台作用，与客户实现"双赢"发展

为加强与客户的沟通，武汉机场货站组建了"武汉机场航空货运"群，将企业客

户、各航空公司及货运代理均邀请入群，分享行业信息、每月的货站的整体数据、加强安全教育和业务沟通，凸显了机场货站的平台功能，为客户拓展市场、培训员工、畅通沟通渠道提供了有力的支持。

随着联想、东风雷洛、通用汽车、中德武汉工业园等系列项目纷纷落户湖北，在湖北机场集团公司的指导下，武汉机场货站积极与政府、武汉海关就电子舱单传输、联检单位"5＋2"工作模式、国际水果进境口岸的建设和发展驻场危险品鉴定机构等问题进行沟通，可以预见，不久的将来，武汉机场货运业务将朝着与构建"枢纽＋门户"的战略目标协同发展的方向前进。

(资料来源：http://www.caac.com.cn/news/7542.html.)

(二) 我国航空货运发展存在的主要问题

我国航空货运发展存在的主要问题表现为以下几个方面。

1. 总量与世界民航相比差距大

从世界航空货邮运输的绝对量来看，我国所占的比例仍然很小，距离航空强国的目标还有很长的路要走。据国际民用航空组织统计，2013 年，在国际航线上美国完成 217 亿吨公里货物运输，阿联酋完成 139 亿吨公里，韩国完成 117 亿吨公里，中国完成 104 亿吨公里。由此可见，尽管中国货邮总周转量居世界第 2 位，但是国际航线位居第 4 位，甚至排在阿联酋和韩国之后。扣除在国际航线的运输量后，我国国内航线实际只有 56 亿吨公里周转量。当年，我国的全货机数量仅有 101 架，其中 70 架为窄体机型。而相对于美国 800 架大型全货机而言，我国全货机架数还不及它的 12%，运输能力则不及其 10%。

2. 航空货运能力不大，载运率较低

尽管近年来我国机队规模扩张较快，全货机数量也有了明显增加，但目前航空货运仍以客机腹舱载运为主，货机为辅。由于专用货机太少，航空货运过分依赖于客运，难以与货运的增长需求同步，越来越不能适应客户对于航空货运服务在速度、可靠性等方面的要求。

3. 企业竞争力差，外航在国际及港澳线占绝对优势

我国民航的国际航空货运主要由中国国际航空公司、东方航空公司、南方航空公司三家企业经营，由于多方面的原因，企业竞争力差，而外国航空公司力量强、经营灵活，使我国航空公司国际货运市场份额逐年缩小。

从货运质量上看，我国民航国际货运以纺织制品、玩具、工业制成品等传统工业制品为主，国外航空公司运输的多以高附加值、运输价格承受力强的快件、电子电器、生物医药等为主。目前我国民航 80%～90% 的航空快件被跨国快递公司和航空公司垄断，由此导致境外航空公司国际航线收入远高于我国民航公司。

4. 货运代理企业规模小，急需整合

一定运力的投入必须以一定的货运代理网络的建立和运营为前提。在各国的航空货运市场上，都活跃着一大批的货运代理人为航空公司和货主提供中介服务。

从 20 世纪 80 年代开始，我国大力发展航空销售代理人，打破了以前由中国对外贸易运输总公司（中外运）一家垄断国际货运代理包括航空货运代理的局面，80 年代中期，出现了 50 多家专业航空货运代理公司。目前作为航空运输辅助服务的近 3 万家代理公司中，有相当一部分属于专门的航空货运代理或者开设航空货运代理服务。

我国的国际货运代理在数量上很多，并且发展速度很快，但由于种种原因，没有一家在全世界建有网络，拥有自己的仓库、自己的车队、自己的计算机系统、自己的员工。而日本的日通公司，在全世界的大城市都设有几万平方米的仓库，仅在美国的员工就达几万人，完全靠自己的员工进行全球业务操作。按照承诺，从 2005 年 12 月 11 日开始，外商即可成立独资货代企业。目前，随着货代市场对内对外开放步伐的加快及物流业的发展，货代市场将面临着重大的分化和整合。

5. 我国航空货运在各种运输方式间竞争乏力

在除管道运输的四种运输方式中，公路承担的货邮行运输量占首位，约占 75%，铁路居第二位，约占 12%，民航所占比例较小，约占 0.01%；货邮行周转量水运居第一位，约占 55%，铁路居第二位，约占 30%，民航居第四位，约占 0.1%。

随着我国公路技术等级的逐步提高，特别是一批高等级公路的建成通车，公路运输的速度和质量有了很大提高，在综合运输体系中所占的比例不断提高。铁路运输系统经过多次的调图提速，同时有的铁路局（公司）已实行客货分离，成立货运企业经营铁路货运和快件运输，有的还开设冷柜车厢，增强了其竞争力。而我国民航货运在服务质量、时限等方面没有多大改进。例如，昆明—广州，铁路只需要花两天时间，运价却比空运的一半还要低，从而抢走了空运的大部分货源；广州—北京，冷柜火车运输每立方米 100 元，一天半内可到达，公路运输三天到达，每公斤货物收费 0.3 元。在这种情况下，航空货运由于运费高及安全检查、运输环节等诸多方面的原因，难以有竞争力。

空运方式在发达国家的国家货运中的优势地位已成为不争的事实。航空运输最初在日本国际货物运输中出现是 20 世纪 60 年代后期把鱼苗及海鲜等海运货物从海运部门发展而来开始，并在其后继续发生。20 世纪 80 年代以来，在海运占绝对优势的情况下，集装箱专用船舶运输业和航空运输可以说是属于共存共荣、相互补充的关系。而 90 年代之后情况有所改变，从成品和半成品的出口贸易额来分析，1992 年集装箱专用船舶运输业所占的比

例超过 50%，2000 年却下降到 35%；而同一时期的航空运输业则从 17% 上升到 42%。空运贸易运输在总的贸易额里所占比例日趋增长，在其他先进工业国家的出口货物运输方式的偏好中也出现了同样的状况。海洋运输在我国国际货物运输中仍占有绝对的地位，原因固然是多方面的，但我国航空货源相对而言发展缓慢、竞争力低也是其中重要的原因。

第三节　航空货运营销策略

一、航空货运营销的概念、活动过程与构成

（一）航空货运营销的概念

航空货运营销是指航空公司或者企业开展的创造性的适应动态变化着的航空货运市场的活动，以及由这些活动综合形成的航空货运产品、服务和信息从航空货运公司流向货主的管理过程。航空货运营销系统就是参与实现航空货运营销的各有关方面构成的相互联系、相互影响、相互制约的有机整体。

航空货运营销是市场营销的一个重要分支。航空货运营销是通过航空货运市场实现商品或服务交换，满足现实的或者潜在的航空货运需求的综合性的经营销售活动过程。在这个概念中，可以看到航空货运营销市场蕴含着以下几层含义。

（1）航空货运营销的目的是满足消费者对航空货运产品和劳务的需求。明确了企业应以需求为导向、以市场为导向，取代计划经济体制下的以企业为导向、以生产为导向的观念，需求变被动为主动，成为左右航空货运公司一切经营活动的出发点。企业只有通过市场了解消费者对航空货运产品和劳务的需要，才能适时满足他们的需求。

（2）作为市场营销目的的需求，既包括现实需求也包括潜在需求。现实需求是已经存在的市场需求，它表现为消费者既有欲望又具有一定的购买力，并通过实际购买行为来满足需求，形成现实市场；潜在需求是指消费者对市场上现实不存在的产品或劳务的强烈需求，随着科学技术的发展和人民消费水平的提高，潜在需求的层次和内容将不断变化，善于发现和了解市场的潜在需求是航空货运市场的重要任务，也是企业的机会所在。一个有战略眼光的经营者不仅应该积极满足消费者现实的需求，实现商品交换，更应该着眼于潜在需求，针对需求的紧迫性结合企业的条件，果断决策，锐意开发新产品，并积极引导消费者购买使用新产品，将顾客的潜在需求转化为现实需求。

（3）航空货运营销的核心是实现产品或劳务的交换，完成销售活动，因此企业的一切营销活动、营销策略必须紧紧围绕交换来展开，通过交换的顺利进行来实现企业产品或劳务的价值和再生产的良性循环。

（4）航空货运营销的手段是开展综合性的营销活动，即整体营销，要求企业既进行外部市场营销，又进行内部市场营销。在外部营销上应尽量把产品策略、定价策略、销售渠道策略、促销策略等四大要素在时间与空间上协调一致，实现最佳的营销组合，以达到综合最优的效果。同时企业内部其他部门均应在增进企业整体利益的前提下积极配合营销

部门争取顾客，很好地服务于顾客，强化全局营销意识，提高全员营销水平，以实现整体营销。

航空货运营销这个概念是从航空货运企业的实践中概括出来的，因此其含义并不是一成不变的，它将随着航空货运市场营销活动的发展而更加丰富、更加系统。

航空货运营销还可以进一步从微观和宏观两个角度予以区分。微观的航空货运市场营销的出发点是独立的航空公司，它是指航空公司如何通过市场媒介获得最大的经济效益的各种营销活动。宏观的航空货运营销的出发点是整个航空货运行业，它是通过航空货运市场的流通和系统的、有序的运作，以实现全社会范围内的航空货运市场供需平衡。

在上面的论述中，可以看出，航空货运营销就是航空公司为适应和满足消费者的需求，以市场为导向，正确组织产品的生产，适应不断变化的市场需求，合理组织产品或服务的供应和销售，实现航空公司的经济效益和社会效益而进行的经营活动整体过程，其内容包括航空货运市场调查、市场细分、预测、决策、市场营销组合等活动。

（二）航空货运营销的活动过程

市场营销管理过程就是分析营销机会—研究、选择目标市场—制定营销战略—计划营销方案—实施和控制营销计划。

1. 分析营销机会

公司管理部门首先要分析市场上的各种营销机会。为了辨认和评价这些机会，公司首先要建立和操作一个高效的市场营销信息系统。该系统应包括一个使用者导向的内部报告系统、一个灵敏的营销情报系统、一个提供某些特定课题信息的营销调研系统和一个智能化的营销决策支持系统。

此外，公司管理部门还要收集、研究与市场营销环境有关的信息，如直接环境，包括企业、供应商、营销中介、目标顾客、竞争者和公众；间接环境，包括自然环境、人口环境、经济环境、科技环境、政治法律环境和社会文化环境。

最后，管理部门需要顾及目前的需求，并能够预测未来的需求，以确定面临的营销机会是否足够大及未来的成长是否够快。

2. 研究、选择目标市场

现代营销的主流是目标市场营销。采用目标市场营销的公司需要把市场划分为若干细分市场，并对这些细分市场分别进行评价，从中选择和瞄准公司能为其提供最好服务的若干目标市场。公司不需要进行准确的市场定位，而是使目标市场成为真正的目标市场，使自己与竞争对手区别开。

3. 制定营销战略

公司管理部门需要制订市场营销计划，因为公司必须用有计划的办法来对待市场。一份完整的营销计划应包括计划摘要、营销现状分析、机会和问题分析、目标、营销战略、行动方案、预期损益和营销控制。

营销计划中最重要的是营销战略。制定营销战略首先要确定企业任务，其次要规定企业目标，最后要设计业务组合。管理者要分析现有业务组合；决定对哪些业务进行追加、维持、收缩或淘汰，还要为业务组合增添新业务发展战略。

4．计划营销方案

营销战略必须转化为营销方案，这需要在营销组合、营销资源分配上做出基本决策，管理者要管理产品和产品组合，要决定品牌、包装和服务，要制定价格和对价格进行变动，要建立和管理营销渠道，要开发和管理整合营销传播，还要设计和组织国际市场营销。这些决策使粗线条的战略变得可以操作。

5．实施和控制营销计划

市场营销过程的最后一个环节是组织营销资源及执行和控制营销计划。管理者要将营销计划付诸实施，使其转化为任务和行动，以实现企业的使命和目标。在这个过程中，管理者要对企业的整体效益和行动方式进行考核评价，及时纠正偏差，确保营销计划的有效实施。

货运营销的活动过程见图6-4。

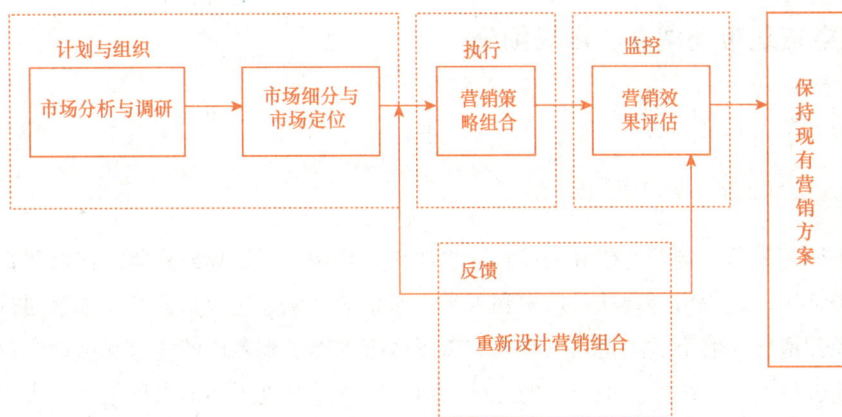

图 6-4　货运营销的活动过程

（三）航空货运营销组合的构成

航空货运营销的构成因素很多，大体上可分为可控因素和非可控因素两大类。可控因素是指航空公司为实现市场营销目标，针对不同的市场环境所采取的能满足目标市场需求的营销手段。非可控因素即市场环境，是指航空公司不能完全控制或者完全不能控制的环境因素。通过对企业可控因素的研究，美国哈佛大学教授鲍敦于1964年首先提出了营销组合的概念，很快为美国市场学界和企业界所接受并在世界各国及各个领域得到广泛应用。

所谓航空货运营销组合是指航空公司可以控制的各种营销手段的综合运用。市场营销组合中包含的营销手段很多，为了便于分析运用人们曾经提出的多种分类方法，其中以美国营销学家麦卡锡提出的 4P 组合最具代表性。

产品、价格、渠道、促销是航空货运营销可控的四大因素，也是企业市场营销的四个重要手段，它们彼此不可分离，而是相互依存、相互影响、相互制约的。虽然每一个基本策略都很重要，但在开始市场营销活动时，若只孤立地考虑某一策略，并不能保证营销目标的顺利实现。只有充分认识到市场营销组合概念中"组合"的重要性，对它们进行综合规划、统筹安排、优化组合，使之密切配合，才能取得良好的整体营销效果。

一个以市场导向为营销指导思想的航空公司领导人的任务就是有效地设计和实践多种市场营销因素的最佳组合。从这个意义上讲，他们既是决策者又是"艺术家"，他们像优秀的建筑师一样，把各个不相干的砖瓦、灰砂、钢材等建筑材料，经过不同的组合，构成一座精美的建筑。市场营销组合的实质是系统思想在市场营销活动中的具体体现和运用，它使经营者能够在企业的整体战略方针的指导下运用市场营销组合策略，有效地组织与协调航空公司的生产、技术、财务、销售、人事等各个部门的工作，以达到多种营销手段的最佳组合，并在营销实践中产生一种强有力的追踪和效果，以最终实现企业经营成果的最优化。

二、航空货运市场调查、市场细分

（一）航空货运市场调查

1. 航空货运市场调查的内涵及功能

市场调查就是市场调查研究的简称，也叫作市场调研、市场研究等。市场调查就是指了解市场情况，认识市场现状、历史和未来，对企业来说，还包括调查并了解同行业其他企业的经营情况。航空货运企业只有通过市场调查才能了解客户的需求和房地产市场的变化，才能进行有效的决策。由于市场经济、市场营销始终处于不断发展之中，市场调查也随之不断发展。

航空货运市场调查是现代市场经济的必然要求。在当代，生产社会化和专业化程度不断提高，商品交换范围不断扩大，生产、消费对市场的依赖性越来越大，而市场变化也越来越迅速。只有通过航空货运市场调查，才能顺应市场发展规律，使航空货运企业的经营活动立于不败之地。航空货运市场调查既是航空货运公司整体活动的起点，又贯穿于企业整体营销活动的始终。我国航空货运市场虽然开放时间不长，但升降起落变化万千，实践已经充分证明，航空货运市场调查对帮助航空货运公司做出正确的决策有着极为重要的作用，具体表现为以下几个方面。

一是市场调查有助于航空货运公司确定正确的发展方向。通过市场调查可以了解市场的现状与变化趋势，如市场需要什么样的产品、不需要什么样的产品，各类产品资源供需情况，国内市场与国际市场衔接状况，竞争对手活动意向等，从而确定企业今后的经营方向，在错综复杂的市场现象中探求到企业生存和发展的立足点。

二是市场调查有助于航空货运公司适时进行产品更新换代。航空货运产品同其他各类产品一样，有着其特定的市场生命周期。通过市场调查，能随时掌握企业的产品处于市场生命周期的哪一阶段，从而及时确定正确的产品策略；哪些尚有生命力的老产品继续经营，哪些过时的产品予以淘汰，及时开发新产品，抢占新市场。

三是市场调查有助于航空货运公司制订科学的销售计划和生产计划。通过市场调查，企业能比较准确地掌握市场供求状况，据此制订销售计划；并依据销售计划制订年度、季度及月度生产计划。一旦销售计划和生产计划确定后，还可以根据产品原材料的供应条件和备办时间，制订出企业的采购计划。准确的市场调查资料还可以大大节省流动资金。

四是市场调查有助于航空货运公司实施正确的价格策略，促进商品销售。航空货运产品价格虽然有其特殊性，但它并不完全取决于航空货运发生的成本，还依赖于市场供求状况和竞争策略等多种市场因素。市场调查可以帮助企业依据消费者的需求及心理承受能力，抓住机遇，确定可行的市场价格，有针对性地开展各种促销活动，从而保证销售活动。

五是市场调查有助于航空货运公司改善经营管理，提高经济效益。航空货运公司只有在市场调查上下功夫，才能依据市场的需求，提高企业经营管理水平，促进企业经营效益的提高。

六是市场调查有助于制定正确的宏观经济政策。任何一项正确的经济政策，都必须来源于对特定条件下客观经济情况的正确认识和对经济规律的自觉运用。市场调查可以从质和量的结合上，把握一定时期内的市场商品供需情况及其发展变化的趋势。国家宏观决策和年度计划正式建立在协调市场产品数量关系、促进供求平衡的基础上。航空货运公司的经营战略和发展方向只有符合国家宏观经济决策，才会有充分发展的余地和前途。

2. 航空货运市场调查的一般内容

1) 航空货运市场供给调查

航空货运市场供给调查主要包括以下三个方面。

一是调查国内外航空货运市场的供给总量、总体结构、供给变化趋势、市场占有率；航空货运市场的销售状况与销售潜力；航空货运市场的市场生命周期；航空货运市场供给的充足程度；航空货运公司的种类和数量，是否存在市场空虚；有关同类航空货运企业的生产经营成本、价格、利润的比较；整个航空货运产品价格水平的现状和趋势，最适合于客户接受的价格策略；产品定价及价格变动幅度等。

二是调查客户对航空货运产品功能、服务的意见及对某种航空货运产品的接受程度。

三是调查新技术、新产品、新工艺的出现及其在航空货运产品上的应用情况。

2）航空货运市场需求调查

航空货运市场需求调查包括以下三个方面。

一是航空货运消费者调查。航空货运消费者调查也就是市场容量调查，主要是调研航空货运消费者的数量及其构成，主要包括：消费者对某类航空货运产品的总需求量及其饱和点、市场需求发展趋势；航空货运市场现实与潜在的消费者的数量与结构；消费者的经济来源和经济收入水平；消费者的实际支付能力；消费者对航空货运产品的质量、价格、服务等方面的要求和意见等。

二是航空货运消费动机调查。航空货运消费动机就是为了满足一定的需要，而引起人们购买航空货运产品的愿望和意念。航空货运消费动机是激励航空货运市场消费者产生航空货运消费行为的内在原因。主要包括消费者的购买意向、影响消费者购买动机的因素、消费者购买动机的类型等。

三是航空货运消费行为调查。航空货运消费行为是航空货运消费者在实际消费过程中的具体表现。航空货运消费行为的调查就是对航空货运消费者购买模式和习惯的调查，主要调查：消费者购买航空货运产品的种类及数量；消费者对本企业航空货运产品的信赖程度和印象；航空货运产品购买行为的主要决策者和影响者的状况等。

3）航空货运市场竞争情况调查

航空货运市场竞争情况调查对于航空货运公司制定市场营销策略有着重要作用。航空货运市场竞争情况的调查主要包括调查航空货运竞争企业和竞争产品两个方面的内容。

对竞争企业的调查主要包括：竞争企业的数量、规模、实力状况；竞争企业的生产能力、技术装备水平和社会信誉；竞争企业所采用的市场营销策略和竞争企业新产品的开发情况；对航空货运企业未来市场竞争情况的分析、预测等。

对竞争产品的调查主要包括：竞争产品的市场占有率；消费者对竞争产品的态度和接受情况等；竞争产品的市场定价和消费者对竞争产品定价的反应。

4）航空货运价格调查

航空货运价格的高低对航空货运企业的市场销售和盈利有着直接的关系，积极开展航空货运价格的调查，对企业进行正确的市场价格定位具有重要的作用，价格调查内容包括：一是影响航空货运价格变化的因素，特别是国家价格政策对航空货运产品定价的影响；二是航空货运市场供求情况的变化趋势；三是航空货运产品价格需求弹性和供给弹性的大小；四是航空货运企业不同的价格策略和定价方法对航空货运销售量的影响；五是国际、国内相关航空货运市场的价格；六是航空货运企业所在城市或地区的市场价格。

（二）航空货运市场细分

对市场进行细分必须有一定的标准，使各个细分市场之间差异明确而且便于衡量，因此，确定细分的标准就成为市场细分化的重要条件。航空货运市场的购买者是货物的托运人，即货主。那么航空货运市场的细分标准则应以货主为基础，根据货主需求的差异制定出各个具体项目，航空货运市场可以按照以下几类标准细分。

1. 按货主追求的利益细分

不同的货主对运输企业所提供的诸方面服务要求不一，有的货主追求运输价格的低廉，有的追求运输质量高、服务周到或运送速度快等。在货运市场上，用户追求利益的复杂性还在于同一用户在不同时期或不同货种运输上追求的利益不同例如，有的用户一般情况下要求运价低廉，而在原材料供应紧张或产品抢占市场时则会追求运送速度快。

航空货运市场按照货主追求的利益可以划分为普通航空货运和航空快递两个市场，见图 6-5。

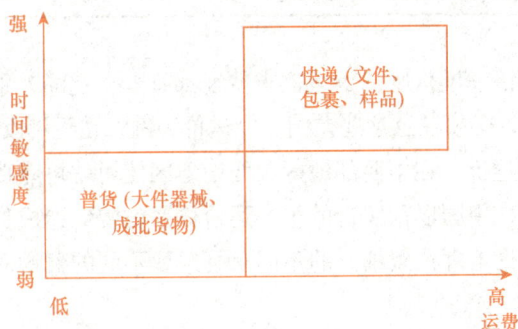

图 6-5　按货主追求利益的航空货运市场细分

一般来说，采用普通航空货运的货主对货运时间要求较为宽松，多为 2～7 天，大多数情况下只需要承运人提供门到机场（D—A）/机场到门（A—D）运输服务，由货主自己或托运人完成其他过程的运输，这也是航空货运业中需求最多的部分。

航空快递是航空货运中一个新的分支，其时效要求更高一些，一般不超过 48 小时就必须将货送到，并且需要货运企业提供一站式即门对门（D—D）的运输服务，把货物由指定收货处送抵货主特指的终点。由于运输的货物多为重要的文件、黄金首饰及产品样品，并多为单件包裹，因此在整个运输过程中必须高度保证货物的安全性，这使得航空快递的运价比普通货运高出许多。

2. 按地理位置细分

运输企业必须了解货主的地理分布。虽然任何地方都有运输需求，但由于各地区的经济发展、生产力水平及产业结构、资源优势等有很大差别，因此从运输总量到运输对象的结构都不同。运输企业必须了解用户的地理分布，以便决定将本企业的运力投入某一个或几个细分市场上。

航空货运必须有机场作为依托，而拥有机场的城市往往对周边地区的经济发展起着一定的辐射作用，因此可以将空港城市较为密集的城市群落划分为经济区域，再根据各经济区域的地理特性对市场进行细分。以我国国内市场为例，通常将其划分为五个经济区域，各个区域的特征见表 6-1。

表 6-1　中国航空货运市场细分

经济区域	主要空港城市	货运需求特点
珠江三角洲地区	广州、深圳	珠江三角洲各主要工业城市生产的高新技术产品、服装及鲜活类产品，内地运来中转的国际货
长江三角洲地区	上海、杭州	上海及长江三角洲地区苏州、无锡等城市的电子产品、汽车零配件、服装等产品
环渤海经济区	北京、天津	北部地区的重要工业如长春的汽车产业、天津的电子通信产业等构成的零配件或成品运输需求
中西部地区	成都、武汉	以土特产品为主，也有一部分周边地区工业发展所需的配件、原材料运输需求
西南地区	昆明、厦门	以鲜花、水产品等鲜活类货品为主的运输需求

　　由于每个区域的经济发展水平、货运需求特征都有着一定的差别，航空货运公司在每个区域进行营销活动时，必须注意这些差别。以运价为例，在经济发达地区如长江三角洲、珠江三角洲地区制订的运价，在中西部地区或西南地区使用就可能造成当地货主因为运价高而转投其他运输方式，中国以前实行的统一运价体系就曾经造成货运航班满载飞往、空舱飞回的现象。因此根据地理位置细分的不同市场采取不同的营销对策，是航空货运企业必须要实行的。

　　从微观上来看，如果将航线网看作企业的市场，则每一条航线就是一个细分的市场。这是因为每一条航线上，货物要从始发地运到目的地的需求是一致的，具有同质性，航空公司要对各条航线的需求量和各航空公司投入运力的总量做细致的定量分析研究，以获得市场的先机。

3. 按运输距离细分

　　航空货运的运输距离比较长，一般在 500 公里以上，运输距离上的差别主要体现在货物是进行国内运输还是国际运输。国内运输的货物在上飞机前一般只要经过普通的安检手续即可，而国际货物则需要经过报关、检验检疫等较为复杂的手续，这些手续有可能需要由货运代理或承运商代办完成。此外，由于性质上的差别，国际货物的运价要比国内货物的运价高，这也使得货主对从事国际货运的企业的服务要求更高。

　　由于国际航线的不成熟，中国国内的大部分国际货运市场被外航企业所占领，而且国际货物大多需要通过我国香港机场中转，使得货物运输过程中的装卸次数增多，降低了运输的安全性，这些是货主不太情愿接受的。国内的航空公司已经开始重视这一市场，南方航空公司就在深圳机场投入了两架 747-400 型全货机，专营北美和欧洲的国际货运航线，市场行情非常好，几乎每一航班都供不应求。这也证明了国际货运的需求是非常大的，国内的航空货运企业应积极开发这一市场。

4. 按货物种类细分

　　按货物种类细分，其实是按货主追求的利益细分市场的深化。因为货主运输的货物不同，则其对运输速度和安全性的要求也就往往不同，对于各类货物，运输企业所提供的联运、仓储、装卸和配载等服务也必然千差万别，航空货运所涉及的货物品类大致包含以下几类。

（1）普通货物。如电子产品、服装、玩具等对运输和仓储基本没有特殊要求的货物，运输批量较大。

（2）贵重货物。如黄金首饰、价值较高的产品样品，企业发票、汇票等，一般批量不大，但对货物的看管要求高，不允许有丢货的失误。

（3）危险货物。如有较强毒性或腐蚀性的化学药品，对人有伤害的活体动物等，在运输过程中对存放方式有较高要求。

（4）鲜活货物。如鲜花、水产品、蔬菜水果及其他的鲜货，除了运输时效要求较高以外，可能需要特殊的冷藏库进行存放。

（5）快件。如企业文件、商业凭证、发票、汇票及产品样品等，对运输时效要求非常高，一般以单件货物为主，运量零星且到站分散，需要专门的服务种类。

根据货物的专业类型和运输需求的细分可以参看图6-1。从图6-1中可以看出航空货运的专业类型及每种类型对应的主要货物种类。企业应该根据自身的条件选择最为适宜的市场进入，特别是一些被忽视或尚未开发的潜在市场，往往能使得航空货运企业寻找到发展的契机。

三、航空货运营销因素组合

（一）产品策略

1. 航空货运产品的构成

航空货运产品是指以提供运输产品为主，带有浓厚服务性色彩的行业。它向社会提供的核心产品不是实物形态的产品，而是一种服务产品，即货物的空间位移，简单地说它是一种行动、过程和表现。

航空货运产品由五个层次构成（图6-6）。在航空货运营销活动中，营销者要了解航空货运产品的五个产品层次。

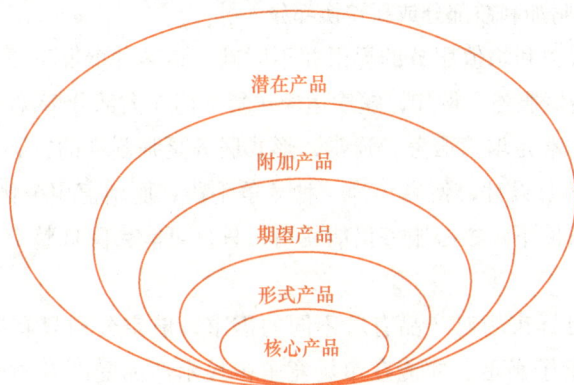

潜在产品
附加产品
期望产品
形式产品
核心产品

图6-6　货运产品的五个层次

1）核心产品

核心产品层次是航空货运产品的第一层次，它是航空公司能够提供给购买者的基本礼仪，是呈现航空货运基本功能的核心内容。航空货运的核心产品是指完成货物的位移。应当说明的是，客户所真正需要购买的并不是产品本身，而是为了满足某种需要，如想获得满意、舒适、事业成就感等。

2）形式产品

航空货运产品的第二层次是航空货运的形式产品或者一般产品层次，它是航空货运在市场上的具体表现形态，即为确保顾客获得核心服务而提供的其他服务，包括服务的快捷性、经济性，以及服务的质量、品牌等。这一类型的服务体现在航空公司的航线与航班的保障能力、地面服务的衔接程度等多个方面。

3）期望产品

航空货运产品的第三层次是航空货运的期望产品层次，即购买者购买产品通常希望得到的一组属性和条件，如安全可靠等。

4）附加产品

航空货运产品的第四层次是航空货运的附加产品层次，这是指为购买者增加的服务和利益，如为顾客提供产品加工、代办保险、实时跟踪、送货上门及临时存储等性质的服务。这一层次的服务通常是物流企业为了突出产品的差异化，使之有别于其他竞争者。尽管附加产品层次在市场中的地位相当重要，但有以下三点航空公司必须注意到。

一是每一个附加利益都会造成成本增加。

二是附加利益有可能马上变成期望利益，使竞争者必须对航空货运寻找进一步的特色和利益，对航空公司来说，这加剧了下一轮竞争的难度。

三是附加利益的增加可能使航空公司在本轮竞争中处于不利地位。因为当航空公司因其附加利益的增加而提高其货运价格时，竞争者可能为了取胜反其道而行之，即在增加同样的附加利益和服务时保持价格不变，甚至降低价格。

5）潜在产品

潜在产品是航空货运产品的第五层次，或称为航空货运产品的潜在层次，是该产品最终可能会实现的全部附加利益部分或新转换部分。

事实上，形式服务和增值服务的界限并不明确，在某种情况下属于形式服务的可能在另一种情况下是增值服务。例如，短途运输送货上门在大部分情况下是一种形式服务，而在长途运输中则一般是增值服务。通常，形式服务是强制性的、必不可少的，因此物流企业都对其进行精心设计，使之作为一种竞争手段；而增值服务则仅仅是竞争手段，在缺乏增值服务的条件下，核心服务仍能使用，只是可能会降低整个服务产品的吸引力和竞争力。

显然，不同的目标市场对产品有着不同的需求，航空公司只有针对目标市场的需求，以相应的产品给予满足，才能在市场竞争中显示产品受顾客钟爱的优势。在航空货运市场供过于求、产品出现滞销的大环境中仍能立于不败之地。同时，随着市场的变化和企业的发展，航空公司还需不断扩展核心产品层次，以拓展目标市场，回避市场风险，增加和改善形体产品的附加产品层次，提高对市场需求的满足程度，加强市场竞争力。

2. 航空货运产品组合策略

产品组合，也称产品品种配备，是营销者销售给客户的一组产品，其包含所有产品系列、产品线和产品品目。产品线又由产品项目构成，即在品牌、规格或价格上有所不同的单个货运服务。

航空货运的产品组合主要是三个关联因素的组合，即航线、运力和服务的组合，航线和运力的状况体现出产品组合的广度，服务的种类和质量体现出产品组合的深度。扩大产品组合的广度，可以使企业在更大的市场领域发挥作用；提高产品组合的深度，可以占领同类产品更多的细分市场。

由于市场的变化，航空公司对航空货运产品进行结构调整时，应根据航空公司的目标，对产品系列的宽度、深度和关联性进行策划。扩大产品系列的宽度，开拓市场，有利于发挥航空公司的潜力；加深产品系列的深度，则能抢占更多的航空货运细分市场；加强产品系列的关联性，可以提高航空公司的市场地位。所以航空货运产品策略得当，可以取得促进销售、增加利润的结果。

但是由于受市场需求的波动、市场竞争条件的影响和航空公司自身实力的限制等三个因素的制约，航空公司对产品系列的宽度、深度和关联性有了不同的选择，产生多种航空货运产品组合方式。

1）航线调整策略

航线调整策略是指航空公司在综合分析各条航线上的市场潜力、市场占有率、盈利能力、公司的竞争优势和市场地位以后，根据自身的战略目标和运力状况，对航线实施的巩固、收缩、微调、扩展等一系列行为的策略。具体如下。

（1）巩固策略。对经营状况良好的航线，不宜多变而应巩固，这样可以提高公司的知名度，并培育顾客的忠诚度。因此，巩固策略应该成为航线调整的第一原则。

（2）收缩策略。当计划期运力小于维持现有航线生产所需的运力时，说明企业生产能力萎缩，只能采取收缩策略。作为权宜之计，企业可以暂时减少航班密度较高的航线上的运力投入以维持整个航线网的运转，等待聚集实力，以恢复航班密度。而当运力萎缩不是暂时现象时，企业只能从销售率低或收支不佳的航线撤退，集中力量巩固效益高的航线以求保存实力。

（3）微调策略。当计划期运力与维持现有航线生产所需运力基本持平时，说明企业的产品组合只能维持现有的规模。航线航班的调整只能在原有规模上进行，调整的幅度也比较小。

（4）扩展策略。即计划期运力大于现有航线所需运力时，在维持现有航线的所需运力的情况下，尚有大量机动运力，此时可以根据公司的战略目标和市场经营状况，采用扩张性战略，开辟新航线，即使他人已经占领的市场也可与之竞争。航线调整的目的就是使各个航空货运公司都形成一个强大有效的航线网络，使其在激烈的市场竞争中能占有一席之地。例如，美国的联邦快递公司最初只是在国内安克雷奇、圣保罗和旧金山等有限的几个城市设立运输基地，经营有限的几条航线，随着业务量的增长，其航线规模不断扩大，目前已经拥有安克雷奇、巴黎和苏比克湾三个国际性转运中心，航线网络遍布全球。

2）运力分配方案

航空货运运力的分配方案对于提高航空货运运力的使用效率、增加航空货运的收益有重要影响。货运营销管理中普遍采取目标管理的方法，即每年根据往年的业务量及业务量增长状况制定来年总的货物运输量和销售收入目标，营销人员在运力控制和根据市场定价上享有自主权。但是这种方式需要花费较长时间来对业务量进行研究，同时难以保证公平性。

3）服务营销策略

当前，航空货运市场已经逐渐开始由卖方市场转向买方市场，购买航空货运产品包含服务的要素——服务业是产品，是航空货运产品结构中的延伸部分。服务策略大致可以分为四类。

（1）服务内容策略。一般航空货运营销把服务内容分为售前服务、售中服务和售后服务。售前服务包含接待、咨询、报价、定价、收款等服务；售中服务包括办理相关手续等服务；售后服务包括地面派送、收货验货等服务。航空货运市场面临激烈的竞争，有特色的、周到的服务往往能吸引社会广泛的认同，成为航空货运产品的卖点。所以必须重视服务内容，为客户提供方便，使服务内容朝多方位、多层次、有特色、有个性的方向发展。

（2）服务水平策略。航空货运业的最大特点就在于其快速、准确的精益服务，改善服务质量最根本的要求就是提高服务的速度，尽全力满足货主对运输时效的需求。但是实际上，航空货物的运输在操作过程中往往会产生众多的瓶颈，对整体服务的质量造成影响。航空货物运输操作的瓶颈一般产生在地面的集运、派送、装卸、检验和空中运输的任何阶段，因此要改善整体运输速度，除了提高航空公司的航班运输效率以外，更重要的是保证地面操作与空中运输之间衔接的紧密程度，实现"无缝隙"的一体化物流方式，以提高整体的操作时效水平。

（3）服务形式策略。采用什么形式向客户提供各式服务，应该进行系统策划与布置。航空运输服务的产品创新可以是产品线的扩展（如开辟新的航线），可以是技术的创新，可以是业务上的重大创新（在快递领域，FedEx是最早在全国范围内实施隔夜包裹传递与计算机服务的公司），或者是形式上的创新（如货车采用新的标志、为人员配备新的制服）等多种形式。总之，不断在服务种类上进行创新，可以形成新的品牌，不断提高企业的知名度与用户信赖程度，从而为企业带来更多的客户。

资料链接 6-2

TSC 主动营销 发展天津航空货运市场

2014 年 8 月 29 日，美国阿特拉斯航空公司专程为天津机场货运公司（简称货运公司）送来一份热情洋溢的感谢信，由衷感谢货运公司为其提供优质高效的服务。

1. 主动营销，争取货包机进津

自 2014 年以来，面对复杂的宏观经济形势，周边机场竞争加剧，货量增长出现持续疲软现状。货运公司在天津机场的支持下，千方百计寻找增长突破口，在广泛开展市场调研和征求意见的基础上，认真研讨公司发展方向，确定把货包机引进作为 2014 年重点工作之一，实现短期内货量快速增长的目标。

为此，货运公司安排专人与天津机场市场部人员负责货运业务的营销和洽谈，并将重点放在货包机的引进上。同时，公司抽调精干人员成立航务业务室专门负责货包机的业务协调。在此后的工作中，公司多次走访货包机公司，积极推介天津市和天津机场优惠政策，以及公司超大货、冷冻冷藏、活体动物、危险品保障经验。目前除代理阿特拉斯航空公司货包机外，还分别与查普曼、航联航空，东方中天、友和道通等国际知名包机公司及包机运营商建立合作联络关系。

2. 打造"一站式"服务，确保货包机安全顺畅

货运公司领导始终强调既要靠诚意把货包机引进来，更要靠优质的服务把货包机留下，让他们愿意在天津飞。

为此，货运公司根据货包机航班的实际需求，提出了"一站式"服务理念，即在原有库房操作、机坪保障之外，扩大服务范围，为阿特拉斯货包机提供集前端提货、报关报检、库房操作、机坪装卸、机组手续及航行情报代办等货包机一条龙服务，打消了阿特拉斯公司负责人的后顾之忧。货运公司接到该公司货包机保障任务后，航务业务室工作人员便积极协调安检、公安、边检、空管等单位，为该公司办理相关业务手续，及时解决困难问题，确保货包机保障的安全顺畅。

由于该公司货包机承运的基本是石油钻井设备，绝大部分属于超大超长货物，与普通货物相比，装载飞机的难度很大。但是，货运公司一线操作人员克服困难，想方设法地根据货物特点制定个性化保障方案：一方面安排专人制定组板方案，利用规范、精湛的技术快速、高效完成；另一方面利用吊车将钻井设备吊至由两辆平台车对接形成的升降平台上，再由两名司机同步操作升降平台，将货物精确地装进飞机货舱。

货运公司由于优质的服务品质、规范的操作流程和工作人员良好的职业素养，最终赢得了阿特拉斯航空公司的青睐和交口称赞。据统计，2014 年以来，阿特拉斯航空公司共执飞天津货包机 15 班，总重量达 1408 吨，全部由货运公司提供地面保障服务。

（资料来源：http://news.hexun.com/2014-09-02/168109577.html.）

（二）价格策略

价格是决定产品和劳务销售的重要因素之一，产品价格策略是否得当，往往直接影响公司产品在市场中的竞争地位和所占市场份额。在企业的营销组合因素中，其他营销因素都要支出费用，而价格是唯一能够增加企业收益的因素，因此价格对于企业收入和利润影响极大，价格策略的制定是企业营销决策中的重要内容。

1. 航空货运定价方法

航空公司制定的价格是否合理，是关系到企业目标能否实现、价格策略成功与否的关键。航空货运定价的方法较多，归纳起来大概可以分为三类：一是成本导向定价法；二是需求导向定价法；三是竞争导向定价法。以下对这三种方法进行介绍。

1）成本导向定价法

航空公司进行货物运输，首先要考虑成本得到补偿，然后考虑获利问题，否则企业就会亏损。成本导向定价法是以成本为基础，再加上一定的利润和税金来确定产品价格的方法。它包括以下三种方法。

（1）成本加成定价法。这是指以成本为中心的传统定价方法。它是以航空货运成本为基础，再加上一定比率的利润和应纳税金来确定其价格的方法。其一般计算公式为

$$价格＝成本＋利润＋税金$$

上述的利润一般以利润率来计算，而利润率有以成本为基数的成本利润率，也有以售价为基数的销售利润率。而税金是以销售收入（售价）为基数的税率来计算的。因此，用于单价的具体计算公式为

$$单价＝\frac{单位成本（1＋成本利润率）}{1－税率}$$

或者

$$单价＝\frac{单位成本}{1－销售利润率－税率}$$

（2）目标成本定价法。这是以期望达到成本目标为目的的一种定价方法。航空公司根据自身实力，在考察航空货运市场营销环境后，分析并测算相关因素，如航空货运市场供求情况和价格变化趋势等对航空货运成本的影响程度，为实现利润目标，而计划未来某一期间的航空货运成本称为目标成本。目标成本加上企业经营者希望获得的目标利润，再加上税金，即为航空货运的价格。其计算公式为

$$单价＝目标成本＋目标利润＋税金\frac{目标成本（1＋目标利润率）}{1－税率}$$

（3）变动成本定价法。这是以航空货运变动成本的数额为基础来确定航空货运价格的定价方法。一般来说，航空公司的销售收入首先补偿变动成本，其次补偿固定成本。当售价减去变动成本的余额大于航空公司货运的固定成本时，企业才有利润。也就是不论价格如何制定，其价格绝不可低于航空货运的变动成本。否则，航空公司无利可图且亏损严重。

为了确保航空公司利润目标的实现，其销售价格一般确定在航空货运的变动成本与固定成本、税金和目标利润率之和的水平上，其最低价格不得低于变动成本与目标利润、税金之和。即

$$售价 \geqslant 变动成本 + 目标利润 + 税金$$

2）需求导向定价法

需求导向定价法是指航空公司在制定货运价格时，主要依据市场需求的大小和消费者对价格的心理反应的不同，来确定货运价格的一种定价方法。在现代市场经济条件下，价格被看作企业为消费者提供的一种选择，只有这种选择与消费者的购买能力、价格心理愿望相一致时，价格才会被消费者所接受，货运交易才会产生。需求导向定价法的特点是灵活有效地运用价格差异，对平均成本相同的货运服务，价格随着市场需求的变化而变化。需求导向定价法主要包括以下四种。

（1）理解价值定价法。这是指从货运消费者对货运价值的理解和感受程度来确定货运价格的一种定价方法。当然，卖方和买方会从不同的角度理解产品价格，卖方从成本费用和应获得利润的角度理解，而买方则从货运的产生价值和市场供求状况等方面来判断货运服务的价值。假若买卖双方的理解相一致时，货运价格很快就被确定；若理解不一致，甚至差距很大，而卖方又无法降低价格时，则航空公司应采取有效的营销措施，进行广告宣传等活动，来突出货运产品的特征及其提供的效用，加深消费者对产品价值的理解程度，使买方提高其愿意支付的价格，最后航空公司才能确定自己产品的价格。

（2）需求差异定价法。这是以需求对象、需求地点、需求时间，特别是需求强度的差异为依据，来进行产品定价的方法。

需求的对象不同，其收入有明显差别，对同一货运服务的价格看法也有差别，因此航空公司可以根据高、中、低不同收入的对象来规定不同的价格。

需求的地点不同，各地消费水平、支出水平不一致，对同一货运服务出价不一样，因此航空公司应区别对待，给予不同的价格优惠。

需求的时间不同，也应有不同的价格，旺季价格应该高些，淡季价格应低些。

需求的强度不同，价格也应有所不同而呈现出差别价格。如果消费者对某一产品有强烈需求，便会马上购买，甚至抢着购买，对此则应制定较高价格，相反应制定较低价格。

（3）最优价格定价法。这是根据买方对货运价格的接受能力和程度，选择一个最佳的价格水准，以便使经营者获得更大的利润。所谓买方对价格的接受程度是指货运价格的高低直接关系到买方对货运服务的购买量。一般来说，价格越高，销售量就越少；价格越低，销售量就越多。

3）竞争导向定价法

竞争导向定价法是以竞争货运产品的价格为基础，来制定本航空公司货运产品价格的一种定价方法。一般有三种情况：一是与竞争货运产品的价格一样；二是高于竞争货运产品的价格；三是低于竞争货运产品的价格。具体可分为以下几种方法。

（1）行情定价法。行情定价法又称随行就市定价法。它是以同行业竞争商品现行的平

均价格水平为基础，再适当考虑本航空公司货运产品的质量、成本等方面的因素，来确定价格的一种定价方法。这种方法定价风险小，因为它的价格随行就市，消费者易于接受。竞争对手能卖出去，本公司也能卖出去；同时，能与竞争对手"和平共处"，避免激烈的价格竞争。

（2）竞争价格定价法。竞争价格定价法是航空公司立足于市场竞争，而对自己的货运产品进行定价的方法。这种定价方法一般为实力雄厚、产品具有特色的大航空公司所采用。这种定价方法一般采用低价，以抢占市场，提高自己产品的市场占有率，甚至排斥或兼并中小企业。实行这种定价方法的航空公司一定要慎重行事，充分分析市场形势、竞争对手的实力和特点，然后确定自己的价格。

（3）招标定价法。招标定价法是通过招标的方式，从两个或两个以上相互竞争的潜在买主中，选择出价高者的定价方法。招标定价的具体形式有以下三种。

一是明标定价。它是由招标者事先公开底标，供投标者参考报价，然后择优成交。

二是暗标定价。它是由招标者事先在公证人的监督下将底标密封保存，开标前绝对保密，开标后以此为依据确定中标者。

三是议标定价。它是由招标者事先报出试探性价格，然后由投标者报价，经过讨价还价，然后择优成交。

（4）拍卖定价法。拍卖定价法是指拍卖方预先展示所出售的商品，在一定的时间和地点，按照一定的规则，由买方公开叫价竞购的定价方法。一般卖方规定一个较低的起价，买主不断抬高价格，一直到没有竞争的最后一个价格，即最高价格时，卖主把现货售给出价最高的买主。

2. 航空货运定价策略

定价策略是航空公司为了在目标市场上实现自己的定价目标，所规定的定价指导思想和定价原则。企业要根据商品本身的情况、市场状况、成本情况、消费构成、消费心理等制定定价策略。故不同的航空货运产品，在不同的时间、不同的地点可采用不同的定价策略。

1）浮动价格策略

与其他垄断性的市场一样，航空货运市场价格对市场供求变化情况反映灵敏。通过研究价格供求曲线，寻求最高利润点上的价格。浮动价格可以使公司短期内获得最高收益，但会导致客户对公司的运价政策难以适应，最终对该公司失去信心，不利于公司培养客户忠诚度。

2）等级价格策略

针对货量大小采取不同的价格，货量小的运价高，货量大的运价低，即等级价格策略。等级价格的实施鼓励了客户加大交付货物的货量，但是这意味着放弃散货市场，而事实上，散货主往往是航空货运真正的终端市场。这种价格策略的实施减少了最终客户对公司的接触机会，不利于航空公司的长远发展。

3）固定价格策略

固定价格策略是指航空公司可以对某些航线或某些客户提供一个固定的价格。这样有利于培养长期合作伙伴，有利于稳定市场。但是这种价格策略以牺牲价格调节作用为前提，航空公司一般只对部分客户以协议的方式给予固定运价的优惠。但是有些航空公司为了争取更多的货源，已经将不同货物重量的等级运价差别调整得更小，这实际上已经是在向固定价格策略过渡。

4）组合价格策略

单一的价格策略并不能适应当前的市场形势，航空公司为了同时达到稳定重点客户、获得更高收益等目标，必须灵活地运用价格杠杆，结合远期目标和近期目标，组合不同的价格策略，对不同的细分市场采取不同的价格策略。实际上组合价格策略是几种价格策略中较为科学的一种定价方法，有助于实现公司占领市场、发展客户、增加收益等目标，但是在操作过程中，往往会出现偏差，如竞价过高而导致货源流失，这种偏差主要是由于企业对市场信息把握不当所造成的。因此，要求营销部门必须建立市场信息库，包括各航线市场结构及各主要客户的交易记录，据以进行市场分析和预测。

（三）渠道策略

航空货运营销渠道是航空货运营销组合策略的重要组成部分。航空货运成本昂贵，销售价格及销售费用高，因此航空公司如何以最快的速度、最低的销售费用将航空货运产品销售到买方手中，是航空公司实现效益的重要问题。为此，要选择正确的、畅通的航空货运营销渠道，这是航空货运渠道营销所要研究的基本内容。

1. 航空货运渠道营销的概念与功能

1）航空货运渠道营销的概念

营销渠道是将产品由生产者转移给消费者的途径，是将产品或服务从生产者转移给消费者的过程中，所有取得产品所有权或协助产品所有权转移的机构或个人。

航空公司要把航空货运产品或者说货运服务销售出去，其产品或服务的价值才能得到实现，再生产才能继续进行。对买方而言，买方从所获得的货运服务中得到了满足。所以营销渠道实现了货运服务从航空公司流向买方的转移，连接了航空公司和货运服务买方。

航空货运营销渠道是指航空货运服务从航空公司流向最终购买方所经路线或所经营销机构或个人的总和。

在航空货运市场营销活动中，航空公司在开发出各种货运服务后，通过流通领域将货运服务送到最终的消费者手中，才能实现航空货运服务的价值和使用价值。因此，在航空货运市场中，航空货运的这种活动是由位于航空公司和最终消费者之间的、执行不同职能的、具有不同名称的营销中间机构承担的。这些营销中间结构就形成了一条条营销渠道。

目前，我国航空货运市场营销中往往以航空公司自身作为主要营销渠道，以及航空货运服务多以直销的形式进行出售，但同时，由于各种代理机构的迅速发展和壮大，航空货运服务通过中介机构进行营销的方式越来越活跃。

2）航空货运渠道营销的功能

航空货运营销渠道的工作就是弥合航空货运产品、服务与其使用者的要求之间的差异，包括时间、地点等。航空货运营销渠道的主要功能如下。

（1）信息。收集并分发关于市场营销环境中消费者（现实和潜在的消费者）、竞争者及其他影响者或影响力量的信息。

（2）促销。向用户传播有关航空货运产品和服务的富有说服力的信息。

（3）接洽。寻找可能的购买者并与之进行沟通。

（4）配合。使所提供的航空货运产品和服务符合购买者的需要，包括运达时间、地点、经济性、安全性等。

（5）谈判。达成有关产品价格和其他条件的最终协议，以实现货运服务的转移。

（6）融资。收集和分配资金，补偿渠道工作的成本费用。

（7）风险承担。承担渠道工作中的风险。

（8）产品配送。通过航空公司运输的货物的转移、储存。

（9）付款。购买者通过银行或金融机构向航空公司付款。

2. 航空货运营销渠道的结构与特点

营销渠道可以按渠道层次的数目来划分。在航空货运产品从航空公司转移到购买者的过程中，任何一个对航空货运服务拥有所有权或负有推销责任的机构，就叫作一个渠道层次。在市场营销学中以中间机构层次的数目来确定渠道的长度。中间商越多，渠道长度越多。

就一般商品而言，营销渠道的主要结构模式见图6-7。

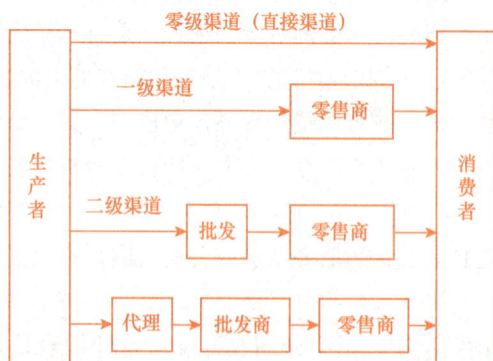

图6-7 一般商品营销渠道

航空货运产品的营销渠道相对一般产品而言，其销售渠道较短，所经过的中间环节较少。目前航空货运销售模式基本上已经进入直销和代销相结合的复合式营销阶段，见图6-8。毋庸置疑，这种营销模式是适应这一时期的市场状况的。问题在于如何正确处理

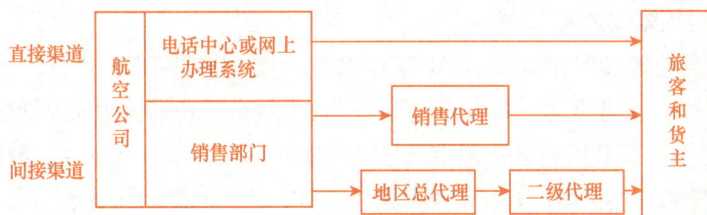

图 6-8　航空公司销售渠道

航空货运市场中直接渠道与间接渠道之间的关系，如何根据市场形势科学地运用这两种渠道。

3．航空货运营销渠道组合

1）航空货运公司的直销渠道

目前直复式营销是西方航空公司重要的销售渠道，主要的直销方式包括两种。一是利用电话和网上交易直销。从销售费用构成来看，这种直销方式避开了层层环节，无疑是成本最低的直销方式。二是直接建立直销办事处。在全国乃至全世界主要城市和机场设立旅行社或办公室，并设售票处专门负责该地区的促销、销售活动。在没有设售票处的地区可以设立总代理，全权负责本地区的销售活动，从而形成航空公司主导型的垂直营销网，以最大限度地开发当地的客源和货源。

为了确保销售工作有序、快捷、准确地进行，通常航空货运直销的具体工作流程如下。

（1）客户接待与谈判。该项工作由销售人员负责，负责此项工作的销售人员必须按照有关规定进行。其他财务、管理等方面的专业人员可在销售经理指示及销售人员的请求下协同工作。

（2）收取预定款性质的费用及签订货运合同。该项工作由销售人员与财务人员配合完成。货运合同由财务人员统一保管，在使用前由销售人员按顺序号使用，由销售人员与客户共同签订。预定款性质的费用必须由财务人员直接收取并开收据，财务人员在收取时，必须对货运合同进行认真核查，然后做好账目记录，这些记录包括收取金额、合同编号，以及买方的姓名、联系地址及电话等。

（3）缴纳余款。该项工作由财务人员及专职人员（航空公司、银行、保险公司等有关人员）负责完成，销售人员应做好客户接待、指引工作，在销售经理指示及有关专职人员要求下配合完成有关工作。

（4）其他售后服务。完成销售后，销售人员应该对客户进行回访、跟进和落实客户提出的有关申请等。在这些服务的过程中，销售人员必须树立"一次生意、终身客户"的宗旨，一方面将客户发展成为忠实客户，为以后创造新的销售机会；另一方面，在市场中还可以为企业树立一个良好的企业形象。

2）航空货运营销代理

航空货运营销代理是处在航空公司和购买者之间，参与航空货运服务，促进买卖行为的发生和实现的集体或个人。

我国的空运销售代理在 20 世纪 80 年代中期兴起。1993 年 7 月 5 日，经国务院批准，中国民用航空局 1993 年 8 月 3 日发布执行的《民用航空运输销售代理业管理规定》（民用航空局第 37 号令）是我国空运代理市场趋向成熟的标志。2002 年 6 月，我国航空客运市场上，经过注册的一类空运代理有 500 多家，二类空运代理有 3400 多家，根据航空公司的资料统计，有 80% 的业务是通过代理销售出去的。

货运代理最重要的功能就是实现货物的"集中托运"，航空货运的批量有时达到上百吨，有时仅仅只有几公斤，是所有运输方式中起点最低的。一次航班的货运载运能力一般为十几吨到几十吨，如果都是几公斤的零星散货，则其受理货物、仓储配载将会非常烦琐，正是在这种情况下，"集中托运"的业务开始在航空货运的市场上应运而生。集运商把众多客户的零星货物运量按流向集中拼货成为大宗货托运给航空公司，到达目的站后再由分拨代理商交付给不同的原始收货人。

航空货运代理商的职能主要体现在以下几个方面。

（1）通过市场调查，了解潜在的市场需求，准确地预测消费者的行为、偏好，协助航空公司进行准确的市场定位。

（2）通过广告等市场宣传活动，对潜在的市场需求进行有效的引导。就一个航空公司而言，要在其航线网络内的每一个开航城市都开设销售机构，点多面广而且分散。有了货运代理后，既可免去航空公司广派机构之累，而且代理公司利用自己的销售资源，可以扩大被代理公司的营销能力，与分享航线市场的航空公司展开公平、正常的竞争。

（3）从航空货运营销的前期策划到完成销售，航空货运代理商参与整个营销过程，协助航空公司最终实现投资收益目标。市场营销的功能除了销售以外，还有市场调查预测、广告宣传、公共关系等一系列业务。代理人拥有广泛的销售网络，接触众多的消费者，各个代理人可以将其了解的市场信息反馈给航空公司，从而帮助航空公司完成市场营销的一系列功能。

（4）按照客户提出的有关要求（送达时间、价格、地点等），帮助选择合适的航空货运服务，并为其提供完善的手续服务。就一个机场而言，每天都有大批货物要出港，在机场开航的航空公司也有许多家，如果每一个顾客都直接与航空公司联系，则交易过程会极其庞杂。而有了货运代理的进入，顾客只需与一家代理完成交易，而航空公司只需从一家代理处就可以获得多个客户的货源，极大地简化了交易网络。

（5）提高市场运行效率。由于航空货运服务是一种特殊的商品，因此常常通过代理人的服务来寻找买卖双方，使潜在的买家和卖家均能迅速完成交易，从而提高了航空货运市场的运行效率。

3）航空货运直销和货运代理的比较

采取直销渠道有利于航空公司对整个销售过程进行全面控制，避免由于渠道失控带来的经营风险。由于航空公司的销售人员与最终客户直接接触，也有利于准确地收集市场信息，迅速研究市场并采取措施。但是，扩大直接销售渠道要求航空公司投入大量的人力和物力，这增加了航空公司的成本和管理难度。也正是由于这个原因，直接销售网络的铺设速度远不如间接渠道快。

　　航空公司采取间接渠道是为了弥补直接销售渠道的上述缺点，通过间接渠道可以简化本公司的机构设置，从而减少人员薪酬、管理费用等成本。同时由于成本的降低及代理人数量的增多，可以通过吸收代理人迅速地扩张销售网络。而间接渠道的缺点在于代理人为了自身的利益，往往对航空公司隐瞒真实的市场信息，甚至提供虚假信息，导致航空公司的决策出现偏差。另外，航空公司通过代理人与客户沟通，代理人的素质决定了服务的质量和影响了客户对航空公司的印象，而货运代理人管理水平参差不齐，服务质量难以保证。直接销售渠道和货运代理的优劣势比较见表6-2。

表6-2　直接销售渠道和货运代理的优劣势比较

分类	直接销售渠道		货运代理	
	优势	劣势	优势	劣势
信息传递	准确			失真
服务质量	服务质量控制得力			代理素质决定了服务质量
成本控制		人力费用、管理费用高	减少内部管理难度从而降低成本	
营销网络		难以迅速铺设大型的营销网络	有利于迅速扩张营销网络	

4．航空货运营销渠道选择的原则

1）效益原则

在确定航空货运营销渠道策略时，首先应考虑的是效益。也就是说，能做到以最小的投入获得最大的产出。采用不同的营销渠道策略，就会增加不同数额的流通费用。在一般情况下，航空货运企业直接消费费用最低，采用货运代理渠道较高。但这不等于都要采用直接销售策略，因为除了考虑流通成本外，还要考虑综合成本、营业额、销售速度等各种因素。因此，哪种营销渠道策略能为航空公司带来最大效益，就采用哪种策略。

在讲求经济效益的同时，还要兼顾社会效益和环境效益，充分考虑企业在社会公众心目中的声誉，树立起企业的良好形象。事实上，航空货运企业良好的企业形象又会给企业带来更好的经济效益。

2）协同原则

协同原则是要做到精诚合作。哪一类中间商能与航空公司密切合作，能够在兼顾双方利益的前提下灵活销售航空公司提供的货运服务，就应该选择哪一类中间商。对于无故不遵守协议、不守信誉的中间商不应与之合作。

3）可控性原则

可控性原则是指航空公司在选择营销渠道时，必须始终掌握主动权，充分体现主体地位，对整个营销行为起到有效的控制作用。可控性原则包括以下两个方面。

（1）哪种营销渠道能够充分实施有效控制，就选择哪一种渠道。在衡量各种营销渠道策略的利弊得失时，可控性是一个重要的价值判断标准。

（2）一旦选定货运代理后，为防止失控现象发生，要注意：首先，在签订代理合同时，力求全面完整，不留漏洞；其次，在寻求到代理商后，航空公司仍然要保留一部分自销渠道，万一代理商撕毁协议，擅自提价、压价、欺骗用户等，仍能有力量制止其不当行为，挽回损失。

4）风险原则

在选择营销渠道时一般应遵守风险适中原则，既不宜过大，也不宜过小。航空货运产品的特殊性是盈利性、风险性共存，选择获利最大的营销渠道，即产品全部直接销售，获利系数虽然最大，但风险系数也最大；选择风险最小的营销渠道，虽然风险推给了代理商，但利润也大部分给了代理商。所以，想要在利润与风险之间做出适当的选择，就应该在综合考虑产、供、销及社会、政治、法律、经济因素后做出科学的预测，依据市场预测来选择营销渠道。在通常情况下，若信息和预测不足，应选择风险系数最小的营销渠道。

5）素质原则

在选择代理商时，应挑选素质较好的代理商作为自己的合作伙伴，对代理商的素质条件应从以下几个方面考虑。

（1）实力素质。一般而言，代理商的实力雄厚，其销售成功的概率就越大。因此，在同等条件下，应该选择实力强大的代理商。

（2）管理素质。代理商的管理水平是与销售成功率相联系的。管理水平高的代理商，销售的成功率和效益也会越高；管理水平低的中间商，销售的成功率不会很高。

（3）信誉素质。代理商的信誉如何，不仅关系到是否能合作顺利，而且关系到航空公司货运产品的销售。信誉好的代理商，使客户有安全感。航空货运服务非同一般的商品，客户对销售者没有十足的信任，是不会下定购买决心的。

（4）经验素质。经验素质是指对产品的熟悉程度，对产品的性能、用途等有很深的了解，并有良好的销售绩效历史。一般而言，航空货运营销经验丰富的代理商，销售成功率比较高。所以，在同等条件下，应选择营销经验丰富的代理商。

综之，在选择营销渠道时，应该综合考虑，从实际出发，灵活掌握，尽可能满足上述几个原则的要求。

（四）促销策略

1. 促销策略的概念及功能

1）航空货运促销的概念

促销是航空货运市场营销 4P 组合中的一个重要组成部分。航空货运促销是指航空公司将航空货运产品或服务等信息传递给消费者，以此引发、刺激消费者购买航空货运产品或服务的行为。

航空货源促销的方式有人员促销和非人员促销两类。人员促销，也称直接促销或人员推销，是航空公司运用推销人员向消费者推销航空货运产品或劳务的一种促销活动，它主

182

要适合于消费者数量少、比较集中的情况下进行促销。非人员促销，又称间接促销或非人员推销，是航空公司通过一定的媒体传递产品或劳务等有关信息，以促使消费者产生购买欲望、发生购买行为的一系列促销活动，包括广告、公关和营业推广等。它适合于消费者数量多、比较分散的情况下进行促销。航空公司在促销活动中，通常将人员促销和非人员促销结合运用。

2）航空货运促销的功能

航空货运促销是航空公司营销活动中不可缺少的重要组成部分，其作用主要有以下几个方面。

（1）传递信息，提供情报。在航空货运市场中，如何把航空货运产品销售出去是航空公司营销活动的中心任务，而如何把航空货运产品信息传递给购买者是航空货运产品顺利销售的保证。在促销过程中，一方面，卖方（航空公司或货运代理）向买方（中间商或消费者）介绍有关企业现状、产品特点、价格及服务方式和内容等信息，以此来诱导消费者对产品或服务产生需求欲望并采取购买行为；另一方面，航空公司可以获得消费者对航空货运产品的需求，如时间、价格、地点等信息，促使航空公司摸清规律，改进货运产品，更好地满足消费者的需求。

（2）突出优势，诱导需求。在航空货运市场竞争加剧的情况下，类似航空货运产品很多，并且有些航空货运产品差别微小，消费者往往不易分辨。航空公司通过促销活动，宣传、说明本公司航空货运产品有别于其他竞争产品之处，便于消费者了解本公司产品在哪些方面由于其他类似的航空货运产品，使消费者认识到购买、消费本公司产品所带来的利益较大，消费者乐于购买本公司产品。航空公司作为卖方向买方提供有关信息，特别是能够突出产品特点的信息，能激发消费者的需求欲望，变潜在需求为现实需求。

（3）指导消费，扩大销售。在航空货运促销活动中，由于普通消费者缺乏相关专业知识，营销者必须介绍航空货运产品及其相关知识，在一定程度上对消费者起到教育指导的作用，从而有利于激发消费者的需求欲望，变潜在需求为现实需求，能收到扩大销售之功效。

（4）树立形象，占领市场。在市场竞争比较激烈的环境下，航空公司运用适当的促销方式，使顾客了解本公司的规模、特征、地点、主要产品类型和业绩，提高本公司的知名度，占领和开拓更大的市场。

2. 航空货运促销组合的模式

航空货运促销组合，是指航空公司根据航空货运产品的特点和营销目标，综合考虑各种影响因素，对各种促销方式的选择、编配和运用。

航空货运促销方式可分为四种：广告促销、人员推销、销售促进和公共关系促销。由于各种促销方式都有其优点和缺点，在促销过程中，航空公司通常将多种促销方式同时并用。

为了有效地了解与消费者或客户沟通信息，可通过航空货运广告来传递航空公司及航空货运产品的信息；可派遣推销员面对面地说服客户购买航空货运产品；可通过销售促进方式来加深客户对本公司产品的了解，进而促使其购买产品；还可以通过各种公共关系手段来改善航空公司在公众心目中的形象。也就是说，航空公司可以采用多种促销方式来加强与顾客之间的信息沟通，从而促进航空货运产品的销售。

确定最佳促销组合，必须考虑沟通市场和促销目标。相同的促销方式在实现不同的促销目标上，其成本效益会有所不同。例如，尽管目前多家航空公司用在宣传其航空货运产品的广告费用往往多于人员推销的费用支出，但是其所有促销目标不可能都靠广告一种促销方式实现，并且，在航空货运营销过程中，人员推销的促销方式往往对航空货运产品的销售起着决定性的作用。

目前，不少航空货运公司采用直销的方式，广告促销、人员促销在促进顾客对航空公司及其产品的了解方面，广告促销的成本效益最好，人员促销其次；客户对航空公司及其货运产品的信任，并最终购买航空货运服务，在很大程度上受人员促销的影响，其次才是广告促销。从目前航空货运市场来看，日益增多的航空货运广告已经很难打动顾客的心，但人员首先是通过广告获得航空货运产品信息，而销售人员对航空货运产品的介绍、销售方式（价格、优惠、付款方式等）的说明则在很大程度上影响着顾客是否购买航空货运产品。销售促进、宣传主要是树立航空公司或货运代理的形象，在促销组合中起协调作用。

3. 航空货运促销组合方式

1) 广告促销

航空货运广告是航空公司出资，将其与航空货运产品相关联的表现形式和构思、产品和服务，利用各种媒体介绍给消费者的一种促销方式。通过航空货运广告把航空公司信息传给消费者，树立企业形象，促进航空货运产品的销售。

航空货运广告具有传播面广、间接传播、媒体效应、经济效益性四个特点。通过航空货运广告，既可以帮助航空公司树立良好的企业和产品形象，又可以刺激当前的销售。航空货运广告具有以下功能：传递航空货运产品信息，沟通供需；刺激市场需求，增加销售量；树立航空货运企业信誉，建立品牌；介绍航空货运行情，指导消费者购买。

广告可以用较低的成本费用将信息传递给在地理上比较分散的消费者或用户。不同的媒体广告的成本费用不同，一般而言，电视广告的成本费用较高，而报刊广告相对较低。航空货运广告媒体主要有以下几种。

（1）报纸。报纸是广告常用媒体。报纸广告的优点：覆盖面广，读者稳定，遍及社会各阶层；时效性强，反应及时；印象深刻，便于长期保存；报纸发行针对一定区域或行业，针对性强；制作灵活，费用相对较低。

（2）杂志。杂志作为视觉媒体，其历史仅次于报纸。杂志媒体广告的优势：目标针对性强，特别是专业性杂志，广告效率高；持续时间长，广告寿命也长；精读率高，重复出现率高；广告印刷精致，图文并茂，对读者较有吸引力。

杂志媒体广告的缺点：杂志广告周期长、时效性差、缺乏灵活性；杂志的阅读范围比较有局限；杂志读者对市场的实际反应可能比较慢。

（3）广播。广播是传播信息最快，并且无处不在的听觉媒体。广播媒体广告的优点十分明显：传播最为迅速、及时，不受时空的限制；拥有很高的灵活度，随时可以修改；尽管听众广泛，但广播广告的针对性仍然很强，可以选择特定的地区、特定的时段、特定的专题节目播放，制作简单，费用低廉；可以充分享用广播本身在消费者心中的威望。

（4）电视。电视以其视听双重功能的特性，成为发展速度最快、竞争最激烈的广告媒体。电视广告的优点：覆盖面广、收视率高；诉求能力强；电视的表现手段灵活多样，具有很强的吸引力；其信息不受时空限制，及时、迅速；选择性强，可以在不同地区、不同时期、不同时间播放电视广告。

（5）户外广告。航空货运户外广告主要包括路牌、霓虹灯、招贴、灯箱、宣传条幅及车厢广告等。户外广告的优点：广告展示时间长，表现手段灵活，可以利用光电技术使户外广告更加吸引人，费用比较低，不受竞争对手干扰。

（6）售点广告。航空公司售点广告是指航空货运销售处现场有关货运产品或服务的广告，可分为室外售点广告和室内售点广告。室外售点广告主要包括广告牌、灯箱、横幅、条幅等。室内售点广告包括照片、资料、图像等。

（7）直邮广告。直邮广告是通过邮寄方式发放航空货运产品介绍书、说明书、宣传小册子等广告。其最明显的优点是传播对象完全可以根据航空公司的意愿来决定，从而使广告的针对性大大增强；在广告内容上不受广告发布时间、媒体面积等的限制，可以对货运产品或服务进行详细的介绍，有利于提高航空公司和货运产品的知名度；广告制作比较简便、费用较低。

（8）传单海报广告。传单海报广告主要是通过人员散发关于航空公司或货运产品情况介绍的印刷品。传单广告的优点是费用低廉、比较灵活。

（9）互联网媒体广告。互联网媒体广告是指通过发送电子邮件及在计算机网络上设立网站主页来发布航空货运产品的相关信息。

互联网媒体广告最大的优点是时效性强，任何时刻都可以发送最新的消息。互联网媒体广告不受地域的限制，可到达地球的任一角落。而且广告成本低廉，广告表现灵活多样，既有图像，又有声音，针对性较强。还有信息量大、传递速度快等不可替代的优势。

（10）空中飞行物广告。空中飞行物广告即通过空中飞艇、热气球飞行物、降落伞等的飞行来吸引消费者的注意，从而达到宣传效果。这是一种新奇的广告方法，这种方法的特点是通过飞行物的飞行，引起不同地点的消费者的注意，流动性大、范围广，但要求所到的地点人流量很大，才能引起轰动效应。

2）销售促进

航空货运销售促进，又称营业推广，是航空公司运用各种短期诱因来刺激和鼓励消费者购买航空货运产品及其相关服务。

销售促进是直接针对航空货运产品本身采取的分期付款、优惠折扣、抽奖、赠品、展销会等形式进行促销的活动。它可以刺激消费者变潜在需求为现实需求。

航空货运销售促进的形式有消费者促销、交易促销、营业促销等。消费者促销是针对消费者市场，促销工具有优待券、赠品、奖金、服务保证等；交易促销是指航空公司对代理商的促销手段，具体为航空货运代理与航空公司直接商讨价格；营业促销主要有航空货运市场交易会。

为了实现销售促进的目标，航空公司可以在多种销售促进方法中进行选择，即根据销售促进目标、目标市场、竞争形势及各种销售促进方法的成本及效果等因素，做出市场选择。航空货运销售促进的方法一般有以下几种。

(1) 召开新闻发布会。这是航空货运销售促进的一种很好的方法。这种方法集视听、文字材料及与潜在购买者面对面介绍情况于一身，往往影响较大，在充分做好准备工作的前提下，效果更为明显。但要实现需要进行周密的组织，并需要一定的费用。

(2) 竞赛。主要是针对代理商和推销人员运用，故又称销售竞争。即使代理商或推销人员开展航空货运产品销售竞赛，向优胜者发奖。

(3) 交易折扣。这一方法主要是针对航空货运代理商的。例如，航空公司可规定只要在一定时期内销售一定数额的货运产品，就可以得到一定金额的折扣，推销数量越大，折扣也越多。这种方法可鼓励代理商更多地推销本公司产品。

(4) 职能补贴。这一方法主要是针对货运代理的，主要是广告补贴。广告补贴是指当代理商出资为航空公司货运产品做广告时，给予一定的资助。

(5) 展销会。通过参加各种形式的展销会，展示航空公司货运产品的特色和优势，来吸引参观者，促进其了解产品，并当场或事后购买货运产品。

除了上述销售促进形式外，还有分期付款、各种价格优惠、为顾客提供代办保险、免费送货上门等增值服务，均属于销售促进的方法。

3）公共关系促销

公共关系又称公众关系，是指航空公司在从事市场营销活动中正确处理企业与社会公众的关系，以便树立良好的企业形象，从而促进产品销售的一种活动。

航空货运产品公共关系促销具有以下几个功能。

(1) 搜集信息，监测环境。信息是航空公司生存和发展必不可少的资源。运用各种公关手段可以搜集各种有关信息，监测企业所处的环境。企业公关需要搜集的信息包括：企业产品信息，这是指客户对航空公司货运产品的各种反映、评价，如价格、安全性、可靠性等；企业形象信息，这主要包括公众对航空公司组织结构、经营管理水平、员工素质、服务质量的评价；企业内部公众信息，企业职工是社会公众的一部分，通过听取本企业内部职工的意见，能够掌握职工对企业的期盼，企业应树立什么样的形象，才能使职工产生向心力和凝聚力；市场信息，这主要包括投资者的投资意向、竞争者的心态、顾客的需求变化，以及国内外政治、经济、文化、科技等方面的重大变化。

(2) 咨询建议，决策参与。对所搜集到的各种信息，进行综合分析，以考察航空公司的决策和行为在公众中产生的效应及影响程度，预测航空公司的决策和行为与公众可能意向之间的吻合程度，并及时、准确地向企业决策者咨询，提出合理而可行的建议。

（3）舆论宣传，创造气氛。公共关系作为企业的"喉舌"，将企业的有关信息及时、准确、有效地传递给特定的公众对象，为企业树立良好形象、创造良好的舆论氛围。例如，公关活动能提高企业的知名度、美誉度，给公众留下良好形象；能持续不断、潜移默化地完善舆论氛围，因势利导，引导公众舆论朝着有利于企业的方向发展；还能适当地控制和纠正对企业不利的公众舆论，及时将改进措施公之于众，避免扩大不良影响，从而收到化消极因素为积极因素、尽快恢复声誉的效果。

（4）交往沟通，协调关系。企业是一个开放系统，不仅内部各要素需要相互联系、相互作用，而且需要与系统外部环境进行各种交往、沟通。交往沟通是公关的基础，任何公共关系的建立、维护和发展都依赖于主客体之间的交往沟通。只有交往，才能实现信息沟通，使企业的内部信息有效地输向外部，使外部信息及时地输入企业内部，从而使企业与外部各界达到相互协调。协调关系，不仅要协调企业与外部的关系，还要协调企业内部的关系，包括企业与其成员之间的关系、企业内部不同部门成员之间的关系等，要使全体成员与企业之间达成理解和共鸣，增强凝聚力。

（5）教育引导，社会服务。公共关系具有教育和服务的功能，是指通过广泛、细致、耐心的劝服性教育和实惠性、赞助性服务，来诱导公众对企业产生好感。对企业内部，公关部门代表社会公众，向企业内部成员输入公关意识，诱发企业内部各部门及全体成员都重视企业整体形象和声誉。对企业外部各界，公关部门代表企业，通过劝服性教育和实惠性社会服务，使社会公众对企业的行为、产品等产生认同和接受。

例如，2004年年底的印度洋大海啸致使东南亚地区数十万人无家可归，包括我国的南方航空公司、东方航空公司和国际航空公司在内的国内外许多航空公司纷纷承诺为灾区人民提供义务的运输服务，大批救灾物资通过这些航空公司的飞机运到了灾民手中。通过参加救灾活动，这些企业的形象有了很大提高。因此，参加社会公益活动是航空运输企业最为有效的公共关系策略。

4）人员推销

航空货运人员推销是由销售人员面对面的直接向消费者推销航空货运产品或传递信息，从而激发消费者的购买兴趣、欲望和动机，并产生购买行为的一种创造性活动。这是航空货运促销方式中最有效的手段。在推销过程中，推销人员直接接触客户，以深交谈方式向消费者传递信息，帮助和说服客户，来促成交易。它包括访问推销和现场推销两种方式。访问推销是指航空公司营销人员通过打电话或亲自上门向消费者介绍、推广和宣传货运产品，以促进销售的活动。现场推销是指航空公司营销人员在现场对企业的货运产品或服务进行销售的活动。现场销售是人员推销的主要方式。

人员推销的具体过程如下。

（1）准备阶段。机遇属于有准备的人。销售前要详细地研究消费者和航空货运产品的各种资料，研究客户的心理，研究和估计各种可能性和对应的语言、行为。消费行为是客户心理活动的外在表现，即客户的行为是受其内在心理活动支配和制约的。

（2）发现机遇。销售人员在销售过程中要发现客户、发现机遇、善待客户。对人数众多的消费者必须进行分析，按文化水平、职位职业、偏好等因素将需求分成不同的层次，及时发现销售机遇，对最有可能的潜在消费者定点"进攻"。

（3）树立第一形象。消费者对销售人员的相貌仪表、风范及开场白十分敏感，销售人员接待消费者时应亲切、礼貌、真诚、周到，给消费者留下良好的第一印象。销售人员要通过自己的亲和力引导客户对航空货运产品的注意和信任。

（4）介绍。向消费者介绍航空货运产品，将产品的特色与消费者的实际需求相结合，尽可能满足消费者的需要与期望。按"注意（attention）—兴趣（interest）—欲望（desire）—购买行为（action）"模式（AIDA模式），先引起消费者的注意，使之对航空货运产品产生兴趣，激发其购买欲望，促成其购买行为的产生。

（5）谈判。谈判内容的关键是成交价格和付款条件。销售人员在与客户谈判的过程中，要循序渐进，把握好谈判的三个层次：一是销售人员运用销售技巧，使消费者产生购买的意向；二是要使消费者确信该航空货运服务能够满足其需求；三是说服消费者采取购买的行为。谈判的关键是态度诚恳、实事求是、不误导客户，使客户觉得"物有所值"而做出购买决策。

（6）面对拒绝时的做法。拒绝是销售人员在销售过程中最常见的消费者抗拒行为，销售人员必须巧妙地消除消费者的疑虑，同时，要分析消费者拒绝购买的原因，并实施相应的对策。

一般来说，消费者拒绝购买的原因主要有：准备购买，需要进一步了解货运产品实际情况；推脱之词，不想购买；希望价格上能够优惠；消费者建立谈判优势，支配销售人员。销售人员面对的拒绝可能就是基于以上几种。因此，要判断客户拒绝的原因，予以回复。如客户确有购买意向，应为其做更详尽的分析、介绍。

资料链接 6-3

南航货运创新营销理念助开拓市场新天地

创新是企业成功的关键。在航空货运市场中，竞争日趋激烈，营销手段同质化严重，传统营销方式乏力。企业要想实现市场的扩张和竞争力的提升，"持续创新"是必经之路。

8月的喀什烈日炎炎，机坪上翻滚的热浪使老罗口干舌燥。"这100件装在后舱。"老罗一边在和喀什机场货运的员工一起装运西梅一边说道。老罗是南航新疆分公司货运部派驻喀什的货运经理，这是老罗亲自监装喀什-乌鲁木齐航班货物的情景。为了能让组织来的货物顺利"成行"，老罗每天都要在装卸现场忙碌。

老罗在喀什忙碌的同时，远在乌鲁木齐的南航新疆分公司货运部里，工作人员同样在紧张地工作着。吨控室里，工作人员刚刚帮老罗订完舱，又接到一个来自伊宁的长途电话；销售室里，渠道经理正在和一位来自库尔勒的大客户洽谈。

2010 年，19 省市全面开展对口援疆工作，新疆迎来跨越式发展的良好契机。南航新疆分公司货运部秉承"追求卓越、持续创新"的企业文化理念，及时抓住机遇，着力开发疆内市场，并通过向疆内营业处派驻货运经理的方式，以创新性的营销理念积极拓展货源。经过几个月的辛勤努力，大批量的疆内特产通过南航航班运往内地。

以喀什为例，2010 年 5 月中央正式批准喀什设立经济特区。由于在此之前，新疆分公司在喀什营业部没有专门的货运销售人员，喀什货运市场的潜力未得到充分发挥。为了不断发掘市场潜力、提高市场份额，2010 年 5 月，新疆分公司货运部向喀什派驻了货运经理老罗。上任后，他前往几个县市和地区调研，陆续走访了喀什地区有潜在需求的企业十余家。通过制定贴近市场的销售策略及努力挖潜，组织了大批量的杏、无花果、红枣等特色果品从喀什、和田始发运往疆外各大城市。

尤其是 2010 年 7 月喀什—广州的直飞航班通航后，一批批西梅通过南航航班走进了羊城百姓的餐桌上。据统计，仅 2010 年 5～8 月，喀什联程至疆外的货物运量就同比增长 135%，收入增长 104%。

5 月 27 日，自治区与南航签署战略合作协议后，分公司货运部又适时推出了一系列疆内"一票到底"货物联运产品。如今，无论是阿勒泰的冷水鱼还是博斯腾湖的大闸蟹都可以通过南航航班从疆内各地直接运往内地市场，在使全国人民品尝到新鲜的新疆特色产品的同时，也创造了可观的收益。

着力开发疆内市场，仅仅是南航新疆货运在"持续创新"理念引领下，开发多种营销产品，抢占市场先机的一个例子。

在经济全球化、市场竞争加剧、消费需求不断变化的时代，企业想要生存乃至不断发展，只有持续创新与改进。持续创新是企业经济效益持续增长的可靠源泉，是企业生存之道、发展之魂。南航新疆货运以顾客为导向，努力发掘客户需求，积极开发多种营销产品，以创新理念为动力推动企业发展。

同时，南航新疆货运将创新理念与工作实践相结合，以具体行动践行持续创新。南航新疆货运的创新实践包括：组织销售渠道人员成立"营销推广突击队"，面向全疆推介南航货运特色产品；根据不同水果下市时间及其特性为其"量身定做"不同的运输方案；开发草莓、枸杞等"高端水果运输"新产品；针对旅客超重行李推出"超重行李货运同机走"产品；研发货运代理人网站，提高市场反应速度和竞争力等。创新营销的活动在南航新疆货运随处可见。"变则通，通则远"，"持续创新"的理念推动南航新疆货运不断开拓市场新天地。

(资料来源：http://news.cnair.com/c/201010/26384.html.)

实训项目 6-2

【实训主题】为某航空货运公司做营销方案。

【实训目的】通过为某航空货运公司做营销策划方案，掌握机场航空货运市场营销需要规划的内容和实施步骤。

【实训形式】小组作业、小组活动。

【实训步骤】①组织学生；②讲解实训的目的和任务；③项目实施；④实训汇报。

【实训评价】教师评价、学生评价、自评。

思考与练习

一、名词解释题

1. 航空货运
2. 航空货运营销
3. 航空货运营销产品策略
4. 航空货运营销定价策略
5. 航空货运营销渠道策略
6. 航空货运营销促销策略

二、简答题

1. 我国航空货运市场主要分为哪几个阶段？
2. 航空货运市场调查的内容一般包括哪些？
3. 航空货运市场一般可以细分为哪几类？

三、案例分析题

航空货运产品销售和其他商品销售差不多，只有把人气激发起来，航空货运产品才易销售。国内某航空公司为了提高运输效率和环境效益，对货运的软硬件设施进行了全方位更新。在货运服务重新销售之初，航空公司所收取的价格比其他同类航空货运服务的价格低。据该航空公司营销经理说，他们之所以开出低价格，是想先让利以吸引更多的客户，通过与其他航空货运服务相比较，相信客户会做出明智的选择。在人气旺的时候，再将价格适当地逐步提高，形成客户排队购买的局面，使得航空货运服务迅速销售出去。

问题：该航空公司采取了何种定价策略？这种策略为什么能使"航空货运服务迅速销售"？

第七章 航空服务营销技巧

第一节　航空服务营销人员礼仪

营销人员在与客户相处的过程中，需具备良好的职业礼仪素养，提升个人内涵与修养，给对方留下良好的第一印象。第一印象又称"首因效应"，心理学研究发现，与一个人初次会面，45秒内就能产生第一印象，而且这种第一印象在对方的头脑中长时间占据主导地位，对他人的社会知觉有较强的影响。

一、良好的体态礼仪

良好的体态是一个人内在修养的体现，基础的体态礼仪包括站、坐、走、蹲等。在正式场合与人交往中，需做到举止得体自然、优雅大方。试想一个人如果含胸驼背、东倒西歪地出现在你面前，即使穿着再漂亮和昂贵的衣服，也难以留下美好的第一印象。

（一）站姿

站姿是反映一个人整体仪态的基础，坐、行、蹲等标准体态都是在良好的站姿基础上衍生出来的。优美的站姿能展示一个人的自信和良好的精神面貌。"站有站相"就是对一个人体态礼仪的基本要求。

1. 站姿的规范要求

具体来说，标准站姿应该是身体舒展直立，挺胸、收腹、抬头，立腰提臀，下颌微收，嘴唇微闭，双眼平视前方，面带微笑。由于男女有别，男性展示的是刚健沉稳的姿态，而女性展示的是端庄优雅大方的体态，所以在具体要求上也略有不同。

1）女士的站姿

（1）女士垂手式站姿。这是最基本的站姿，它要求头正、挺胸、收腹、立腰、提臀，双肩齐平、双臂自然下垂，手指自然弯曲，掌心向内，双眼平视前方，嘴唇微闭，面带微笑。双腿站直并尽量并拢，最好中间不留缝隙。双脚可以呈"小八字步"（也称 V 字步）或"丁字步"站立，身体重心在双脚上。

（2）体前交叉式。即双手在腹前交叉，右手在左手上面，轻轻放置于大约肚脐的位置，五指并拢，自然弯曲，双臂放松，呼吸匀称，目光柔和，面带微笑（其他要求同女士垂手式站姿）。

2）男士的站姿

（1）男士垂手式站姿。要求身体直立，昂首、挺胸，双肩齐平，收腹立腰，双脚稍稍分开，与肩同宽，双手自然垂放于身体两侧，掌心向内，轻触裤线的位置，双眼平视前方，表情柔和自然。

（2）背手式站姿。即双手在后腰处交叉，左手握住右手，双手掌心朝外，双臂放松自然置于两侧。背手式站姿要特别注意需要挺胸、收腹、立腰，双肩要打开，有"站如松"的气势。否则很容易给人一种老气横秋、不够精神的感觉。

2. 站姿的禁忌

（1）站立时有小动作。双脚交叉、身体斜歪靠着其他物体、伸脖、塌腰、耸肩、抖腿、两腿开叉距离过大等，都是站姿随便的表现及禁忌。

（2）在公共场所双手抱胸、托腮或插入口袋。

（3）当众挖耳朵、抠鼻、咬指甲等不文明举止。

（二）坐姿

坐姿礼仪体现的是一种静态美，它可以是工作期间的体态，也可以是一种主要的休息姿势。坐姿是应用最为广泛的体态礼仪，良好的坐姿会给人优雅、稳重、自然大方的美感，也能给对方留下美好的印象。

1. 坐姿的规范要求

从左侧入座，要轻、稳、缓，椅子切勿发出声响。上身挺直，收腹立腰，双肩平正放松。臀部占座位的 2/3，大腿与小腿之间保持 90°的夹角。目光柔和，平视前方，面带微笑。女士入座时，若着裙装，应用手将裙子轻轻向前拢一下，双臂自然弯曲放在腿上或者扶手上，双腿并拢，落座后 10 分钟左右不要靠椅背，若时间较长，可轻靠椅背。男士入座时，双腿与肩同宽即可，双手自然放于腿上或扶手上。男士或女士需要侧坐时，应将上身与腿转向同一侧。

2. 坐姿的禁忌

在别人面前落座时，一定要遵守律己敬人的基本规范。

（1）双腿叉开过大，这是非常不雅的举止。特别是身穿裙装的女士更不要忽略这一点。

（2）架腿方式欠妥。坐后将双腿架在一起，不是说绝对不可以。但正确的方式应当是两条大腿相架，并且一定要使两腿并拢。如果把一条小腿架在另一条大腿上，显得太随意。

（3）双腿直伸出去。身前如果有桌子，双腿尽量不要伸到外面。

（4）将腿放在桌椅上。有人为图舒服，喜欢把腿架在高处，甚至抬到身前的桌子或椅子上，这样的行为是非常粗鲁的。把腿盘在座椅上也不妥。

（5）抖腿。坐在别人面前，反复地抖动或摇晃自己的腿部，不仅会使人心烦意乱，而且也给人以极不安稳的印象。

（6）脚蹬踏他物。坐下来后，脚部一般要放在地上。若用脚乱蹬乱踩，都是非常失礼的。

（7）手乱放。就座后，双手要在身前有桌子时放在桌子上。单手、双手放在桌子下，或是双肘支在面前的桌子上、夹在两腿间都是不允许的。

（三）走姿

走姿是人体所呈现出的一种动态，是站姿的延续。所谓的"行如风"，说的是人走路时的动作连贯，从容稳健；步幅、步速匀称，有节奏。走姿文雅、端庄，不仅给人以沉着、稳重、冷静的感觉，也是展示自己气质与修养的重要形式。

1. 走姿的规范要求

背脊和腰部要伸展放松，行走时移动的中心是腰部，而不是脚部。行走时，应以脚尖正对着前进的方向；起步时，身体微微向前倾，身体的重心要落在前脚掌上；行进时应面朝前方，两眼平视，挺胸收腹，立腰提臀，放松腿部。步幅要适度（步幅是指每一步之间两脚之间的距离），一般来说，步幅的大小应为一脚之长，并且大小需保持一致。速度要匀称，不应忽快忽慢，需相对保持稳定。

实训项目 7-1

【实训主题】陪同引导客户时的走姿。

【**实训目的**】掌握与客户相处时行走的正确方式。

【**实训方式**】模拟演练。

【**实训步骤**】以小组为单位，扮演不同的角色，进行陪同引导的训练。

【**实训评价**】教师评价、小组成员评价、自评。

2. 走姿的禁忌

（1）行走时摇头晃脑、左顾右盼、弯腰驼背、吹口哨、吃零食、与他人勾肩搭背、对人指指点点等。

（2）在非紧急特殊情况下跳跃奔跑。行走时应尽量靠右行，不要从人群中穿过等。

（3）方向不定，忽左忽右，变化多端，手插口袋。

（4）做左右式的摆动。应自然地摆动手臂，幅度不可太大。

（四）蹲姿

蹲姿是人在处于静态时的一种特殊体位，常常适用于整理工作环境、给予客人帮助、提供必要服务、捡拾地面物品、自我整理装扮等。在正式职场，蹲姿也不能随意而为，须讲究必要的规则。

1. 蹲姿的规范要求

1）交叉式蹲姿

女士可采用交叉式蹲姿，下蹲时右脚在前、左脚在后，右小腿垂直于地面，全脚着地。左膝由后面伸向右侧，左脚跟抬起，脚掌着地。两腿靠紧，合力支撑身体。臀部向下，上身稍前倾。

2）高低式蹲姿

下蹲时右脚在前，左脚稍后，两腿靠紧向下蹲。右脚全脚着地，小腿基本垂直于地面，左脚脚跟提起，脚掌着地。左膝低于右膝，左膝内侧靠于右小腿内侧，形成右膝高、左膝低的姿态，臀部向下，基本以左腿支撑身体。

3）半蹲式蹲姿

一般是在行走时临时采用。它的正式程度不及前两种蹲姿，但在需要应急时可采用。基本特征是身体半立半蹲。主要要求在下蹲时，上身稍许弯下，但不要和下肢构成直角或锐角；臀部务必向下，而不是撅起；双膝略为弯曲，角度一般为钝角；身体的重心应放在一条腿上，两腿之间不要分开过大。

2. 蹲姿的禁忌

（1）突然下蹲。蹲下的时候不要速度过快。当自己在行进中需要下蹲时，要特别注意这一点。

（2）离人太近。在下蹲时，应和身边的人保持一定距离。和他人同时下蹲时，更不能忽略与双方的距离，以防彼此"迎头相撞"或发生误会。

（3）方位失当。在他人身边下蹲时，最好是和他人侧身相向。正面他人或者背对他人下蹲，通常都是不礼貌的。

（4）毫无遮掩。在大庭广众面前，尤其是身着裙装的女士，一定要避免双腿分开造成不雅举止。

（5）蹲在凳子或椅子上。

二、良好的仪表礼仪

仪表是指人的外表，包括人的仪容、服饰、发型、配饰等，为了给人留下良好的第一印象，一些基本的职场仪表规范是需要我们遵守的，其中应重点把握仪容和服饰。

（一）仪容

1. 女士仪容的要求

（1）头发要保持清洁，不可染成黑色或棕色以外的颜色，可适当使用发胶或发蜡定型。发型要与服饰相搭配。

（2）面部清洁。清除附在脸上的油光和污垢、汗渍等，使人容光焕发、富有活力。

（3）自然大方的职业妆容。化妆需遵守一定的步骤和方法，大体上可分为洗脸、打粉底、画眼线、画眼影、涂睫毛膏、描眉、涂腮红、涂口红、定妆几个步骤。

化妆的原则如下。

① 扬长避短，突出美化自己脸上富有美感之处，掩饰面部的不足，以达到化妆的最佳效果。

② 淡妆适宜：化妆的浓淡要根据不同的时间和场合来选择。职业妆要简约、清丽、素雅。

③ 化妆避人：化妆或补妆应该遵循修饰避人的原则，选择无人的地方，如化妆间、洗手间等，切忌在他人面前化妆或补妆。一般情况下，女士在用餐、饮水、出汗等之后应及时为自己补妆。

④ 化妆的浓、淡要视时间、地点、场合而定（TPO原则）。

拓展阅读

TOP 原则

总的来说，仪容仪表要规范、得体，就要牢记并严守TPO原则。TPO原则即要考虑到时间（time）、地点（place）、场合（occasion）。它的含义是要求人们在选择服装、妆容、发型等方面，应当兼顾时间、地点、场合（目的），使自己的仪容仪表与时间、地点、场合协调一致，和谐般配。

（4）正确选择香水。法国著名设计师香奈儿曾说过：香水是最后的搭配。对职场女性来说，应选用一些淡香型的香水，可提神醒脑、驱虫除味，同时也使人魅力倍增。

2．男士仪容的要求

（1）职场男士的头发要常剪常洗、干净清爽，鬓角不能超过耳朵中部，注意不能有头屑。

（2）面部的修饰：男士要剃净胡须、刮齐鬓角、剪短鼻毛，不留胡子。

（3）男士的手指甲一定要经常修剪，指甲内不能有污垢。双手也要保持干净，因为男士握手的概率比女士高得多，手的护理也很重要。

（二）服饰

1．女士服饰

1）女士服饰的规范

（1）较为正式的场合，女性应选择正式的职业套服；较为宽松的职业环境，可选择造型感稳定、线条感明快、富有质感和挺感的服饰，以较好地表现职业女性的职业能力。服装的质地应尽可能考究，色彩应纯正，不易皱褶。服装应以舒适、方便为主，以适应工作强度。正式的场合仍然以西服套裙最为适应；较正式的场合也可选用简约、品质好的上装和裤装，并配以女式高跟鞋；较为宽松的场合，虽然可以在服装和鞋的款式上稍做调整，但切不可忘记职业特性是着装标准。

拓展阅读

身型与搭配

H型搭配：上衣宽松、裙子为筒式（身体稍胖）。

X型搭配：上衣宽松、裙子为喇叭型（凸显腰身）。

A型搭配：上衣稍紧、裙子宽松（体现上半身身材优势）。

Y型搭配：上衣宽松、裙子稍紧（体现下半身身材优势）。

（2）鞋。女士鞋以黑色皮质为佳，不露脚趾和后脚跟、不穿浅口鞋、船式鞋、超高跟鞋，搭配职业装时也不能穿靴子。建议鞋面少些装饰和点缀，以简单大方为主。

（3）裙子。过短的裙装，会把大腿露在外面，给人留下不够正式严谨的印象；裙子过长，又显得没有精神。按标准的职业裙装长短来分，可分为三种：及膝型、过膝型（刚好过膝盖）、超短型（最短为距膝盖上部15厘米）。

（4）配饰。要从服装整体美着眼，使配饰起到点缀、美化服装的作用。配饰的选择要注意巧而精，切不可画蛇添足。

①佩戴饰品应与穿着相协调，尽量发挥首饰对服装所起的衬托作用。饰品佩戴还应考虑个人的年龄、肤色、身材、身份等特点。身材矮小者，不宜佩戴过多的首饰，可以用一两件点缀。身材肥胖者不要佩戴小巧的首饰。颈长者宜佩戴项链，颈短者只宜戴单串的金属项链，或不戴项链而在胸前佩戴光彩夺目的胸花，将人的注意力转移。

②从服装上看，色彩艳丽的服装适合与淡雅的首饰相配，色彩深沉单色的服装适合与明亮、款式精巧的首饰搭配。编织类的毛衣可选配用玛瑙、紫晶、虎石等制成的项链；穿真丝衬衫或裙装时，佩戴金项链最佳。

③从环境协调上看，佩戴首饰得分场合和季节。工作时，尽量少佩戴首饰，可选用样式简朴的胸针、耳环、项链等。外出参加重要社交活动时，可佩戴大型胸针、项链和带坠子的耳环等。

拓展阅读

着装的配色原则

绿色——黄色	粉色——蓝色
深蓝——红色	深蓝——灰色
黑色——浅绿	黄褐——白色
白色——玫红	橄榄绿——骆驼灰

2）女士服饰的禁忌

（1）过分时尚。毕竟职场不是展示个性的舞台，应以端庄自然为主。

（2）乱用饰品。如果不按时间、地点、场合的 TPO 原则搭配饰品，会起到画蛇添足的反作用。

（3）过分性感。如吊带装等比较暴露的服饰是绝对禁止穿着的。

（4）风格不符。职场讲究的是专业，如一些运动风、波西米亚风、嘻哈风、可爱风格等类型的服饰都是不合适的。

（5）颜色繁多。一般来说，一套着装不超过三种颜色是比较适宜的，否则就显得混乱不堪、不够稳重。

2. 男士服饰

1）男士服饰的规范

（1）职场最正式的着装是西装，也是举世公认的合乎美观大方，又穿着舒适的服装。因为西装在造型上线条活泼而流畅，使穿着的人潇洒自然，富有健美感；在结构造型上与人体活动相适应，使人的颈、胸、腰等部位伸展舒坦，富有挺括之美；在装饰上胸前饰以领带，色彩夺目，给人以一种飘逸的美感。

（2）商务衬衫。衣领需熨烫，清洁无痕，色彩端庄，系上领带。

（3）纽扣。西服纽扣的正确扣法：穿着三颗纽扣的西装时，只需扣上最上面和中间的扣子，或只扣中间一颗也可以；穿着两颗扣子的西装时，扣上面一颗即可。

（4）袜子。舒适的、质量精良的棉袜或毛袜一定要是深色调的，长度要到小腿肚。这样才能避免在抬腿或落座的时候露出肌肤。

2）男士服饰的禁忌

（1）在正式场合忌单独穿衬衫；衬衫的下摆不要露出。

（2）忌扣上西服外套的最后一颗纽扣。

（3）忌西服的袖子比衬衣袖子长（衬衫一定要露出袖口）。

（4）忌西服上下袋有过多的杂物。

（5）忌领带过长或过短（领带的尖头在腰带的上缘为宜）。

拓展阅读

不要系西服上的最后一粒纽扣

在《犯罪现场》电视剧中，探员通过受害者身上西服三粒纽扣全部系上，判断出受害者绝非自杀而是他杀后凶手帮其穿上西服的。"永远不要系上西服上衣的最后一粒纽扣"，相信在看到这条穿衣法则时所有的人都会一头雾水。

据说这是源自伊丽莎白女王的儿子韦尔斯王子，因为他太贪图口腹之欲，每餐饭后必须解开背心最下面的一颗纽扣，随从也只好跟着解开最下面的一颗纽扣，之后就演变成大家穿西服时必须遵守的不成文规矩了。如果里面穿着西装背心，应将上衣的三颗扣子全部解开，西装背心最底下的一颗纽扣也不能扣上。如果是两颗纽扣的西装则只扣最上面的一颗，四颗扣子的则可以扣上面三颗或中间两颗。

而在坐下时，切记要将西服纽扣全部解开，因为所有的服装都是为站立时设计的，这注定了坐下时不会太好看。当然，坐下时记得解开纽扣，站起时也切记扣上纽扣。

三、良好的职场商务礼仪

（一）语言礼仪

在与客户沟通交谈的时候，把握技巧和分寸是非常重要的，这直接影响到客户对个人及公司的印象。掌握说话的技巧和艺术，才能展示自己的专业素养和自信心，也是个人魅力的体现。

（1）营造愉快的谈话气氛。开始交谈时，要善于创造一个融洽的气氛，起初先进行适当的寒暄是非常有必要的。如果是第一次见面，不妨做一番简单的自我介绍，等气氛融洽之后，再切入主题。交谈内容严禁一些荒诞离奇、骇人听闻、黄色淫秽的事情，应该从一些健康的、有益气氛活跃的、双方感兴趣的方面切入话题。

（2）不吝啬赞美之词。称赞别人的时候要注意实事求是，否则可能会起到适得其反的效果。措辞的选择和语气的把握以平和为主，一定要诚恳，点到即可。适度的赞美能拉近双方的距离，对双方的交谈起到很好的作用。

（3）注意倾听。善于倾听是谈话成功的一个要诀。在倾听对方谈话时，应与对方进行目光交流，适当地点头或做一些手势动作，表示在回应对方。也可通过一些简短的插语或提问，表示对其谈话内容很感兴趣。

（4）先思而后言。因为在进行服务营销工作的时候，说出的一字一句不仅是代表个人，也是代表公司，所以一定要事先考虑清楚谈话内容，最好在与客户沟通前先拟一个提纲，避免说错话的尴尬。

（5）恰当地使用礼貌用语。礼貌用语反映了职场人的素质涵养。如果与客户沟通的时候语言粗鲁、态度生硬，那么务必会影响自身乃至公司的声誉；而准确亲切的语言，则能反映一个人的文化修养和精神面貌，也会赢得社会对公司美誉度的传颂。

（二）电梯礼仪

我国是礼仪之邦，各行各业都有应该遵守的规则和礼仪。乘坐电梯时也是一样，这就像是遵守交通法规，井然有序的场面不仅能节省大家的时间，保证电梯的正常运行和通畅，还是一个人道德和素养的体现。

电梯可以分为自动扶梯和升降式电梯两种大类。电梯使用的场合不同，遵循的礼仪也不同。

1. 乘坐自动扶梯的礼仪

（1）乘坐自动扶梯时应靠右侧站立，空出左侧通道，以便有急事的人通行。

（2）如须从左侧急行通过时，应向给自己让路的人致谢。

（3）应该主动照顾同行的老人、小孩踏上电梯，以防其跌倒。

2. 乘坐升降式电梯的礼仪

（1）安全第一。当电梯门开始关闭时，不要扒门或强行挤入。电梯载客已满时，应该耐心等待下一趟。当电梯在升降途中因故暂停时，要耐心等候，不要惊惶失措。

（2）出入礼仪。与不相识者同乘电梯，进入时要讲先来后到；出来时应由外向里依次而出。与熟人同乘电梯，尤其是与尊长、女士、客户同乘电梯时，出入顺序则应视电梯具体情况而定：进入有人管理的电梯时，应主动后进后出；进入无人管理的电梯时，应当先进后出，先进去是为了控制电梯，后出去是体现让对方优先的敬意。

（3）礼待他人。当伴随客人或长辈乘坐电梯时，可先行进入电梯，一手按"开门"按钮，另一手按住电梯侧门，礼貌地说"请进"。进入电梯后，按下客人或长辈要去的楼层按钮。若电梯行进间有其他人员进入，可主动询问要去几楼，帮忙按下。到达目的楼层，请客人或长者先出电梯。

（4）保护隐私。在独自乘坐电梯时，要保持自律，不可有粗鲁的举止，不要谈论他人隐私或是商业机密。

乘坐电梯陋习：站在电梯正对口，妨碍他人进出；不依次进入电梯，插队或冲撞他人；不等待即将到达电梯者而是快速将电梯门关闭；大声喧哗，打情骂俏，大声打电话；仅有两人时，背对另一人站立。

（三）介绍礼仪

在与客户的职场交往中，做介绍是常常会遇到的情况。根据不同的情况，介绍主要分自我介绍和他人介绍两种。

1. 自我介绍

（1）要注意时机。做自我介绍时要抓住最恰当的时机，如气氛比较融洽时，这时做自我介绍容易给对方留下好印象。切忌在对方心情不好、情绪低落或正在休息、用餐、处理公务时做自我介绍。

（2）要注意内容。在与客户沟通时，自我介绍应包括姓名、单位名称、部门、职务及具体工作，并且要遵循实事求是的原则。

（3）要注意控制时间。做介绍时要简洁、清晰，尽可能地节省对方的时间，也可以利用名片、介绍信等加以辅助。

（4）要注意态度。做到态度自然、亲切友好、镇定自若、彬彬有礼、落落大方、充满自信。语气要柔和、语速要正常、语音要清晰。

2. 他人介绍

（1）介绍顺序。尊者有权先了解情况，应先将男性介绍给女性、年轻的介绍给年长的、职位低的介绍给职位高的，未婚的通常也先介绍给已婚的（除非前者比后者大得多）。先把晚到的客人介绍给先到的，再自然介绍其他在座的客人。介绍时男性应礼节性地起身，女性则可视具体情况而定。如果男性年纪大得多，年轻的女性则应礼节性地起身表示敬意。

（2）介绍内容。为他人介绍的内容大体与自我介绍内容相仿。作为介绍人，首先要与双方打招呼，使双方都有所准备。

（3）介绍形式。

① 标准式介绍，适用于正式场合，内容以双方的姓名、单位、职务为主。例如，"我来为两位引见一下，这是 ×× 集团人力资源部总监 ×× 先生，这是 ×× 传媒集团市场部总监 ×× 女士。"

② 推荐式介绍。这也适用于正式场合，介绍者是经过精心准备而来的，通常应将介绍者的优势加以重点强调。例如，"这位是 ×× 先生，他是一位出色的建筑设计师，对企业管理也很有研究。张总，你们细谈吧，不打扰了。"

拓展阅读

如何记住他人姓名

介绍并不只是一种客套，应在有人把他人介绍给我们之后，尽量记住他人的姓名，在以后的交往中，才能避免忘记对方姓名的尴尬。

记住别人姓名并不是一件容易的事情。首先，要有意识地识记对方的姓名，记住单位和职位最好，所以做介绍时注意力一定要高度集中，用心聆听。其次，对于外在形象有一定特征的人，可以将其姓名脸谱化或身形形象化，便于记忆。最后，无论采用何种方法记忆，时间长了都不可能过目不忘。因此，很有必要把新结识的人的信息记录在通讯录上，闲暇时间可重复温习，加深记忆。

（四）名片礼仪

在人际交往中，名片不但能推销自己，也能很快地帮助自己与对方熟悉，它就像持有者的颜面，不但要很好地珍惜，而且要懂得怎样去使用它。名片是一种经过设计、能表示自己身份、便于交往和开展工作的卡片，不仅可以用作自我介绍，还可用作祝贺、答谢、拜访、慰问、赠礼附言、备忘、访客留话等。

（1）名片的放置。一般说来，把自己的名片放于容易拿出的地方，不要将它与杂物混在一起，以免要用时手忙脚乱，甚至拿不出；若穿西装，宜将名片置于左上方口袋；若有手提包，可放于包内伸手可得的部位。不要把名片放在皮夹内、工作证内，甚至裤袋内，这是一种很失礼貌的行为。另外，不要把别人的名片与自己的名片放在一起，否则，一旦慌乱中误将他人的名片当作自己的名片递给对方，这是非常糟糕的。

（2）出示名片的顺序。名片的递送先后虽说没有太严格的礼仪讲究，但是，也是有一定的顺序的。一般是地位低的人先向地位高的人递名片，男性先向女性递名片。当对方不止一人时，应先将名片递给职务较高或年龄较大者；或者由近至远处递，依次进行，切勿跳跃式地进行，以免使对方误认为有厚此薄彼之感。

（3）出示名片的礼节。向对方递送名片时，应面带微笑，稍欠身，注视对方，将名片正对着对方，用双手的拇指和食指分别持握名片上端的两角送给对方，如果是坐着的，应当起立或欠身递送，递送时可以说"我是 ××，这是我的名片，请笑纳。""这是我的名片，请您收下。""这是我的名片，请多关照。"之类的客气话。在递名片时，切忌目光游移或漫不经心。出示名片还应把握好时机。当初次相识，自我介绍或别人为自己介绍时可出示名片；当双方谈得较融洽，表示愿意建立联系时就应出示名片；当双方告辞时，可顺手取出自己的名片递给对方，以表示愿结识对方并希望能再次相见，这样可加深对方对自己的印象。

（4）接受名片的礼节。接受他人递过来的名片时，应尽快起身或欠身，面带微笑，用双手的拇指和食指接住名片的下方两角，态度也要毕恭毕敬，使对方感到自己对名片很感兴趣，接到名片时要认真地看一下，可以说"谢谢！""能得到您的名片，真是十分荣幸"等。然后郑重地放入自己的口袋、名片夹或其他稳妥的地方。切忌接过对方的名片就随手放在一边，也不要在手中随意玩弄，不要随便拎在手上，更不要拿在手中搓来搓去，否则会伤害对方的自尊，影响彼此的交往。

（5）向他人索要名片最好不要太直接，可委婉索要。

方法之一是"积极进取"。可主动提议："××先生，我们交换一下名片吧。"而不是单要别人的。

方法之二是"投石问路"。即先将自己的名片递给对方，以求得其予以"呼应"。

方法之三是虚心请教。例如，可以说："今后怎样向您求教。"以暗示对方拿出自己的名片来交换。

方法之四是呼吁"合作"。例如，可以说："以后如何与您联系？"意思是要对方留下名片。

如对方向你索要名片，你不想满足对方的要求，也不应直言相告，为使对方不失面子，你可以表达得委婉一点。通常可以这样说"对不起，我忘了带名片"或是"不好意思，我的名片刚刚才用完了"。

（五）握手礼仪

握手是一种使用频率很高的礼仪，可以表达双方的感情，增进彼此的信任，表达对对方的尊重、鼓励、祝贺、感谢等。双方往往是先打招呼，后握手致意。

1. 握手的动作

握手时，距对方约一步，上身稍向前倾，两足立正，伸出右手，四指并拢，虎口相交，拇指张开下滑，向受礼者握手。掌心向下握住对方的手，显示了一个人强烈的支配欲，是无声地告诉别人他此时处于高人一等的地位，因此应尽量避免这种傲慢无礼的握手方式。相反，掌心向里同他人握手的方式显示出谦卑与毕恭毕敬，如果伸出双手去捧接，则更是谦恭备至。平等而自然的握手姿态是两手的手掌都处于垂直状态，这是一种最普通也最稳妥的握手方式。

2. 握手的时间

除了关系亲近的人可以长久地把手握在一起外，一般握两三下即可。时间过短，好像在走过场。时间过久，特别是拉住异性或初次见面者的手长久不放，显得有些虚情假意，甚至会被怀疑为"想占便宜"。一般要将时间控制在 3 秒左右。如果要表示自己的真诚和热烈，也可较长时间握手，并上下摇晃几下。

3. 握手的力度

握手的力度要掌握好，握得太轻了，对方会觉得你在敷衍他；太重了，对方不但没感到你的热情，反而会觉得你粗鲁。尤其是女士不要把手"软绵绵"地递过去，显得不愿意握手，而是应大大方方地握。

4. 握手的顺序

下级或者地位低于对方，被介绍之后，最好不要立即主动伸手。长辈伸手后，晚辈才能伸手相握；同样是上级先、主人先、女士先；如果女士不想和男士握手，男士不应该主动伸出手；如果男性年长，是女性的父辈年龄，在一般的社交场合中仍以女性先伸手为主，除非男性和女性的祖辈的年龄相近，或女性年龄在 20 岁以下，则男性先伸手是适宜的。但如果忽略了握手礼的先后次序而先伸出手，对方都应不迟疑地回握。

5. 握手礼仪注意事项

(1) 握手时双目应注视对方，微笑致意或问好，多人同时握手时应按顺序进行，切忌交叉握手。与人握手时不要心不在焉。

(2) 握手时不要沉默，也不可长篇大论、点头哈腰、过分客套。

(3) 不要用左手握手有些国家认为人的左手是脏的，所以这个错误不能犯。

(4) 男士在握手前应先脱下手套、摘下帽子，女士特别是在晚会穿着晚礼服的女士可以戴着手套。

(5) 如果需要和多人握手，握手时要讲究先后次序，由尊而卑，即先年长者后年幼者，先长辈再晚辈，先老师后学生，先女士后男士，先已婚者后未婚者，先上级后下级。

(6) 多人相见时，注意不要交叉握手。也就是当两人握手时，第三者不要把胳膊从上面伸过去，急着和另外的人握手。

(7) 在任何情况下拒绝对方主动要求握手的举动都是无礼的。但手上有水或不干净时应谢绝握手，同时必须解释并致歉。

(六) 拜访礼仪

作为民航服务营销人员，拜访客户是必不可少的工作内容之一。如何在拜访客户的时候给对方留下一个好印象？以下提供一些需要遵守的基本原则和技巧。

1. 预约礼仪

拜访他人需做到事前预约，先通过电话礼貌地询问对方合适的时间和场合，并尽量配合对方的时间；如果不事先预约而是直接拜访，会显得很唐突和不礼貌，而且也有可能对方没有时间接受来访，或者打乱对方的日程安排，给对方留下不好的印象。

2．做客礼仪

（1）在提前预约的前提下，提前约 10 分钟到达约定地点。如遇特殊情况无法在预定时间赶到，一定要设法告知对方，并表示歉意。

（2）拜访时，应先告知对方的前台人员自己的公司、职位、姓名和拜访人员信息，待对方核实后带领进入，或者等待对方出来迎接。切记不可擅自闯入。

（3）拜访前应提前考虑好此次谈话主题。刚进门时，不宜直奔主题，可适当寒暄几句，同时对不认识的室内其他人也要主动打招呼。和客户交谈时，要注意把握时间、内容的适应性。如果双方意见不一致，要先耐心倾听对方建议，然后再商讨，不可争论或打断对方。

（4）离开时要主动向客户告别，如对方出门相送，拜访者应请对方留步并道谢。

3．待客礼仪

（1）待客前的准备要到位。客人来访一般是事先约定好时间的，准备工作一般有保持室内干净整洁，修饰个人仪表，准备好客人的茶具、水果、点心等。如果访客没有事先预约就来拜访，要以最快的速度整理好居室，并对客人表示歉意。

（2）迎客时态度要热情。客人来访时要热情相迎，应面带微笑与客人寒暄并亲切交谈，这是对客人来临表示欢迎和尊重，可以消除对方的拘束感，拉近主客双方的距离。

（3）敬茶。适当寒暄之后，要尽快奉上一杯热茶，并轻声提示对方："请您慢用，小心烫。"

（4）注意谈话内容。要先了解清楚对方此次拜访的目的，围绕此目的进行谈话，也可适当谈一些双方都感兴趣的话题，但要避免东拉西扯，浪费彼此时间。

（5）热情送客。客人离别时，应当立即起身并热情送客。送客的远近与客人的身份及亲疏关系相吻合，有的送到电梯口即可，有的则需送出公司大门甚至车上。

资料链接 7-1

蝴 蝶 效 应

美国气象学家爱德华·罗伦兹于 1963 年在一篇论文中分析了蝴蝶效应。对于这个效应最常见的阐述："一只南美洲亚马孙河流域热带雨林中的蝴蝶偶尔扇动几下翅膀，可以在两周以后引起美国得克萨斯州的一场龙卷风。"其原因就是蝴蝶扇动翅膀的运动，导致其身边的空气系统发生变化，并产生微弱的气流，而微弱的气流又会引起四周空气或其他系统产生相应的变化，由此引起连锁反应，最终导致其他系统的极大变化，称为混沌学。当然，"蝴蝶效应"主要还是关于混沌学的一个比喻，也是蝴蝶效应的真实反应。这不起眼的一个小动作却能引起一连串的巨大反应。

蝴蝶效应是指初始条件十分微小的变化经过不断放大，对其未来状态会造成极其巨大的差别。有些小事可以糊涂，而有些小事如经系统放大，则对一个组织、一个国家来说是很重要的，就不能糊涂。

如今的企业，其命运同样受蝴蝶效应的影响。消费者越来越相信感觉，所以品牌消费、购物环境、服务态度等这些无形的价值都会成为他们选择的因素。所以只要稍加留意就不难看到，一些管理规范、运作良好的公司在他们的公司理念中都会出现这样的句子："在你的统计中，对待100名客户里，只有一位不满意，因此你可以说只有1%的不合格，但对于该客户而言，他得到的却是100%的不满意。""你一次对客户不善，公司就需要10倍甚至更多的努力去补救。""在客户眼里，你代表公司"。

所以要倡导学习礼仪，一个细微的表情、一个不经意的动作、一句无心的言语，都有可能给客户留下深刻的印象，而这个印象不仅仅代表个人，更重要的是代表公司。因此，礼仪的功能就是给对方留下美好的印象，然后利用蝴蝶效应去传播这种正面的形象，这才是学习礼仪知识的最终目的。

第二节　面对面营销技巧

一、做足自身准备

俗话说："机会是给有准备的人的"。在各种营销方式中，面对面营销是最考验营销人员职业素养的方式，所以提前做足自身的各项准备，是成功营销的基础。

（一）专业知识准备

专业知识包括：对自己的服务或产品了如指掌；对竞争对手的服务或产品了如指掌；掌握航空业的相关衍生面的各类情况；

对自己专业知识的掌握是与客户面对面营销的前提条件。只有以一个行业专家的身份出现在客户面前时，对方才会信任你。相反，如果让客户感到你非常不专业，不但会给对方留下糟糕的印象，更会造成营销失败的结局。因此，要像了解自己一样了解要卖的服务或产品。清楚地了解该服务或产品的卖点、优势和能解决客户哪些问题。同时你也必须了解竞争对手的产品，了解对方的优势和软肋。

针对服务营销来说，服务人员本身就是产品的一部分，所以从航空业的管理人员到一线的服务人员，自身的职业素养都是直接决定营销策略是否有效的必要条件。

例如，对于空中乘务员，航线路标常识、飞行时间和距离、航程餐饮情况、客舱设备情况、飞机释压时的应对措施等都是必须掌握的专业知识；对于候机楼地面服务人员，候机楼的布局、各项设备的使用方法、航班信息、机场信息等都要了如指掌；对于安检人员，危险品的分类和处置方法、危险人员的识别、安检程序等知识都需要掌握。

（二）对客户了解的准备

在没有对客户做好充分了解之前，不要轻易采取营销策略。你事先可以通过各种渠道去了解客户，如兴趣爱好、家人、朋友、价值观、荣誉等，只有对客户做了充分的了解，才能在沟通过程中投其所好，"知己知彼，百战百胜"。

首先，要了解客户的需求，围绕客户的需要，详细地介绍服务产品的优势，让客户相信双方合作能提升彼此的价值和体验。

资料链接 7-2

如何挖掘客户需求

一位老太太每天去菜市场买菜、买水果。一天早晨，她来到菜市场，遇到第一个卖水果的小贩问："你要不要买一些水果？"老太太说："你卖什么水果？"小贩说："我这里有李子、桃、苹果、香蕉，你要买哪种呢？"老太太说："我要买李子。"小贩赶忙介绍："我的李子又红、又甜、又大，特好吃。"但老太太却摇摇头走了。老太太继续在菜市场转，遇到第二个小贩。这个小贩也问老太太买什么水果。老太太说买李子。小贩接着问："我这里有很多李子，有大的、小的、酸的、甜的，你要什么样的呢？"老太太说要买酸李子，小贩说："我这堆李子特别酸，你尝尝？"老太太一尝，果然很酸。老太太受不了了，但越酸越高兴，马上买了一斤李子。

但老太太没有回家，而是继续在市场转。遇到第三个小贩，同样问老太太买什么。老太太说："买李子。"小贩接着问："买什么李子？"老太太说："要买酸李子。"但他很好奇，又接着问："别人都买又甜又大的李子，你为什么要买酸李子？"老太太说："我儿媳妇怀孕了，想吃酸的。"小贩马上说："老太太，你对儿媳妇真好！儿媳妇想吃酸的，就说明她想给你生一个孙子，所以你要天天给她买酸李子吃，说不定真给你生一个大胖小子！"老太太听了很高兴。小贩又问："那你知道不知道孕妇最需要什么营养？"老太太说："不知道。"小贩说："其实孕妇最需要的是维生素，因为她需要供给胎儿维生素。所以光吃酸的还不够，还要多补充维生素。"他接着问："那你知不知道什么水果含维生素最丰富？"老太太还是不知道。小贩说："水果之中，猕猴桃含维生素最丰富，所以你要经常给儿媳妇买猕猴桃！保证你儿媳妇生出一个漂亮、健康的宝宝"。老太太马上买了一斤猕猴桃。当老太太要离开的时候，小贩说："我天天在这里摆摊，每天进的水果都是最新鲜的，下次来就到我这里买，还能给你优惠。"从此以后，这个老太太每天在他这里买水果。

在这个故事中可以看到：第一个小贩急于推销自己的产品，根本没有探寻顾客的需求，自认为自己的产品多而全，结果没有卖出去。

第二个小贩有两个地方比第一个小贩聪明，一是他第一个问题问得比第一个小贩高明，是促成式提问，二是当他探寻出客户的基本需求后，并没有马上推荐商品，而是进一步纵深挖掘客户的需求。当明确客户的需求后，他推荐了对口的商品，取得了成功。

第三个小贩的销售过程非常专业，他首先探寻出客户的深层次需求，然后激发客户解决需求的欲望，最后推荐合适的商品满足客户需求。他的销售过程主要分为六步：第一步：探寻客户基本需求；第二步：通过纵深提问挖掘需求背后的原因；第三步：激发客户需求；第四步：引导客户解决问题；第五步：提出解决方案；第六步：成交之后与客户建立客情关系。

（三）完备的营销知识

一名优秀的航空服务营销人员除了掌握扎实的服务（产品）知识以外，充实自己的营销知识也是必不可少的。因为在面对面营销的过程当中，可能会遇到不同层次、不同性格的各种人群，所以营销的一些基本常识就显得尤为重要。

1. 掌握相关理论知识

营销人员应掌握市场营销学、航空服务营销理论、客户心理学等方面的相关知识，掌握市场调查和预测的基本方法；善于发现现实和潜在的客户需求，了解产品市场趋势和市场行情。

2. 掌握环境知识

由于不同地区的政治、经济、法律、社会文化背景等对服务和产品的要求不同，因此营销人员必须了解负责区域的民间风俗、交通环境、收入水平、语言习惯、饮食习惯等，才能更有利于工作的开展，促成营销工作顺利完成。

3. 掌握市场知识

营销人员必须了解和掌握市场的动向，包括航空业的最新发展方向、行业新闻、同类服务（产品）的营销方式、营销效果、客户反映、优势和劣势分析等。

4. 掌握法律知识

掌握法律知识在与客户签订合同时是非常重要的，必须清楚合同的全部条款，做到权责分明，为以后能更好地履行合同提供方便。

需掌握的相关法律知识包括《中华人民共和国经济合同法》《中华人民共和国反不正当

竞争法》《中华人民共和国产品质量法》《中华人民共和国商标法》及《中华人民共和国专利法》等。

5. 掌握消费者知识

不管是服务本身还是产品本身，不管面对的是顾客还是旅客，最终服务的对象都是消费者。所以掌握消费者的一些基本知识是非常必要的。营销人员要善于分析民航消费者的特点、购买力；消费者类型、心理和行为；知晓心理学、社会学及行为学方面的相关知识；从而明白目标客户群的相关信息，以便制定和修正出更有针对性的营销策略。

（四）积极的心态

1. 带着热情去工作

热情的工作态度是有效营销的必要条件。热情不是一个空洞的形容词，而是一股力量、一种积极的工作状态。它可以释放出潜意识的巨大能量，时刻提醒自己专注于目标，使自己有获得成功的坚强意志，同时也带给客户一种自信阳光、积极专业的职业素养。

2. 给自己一份好心情

好心情是可以传染的，也是需要和别人分享的，不良的情绪不仅使人精神萎靡，也严重影响工作效率，难以发挥出色的工作能力。所以在与客户面对面沟通前，一定要先调整好自己的情绪，不管当时的心情又多么糟糕，都必须以一个职业人的专业态度面对工作，在与客户见面前，要尽力把坏情绪全面清除。拥有好的心情，才能更自信地、高效地、圆满地完成工作任务。

3. 真诚地对待客户

营销人员只有具备真诚的态度，才能赢取客户的信任，这里特别强调以下两点。

1）说话实事求是

在与客户面对面沟通时，切忌说话夸大其词，否则会使公司名誉受损。如果暂时不能明确回答客户提出的问题，可以诚恳地告诉对方："实在对不起，现在我还无法回答您这个问题，但我回去后会查找相关资料，第一时间回复您。"这种坦率的回答可以体现你的真诚。但是如果时间允许，最好马上查找答案并告诉对方。

2）言而有信

俗语说："说出去的话，泼出去的水。"意思是，话一旦说出去，就没有收回来的余地。对待客户同样如此，对自己做不到的事情一定不要轻易承诺，对自己答应客户的事情一定要做到，这既是对客户负责，也是对自己的信誉负责。

所以真诚是营销人员必备的素质。一颗真诚的心比一张巧舌如簧的嘴更能赢得客户的信任。当我们用人格魅力征服了客户，甚至与之成为好朋友的时候，是不是更有利于营销策略的开展呢？

4. 懂得感恩

在生活中，很多人吝啬感恩，认为得到的一切都是理所当然的，认为自己努力得来的东西不需要感谢别人。人是社会单位里面最小的一个元素，一件事情的成功如果没有他人的配合和帮助，是很难只靠自己一个人去完成的。其实感恩是一种积极的心态，也是一种受人欢迎的习惯和态度。真诚地对别人说一声"谢谢"，这种好习惯会对人际关系和事业成功起到很好的作用。

二、赢得客户的心

（一）重视每一个客户

无论是大客户还是小客户都要一视同仁。每一位客户都值得服务和交流，你的一言一行、一举一动都能让对方感受到是否有诚意，而这种诚意直接影响到后续沟通与合作的结果。企业营销的是航空服务，服务也是产品的一种，反之，产品也是服务的具体表现形式，二者是相辅相成、缺一不可的。而航空服务的质量在整个服务行业属于最高水平，所以营销人员在对待客户服务方面的要求也更加严格。

重视每一个客户，首先从尊重开始，如果没有尊重，谈何重视。客户是我们的衣食父母，所以凡事应以客户为重，多考虑客户需求，用真诚的态度和客户沟通交流，用专业的态度和客户谈合作，长此以往，一定能赢得客户的心。

拓展阅读

真诚沟通 打动客户

张洋进入航空公司两年以来，感觉自己每天都在提升。促成这种提升的原因有两方面，一方面是客户所给的压力；另一方面，作为一个领导者，他要带领团队，就一定要有一个正确、清晰的想法，要让别人认同自己，他得不断地更新和完善自己的理念。

刚入行的时候，张洋和很多人一样，被压力追赶着往前冲，想着今年要争取多少客户、多少营业额，从来不想自己"跑"的方向是否正确。但是，现在他和以前感觉不一样了。虽然他现在也在快速地"跑"，但在"跑"的过程中，不再埋头去拓展客户，而是思考更多的问题。例如，前面的路该怎么走，前面的市场是怎么样的，其他对手在做什么，整个行业存在着什么问题等。也就是在这样的边奔跑边思考的过程中，他总结出了自己成功的心得：在营销工作中，重视客户、真诚对待是最重要的。营销讲求的是沟通，因此，除了专业水平外，还要用情感、品德去打动客户。张洋服务的客户有十几家，作为主要的负责人，他觉得与客户沟通时要深入他们的内心，不要只满足于与客户成为工作上的合作伙伴，还要真诚地与他们做朋友，从各方面了解他们的需求，这样双方才能探讨一些更深入、更利于合作的东西。

张洋的这些关于情感沟通的感悟，是从自己的一些工作败绩中总结出的。有一次，他被调到北京，结果不到一个月时间就铩羽而归。失败的因素有很多，但他觉得最主要的是，当时太纵容自己的个性了，而他本身的性格又比较急躁，所以与那边的老总、同事的关系没处理好，为工作增加了许多不必要的麻烦。张洋认为这件事是他人生中的"滑铁卢"，对他影响很大。现在回想起来，他觉得当时的困难是完全可以解决的，不应该逃避，而是把问题解决好，对自己的发展将会有很大帮助。错失了一个锻炼和成长的良机，张洋有点后悔，但这个挫折也让他在日后的工作中受益良多。他已经懂得了长远地看问题，懂得控制自己的情绪，积极看待困难，因此有了如今的成就。

懂得运用以情感制胜的沟通方式，也为张洋带来很多辉煌的业绩。例如，有一个月，张洋接到了一个项目，他的责任是把手机产品与旅客更好地结合起来，让华南的消费者更好地认识要推广的服务。当时，他觉得这个项目是一个很大的挑战。经过系列的调查分析，他决定把手机与社会的热点结合起来。当时世界杯足球赛正如火如荼地进行着，人们的情感都系到赛事上，于是他把每款手机都与一个世界杯明星结合起来，结果在广东、广西、湖南等地收到了很好的效果。之后，张洋又利用人们爱美的情感共性，把每款新手机都与一类女性的美好形象联系起来。例如，把 T191 与一个年轻的学生结合起来，把 V60 与一个漂亮优雅的女性结合起来。这一系列的策划很成功，无论客户、媒体还是旅客都很喜欢这个创意，并将这种思路推向全国，这让张洋感到无比自豪。

（二）化解客户的拒绝心理

营销人员碰到客户拒绝的可能性远远大于成功的可能性，许多时候，在洽谈刚开始，营销人员就遭到了拒绝。但这一切并不是客户的错，不可否认客户拒绝是有很多原因的，许多原因都不是营销人员或者客户能够改变的。但许多时候，不当的营销方式是遭受客户拒绝的关键因素。

研究表明，客户虽然有借口来对营销人员做出拒绝的反应，但根源往往归结为习惯性使然。就是说客户虽然可能对现状并不满意，但往往对新事物、新方法有某种自然的抵触情绪，由于对新事物并不了解或者不能把握新事物所带来的积极变化，因此宁可采用现在已经非常熟悉的方式来维持现状。所以，在洽谈的过程中，要清楚地了解客户拒绝的真正原因在哪里。

一般说来，客户拒绝的理由大概可以归结为以下三个类别。

1. 不需要这个产品

营销人员经常碰到的拒绝就是"不需要"。也许客户真的"不需要"，但事实上，大多数"不需要"仅仅是一个借口，或者是客户在故意拖延时间。统计的数据表明，将近80%的顾客对他们现有的产品或者服务感到不满意，但却不想采取任何措施去改变现状，85%的客户实际上没有非常明确的需求。客户对营销人员做出"不需要"的拒绝可能是由于营销人员喋喋不休地介绍自己的产品或者服务，或者由于一个营销人员惹恼了客户，导致客户把怨气发在第二个营销人员身上。尽管"不需要"是客户最经常采用的拒绝方式，但却是最容易避免的拒绝。

良好的利益陈述能够降低客户的排斥心理，当然，客户"不需要"的情况有时是真实的。作为一个营销人员，尽量利用多种手段充分地了解客户，才能有效地区分真"不需要"还是假"不需要"。

2. 现在没有资金

影响营销过程最终达成的最大难点就是"现在没有资金"。如果需求是强烈的和必需的，甚至是一种紧迫的需求，"现在没有资金"的借口就不攻自破。因此，不要被客户"现在没有资金"的借口所迷惑，如果出现这种情况，只能说明在介绍产品或者服务的时候，忘记启发客户的需求。

所以，在营销洽谈的过程中，最初的几个阶段最为重要，在帮助客户做需求分析的时候，一定要使自己的产品和服务给予客户强烈的需求印象，无论这个需求是真实的还是虚幻的。只要做到这一点，价格的问题就显得不重要了，而且报价在他们看来会变得相当合理。

3. 为什么与你合作

如果客户用"为什么与你合作"问题来拒绝营销人员，那么，此时最好将精力转移到其他的客户身上。"不信任"意味着客户已经决定购买新的产品或服务。

"不信任"拒绝的发生是由于在许多行业中缺乏营销培训，假如营销人员所做的只是把产品和特色介绍给客户，只会使客户流失。而与之相反，如果以参谋和顾问的方式推进营销过程，那么就能赢得客户的信任。当仔细研究客户业务的时候，客户就会对自己增加一分信任；当不仅理解了客户的需求，并根据客户的需求提出相应的解决方案的时候，客户就愈加信任。所以，避免客户"不信任"拒绝的关键就是一开始就建立起真正为客户着想的印象。

突破客户 13 种拒绝的话术

(1) 如果客户说："我没时间！"那么营销人员应该说："我理解。我也是时间不够用。不过只要 3 分钟，您就会相信，这是一个对您绝对重要的议题……"

(2) 如果客户说："我现在没空！"营销人员就应该说："先生，美国富豪洛克菲勒说过，每个月花一天时间在钱上好好盘算，要比整整 30 天都工作重要！我们只要花 25 分钟的时间！麻烦您定一个日子，选一个您方便的时间！星期一和星期二我都会在贵公司附近，所以可以在星期一上午或者星期二下午来拜访您！"

(3) 如果客户说："我没兴趣。"那么营销人员就应该说："是，我完全理解，对一个不相信或者手上没有任何资料的事情，您当然不可能立刻产生兴趣，有疑虑、有问题是十分合理的，让我为您解说一下吧，星期几合适呢？"

(4) 如果客户说："我没兴趣参加！"那么营销人员就应该说："我非常理解，先生，要您对不了解是否有好处的东西感兴趣实在是强人所难。正因为如此，我才想向您亲自报告或说明。星期一或者星期二过来拜访你，行吗？"

(5) 如果客户说："请你把资料寄给我怎么样？"那么营销人员就应该说："先生，我们的资料都是精心设计的纲要和草案，必须配合人员的说明，而且要对每一位客户分别按个人情况再做修订，等于是量体裁衣。所以最好是我在星期一或者星期二过来拜访您。您看上午还是下午比较好？"

(6) 如果客户说："抱歉，我没有钱！"那么营销人员就应该说："先生，我知道只有您才最了解自己的财务状况。不过，现在帮你做一全盘规划，对将来才会最有利！我可以在星期一或者星期二过来拜访您吗？"或者说："我了解。正因如此，我们现在开始选一种方法，用最少的资金创造最大的利润，这不是对未来的最好保障吗？在这方面，我愿意贡献一己之力，可不可以下星期三或者周末来拜见您呢？"

(7) 如果客户说："目前我们还无法确定业务发展会如何。"那么营销人员就应该说："先生，我们不用担心这项业务日后的发展，您先参考一下，看看我们的供货方案的优点在哪里，是否可行。我星期一还是星期二拜访你比较好？"

(8) 如果客户说："若要做决定，我得先与合伙人谈谈！"那么营销人员就应该说："我完全理解，先生，我们什么时候可以与您的合伙人一起谈？"

(9) 如果客户说："我们会再与你联络！"那么营销人员就应该说："先生，也许您目前不会有太大的意愿，不过，我还是很乐意让您了解，要是能参与这项业务，对您会大有裨益！"

(10) 如果客户说："说来说去，还是要推销东西？"那么营销人员就应该说："我当然是很想向你销售东西，不过要是能带给您让您觉得值得期望的，才会卖给您。有关这一点，我们要不要一起讨论研究？下星期一我来拜访您？还是您觉得我星期五拜访你比较好？"

（11）如果客户说："我要先好好想想。"那么营销人员就应该说："先生，其实相关的重点我们不是已经讨论过吗？您顾虑的是什么？"

（12）如果客户说："我再考虑考虑，下星期给你打电话！"那么营销人员就应该说："欢迎您给我打电话，先生，您看这样会不会更简单些？我星期三下午给您打电话，还是您觉得星期四上午比较好？"

（13）如果客户说："我要先和我太太商量一下！"那么营销人员就应该说："好，先生，我理解。可不可以约夫人一起来谈谈？约在这个周末，或者您喜欢约在哪一天？"

类似的拒绝有很多，无法一一列举出来，但是，处理的方法其实是一样的，就是要把拒绝转化为肯定，让客户拒绝的意愿动摇，营销人员就诱使客户接受自己的建议。

（三）优质的服务

1. 附加服务是赢得客户信任的良剂

任何服务行业都有相关的服务规范和服务标准，按照规范流程对客户进行服务，只是合格的。怎样才能把最优质的服务提供给客户，让对方成为企业长期的合作伙伴，给公司带来长远的利益，附加服务是一个很好的着手点。所谓附加服务，其实就是规范流程和标准以外的服务内容，但这些内容是区别于竞争对手的优势项目，更能赢得客户的好感和信任。在竞争日益激烈的今天，怎样才能"与别人不同"才是企业从客户感受出发真正需要考虑的事情。

例如，旅客进入机舱前，空姐提供餐饮是旅客提前预知的服务内容，如果空姐再提供一些额外的附加服务，如目的地城市旅游攻略介绍（满足游客的需要）、酒店预订、机舱WiFi等，而这些附加服务又适时地满足了不同旅客的需求，所以会带给旅客不一样的感受，使其留下深刻的印象，这样下次再次选择同一家航空公司的概率就大大提高，长此以往，就可以把更多的旅客变成同一家航空公司的忠实旅客。

2. 做好后续服务是赢得长期合作的关键

为了保证客户不流失，必须格外重视后续服务。一般而言，有经验的营销人员的客户维护能力都非常强，这里指的客户维护能力，其实就是指使客户得到满足的一种能力。怎样才能使客户得到满足呢？就是周全的后续（售后）服务。良好的后续服务不仅仅能赢得客户的信赖，也是帮助自己提升业绩的最佳手段。

（1）随时提供服务。作为营销人员，当客户接受自己的服务（或产品）的时候，自己更要时刻关注客户的反映，留意后续的反馈，做好随时提供后续服务的准备。

（2）遇到某些机会和场合，必须要有相应的礼节。例如，客户的公司举办周年庆或者酒会活动等，邀请自己参加，自己必须准时出席，同时还要考虑是否要送贺礼。

（3）提供信息。服务或产品相关的最新信息要第一时间告知客户。

资料链接 7-3

从德国慕尼黑机场的发展看服务营销的魅力

近年来，在欧洲的主要机场中，第二大机场慕尼黑机场的旅客吞吐量增速最快，达到了 10.8%，在这里上下飞机的旅客数量约为 2680 万人次。虽然从规模上看，它比不上伦敦希思罗机场的 6710 万人次和法兰克福机场的 5110 万人次，但由于其具备地理位置上的优越条件、换乘便利，慕尼黑机场正在成为欧洲的大型航空枢纽机场。

1. 最短换乘时间仅 30 分钟

衡量航空枢纽机场效率性的一个指标就是 MCT（飞机最短换乘时间）。对于慕尼黑机场来说，不管是国内航线还是国际航线，或者是欧洲范围的航线，其最短换乘时间，1992 年启用的第一航站楼是 35 分钟；2003 年启用的第二航站楼更短，只有 30 分钟。不同航站楼之间的换乘为 45 分钟。

2. 实现世界最快服务速度的背后

实现 30 分钟 MCT 的背景是，慕尼黑机场和德国汉莎航空公司的合作。2003 年 6 月竣工的第二航站楼的总工程费是 1150 万欧元，其中慕尼黑机场出资 60%，汉莎航空公司出资 40%。机场和航空公司合作经营航站楼，这在世界上是很少见的。值得一提的是，慕尼黑机场本身也是一家由机场所在的拜恩州和慕尼黑市共同投资的民营企业。经济学博士、曾在德国最大国际机场法兰克福机场工作过，并担任过汉堡机场董事的慕尼黑机场总经理兼 CEO 米夏埃尔·卡克勒说："正是因为有了两者的合作，才实现了可观的效率性。"

另外，对于汉莎航空公司来说，德国约就在欧洲的中心位置，德国的机场具备飞往包括东欧国家在内的欧洲各国的枢纽机场的有利条件，而慕尼黑机场是仅次于法兰克福机场的第二大航空枢纽机场，要使其拉开与其他主要机场的差距，实现 30 分钟MCT 的目标是一个重要的课题。如今，第二航站楼 50% 的旅客是过境的换乘旅客。

30 分钟只是设定的最短的换乘时间，实际上，几乎所有的换乘时间都设定得比它长，但是"目前已有 1/4 的过境旅客是在 45 分钟内换乘的。"第二航站楼管理公司的负责人说。

"在各家航空公司展开激烈竞争的市场环境中，仅靠机上的服务不行，地面的服务质量也必须考虑到。所以，我们选择了直接参与机场经营这条道路。"汉莎航空公司驻慕尼黑机场代表说。对于大型航空公司来说，建立航线网络是胜败的关键，枢纽机场的效率性直接关系到经营收入。

缩短 MCT，不仅让旅客满意，对于航空公司来说，由于飞机在地面停留的时间变短，飞行的时间就相应增加，从而也提高了飞机的使用效率。

3. 先进的计算机管理系统功不可没

那么，具体说来，慕尼黑机场是如何实现 30 分钟 MCT 速度的呢？实际上，在第二航站楼的设计上就设定了 30 分钟的目标，"为尽可能缩短旅客和行李的移动距离和时间，航站楼设施在设计上将活动线减到最短。"第二航站楼呈南北向长 980 米的细长形状，一边是一长排登机入口，而另一边的中央则设置了出入境管理和安全检查设施，从任何一个登机入口都能在几分钟内到达。

实现 30 分钟 MCT 的另一个关键因素是依靠计算机系统的管理体制。例如，机场的中央控制中心可以从系统内各个航班的信息中，计算出在慕尼黑过境换乘飞机的旅客数量，然后指令飞机停靠在旅客便于走向换乘航班的登机入口。该中心除了飞行管理之外，还包括地面服务、旅客和货物管理等各个部门的负责人，常常是在确认飞行信息的同时，还及时进行货物装卸和燃料补充等地面业务。旅客数量之类的信息不仅为管理公司内部门共享，还传输到出入境管理处和负责安全保卫的国家派驻机构，"航站楼内共有 26 个安全检查口，旅客数量多的时候所有检查口都配置工作人员，整个机场都尽力不让旅客等候。"第 2 航站楼管理公司的经理说。

4. 装卸行李只用 7 分钟

与此同时，所有托运的行李被送上全长 40 公里的传输带，在传输带上一边接受 X 光安全检查，一边移动，扫描仪读取行李标签上的编码，以最短的路径将行李送到主人的下一航班或行李领取处。在安全检查中顺利过关的行李移动时间不超过 7 分钟；在检查中发现疑点被扣留的行李便被送入第 2 级检查，但也不超过 12 分钟；而无法通过进入第 3 级检查程序的行李则必须以直接的目力来检查。

慕尼黑机场每小时行李的处理能力是 15 000 件，每件行李都要经过包裹控制中心系统的检查，万一发现有混入其他飞机上的行李，会将其送到重新确认的检查点，与系统中的信息核对，在 2 分钟之内再次送上传输带。

负责管理该信息系统的是德国西门子公司，机场公司、航空公司和信息系统公司三者强强联合形成了一个高速、高效运转的系统。

5. 磁悬浮连接市区只需 10 分钟

由于地处郊区，慕尼黑机场必须依靠快速便捷的公共交通来连接市区。目前连接机场和市区的主要是铁路，尽管每隔 10 分钟就有一班火车，但到市中心还是需要 40 分钟。所以，现在慕尼黑机场已制订了开通磁悬浮列车的规划，利用德国的先进技术，建设与上海一样的磁悬浮交通，这样从机场到达市中心只需 10 分钟。但由于投资大，需要向地方政府提出申请。在欧洲颇有声誉的慕尼黑机场目前正在致力于的业务是向其他国家输出机场经营管理经验，提供咨询业务。不仅在欧洲，还与泰国、马来西亚等亚洲国家的机场缔结了输出经营管理知识的协议，输出经营管理经验正成为慕尼黑机场新的业务生长点。

（资料来源：http://zl.qudao.com/duhaiqing/2010-120.shtml.）

第三节　电话营销技巧

一、打电话前的准备工作

（一）说的每一句话都要有价值

电话营销不同于面对面营销，面对面营销有充足的时间让营销人员树立良好的形象，但电话营销却要求营销员字字珠玑，力求说出的每一句话都有价值。

要想使每一句话都有价值，就必须掌握电话营销的基本知识和技巧，平时也要在专业知识和营销管理方面多下功夫。总之，要让对方感受到营销人员的语气是有亲和力的、专业的、有说服力的，不能东拉西扯，这样很可能会引起对方的反感。

1. 全方位"撒网"

要想让公司的服务（产品）销售出去，就需要有足够的客户资源。客户既可以通过网络、广告等途径来寻找，也可以通过黄页号码来寻找，更可以通过朋友、同事的介绍来寻找。总之，要利用一切可以利用的资源，全方位"撒网"，绝不漏掉任何一个潜在的客户资源。

2. 同理心思考

在打电话之前，要提前想好开头语、中间语及结束语应该怎样说，关键是要用心思考准备的言辞是否能够说服自己。营销人员的言语是否真诚、服务（产品）是否满足客户需求，客户会在电话分辨出来。要学会问自己问题：如果我是客户，我会对哪些卖点感兴趣？怎样介绍服务（产品）才能打动客户？当能回答这两个问题后，要尽量写出来变成自己的语言。公司最好能对电话营销人员进行专业的培训，设计出电话营销中遇到的问题，编写产品问答小册子，这样会有利于营销人员更好地进入自己的角色。

3. 给对方留"后路"

电话营销的成功往往都是要经过多次沟通才能达成的，所以一定不能急于求成。要耐心地和对方交谈，多给对方考虑的时间，即使一开始被对方拒绝了，也不要灰心丧气，更不能激怒客户，可以换一个话题转移注意。在后续的电话跟进中地再次寻找转机。

4. 松紧有度

在电话营销中，客户会因为性格不同而表现出不同的情绪及态度，因此需要营销人员因人而异、松紧有度。对于性格急躁的客户，要放缓自己说话的节奏，不要拐弯抹角，而是要产品的优势及对方可以得到的实惠。对于心细、注重细节的客户，要耐心地为其讲解，有针对性地回答客户提出的问题。

5. 发音准确

因为客户在和电话营销人员接触时，只能听到声音，所以营销人员就要保证电话里的每一个字都要清晰准确。首先，普通话要尽量标准，说话的速度要适中，要把每一个字都说清楚。其次，要学会发出强调音，一般介绍产品名称、公司名称、人名时都要加重声音，有利于客户记住。语言发音准确与否还直接影响客户对营销人员的印象。

（二）熟练掌握专业知识

电话营销人员必须做到对介绍的服务（产品）的优势、程序、竞争对手的信息、功能等方面的信息了如指掌，才能在和客户进行电话交谈时表现出自己的专业性，让客户了解到该服务（产品）对他有何益处，要注意不可只谈优势，不谈劣势，而是客观地在强调优势的同时指出不足之处，并介绍改进的方向和措施，这样反而会显得真诚。

（三）做好周密调查

在进行正式电话营销之前，应当尽可能多地搜集有关营销对象的各种信息和情报，做到心中有数，包括客户的个人基本信息、家庭状况、爱好及企业任职情况；关于客户所在的企业的信息，如企业规模、经营范围、销售对象、企业声誉等。

一名优秀的电话营销人员也应该是一名合格的调查员。因为这是进行电话营销前必须掌握的内容之一。

拓展阅读

电话营销前的用具准备

（1）三种颜色的笔：红色、黑色、蓝色。

（2）便签纸。

（3）16开的大本子。在本子里记录公司简称、名单来源、联系人、职务、电话、评分、谈话内容简记、时间。

（4）将同类名单放在一起

（5）传真件。发传真的五个要点如下。

① 随时随地准备传真。

② 5 分钟之内发送。

③ 10 分钟确认对方收到与否。

④ 确认对方看过并回复。

⑤ 跟进和联络，达成目的。

二、接打电话基本技巧

（一）注意开场白

对于电话营销人员来说，电话开场白具有重要的作用。因此，要想成为一名优秀的电话营销人员，一定要抓住开场白的 30 秒。

营销人员必须能够在 30 秒内做公司及自我介绍，引起顾客的兴趣，让客户有继续与你谈下去的愿望。具体来说，营销人员要在 30 秒内让客户清楚地知道以下三件事情：① 我是谁，我代表哪家公司？② 我打电话给客户的目的是什么？③ 我所在公司的产品对客户有什么用途？

那么，销售人员如何做好这种开场白呢？以下有六种方法。

1. 直截了当开场法

营销员："您好，朱小姐 / 先生吗？我是 ×× 公司的市场部李明，打扰你工作 / 休息了，我们公司现在做一次市场调研，能否请您帮一个忙呢？"

顾客朱："没关系，是什么事情？"

顾客也可能回答"我很忙"或者"正在开会"或者以其他原因拒绝。

营销员必须马上接口："那我 1 个小时后再打给您吧，谢谢您的支持。"然后，营销员要主动挂断电话。

当 1 个小时后打过去时必须营造一种很熟悉的气氛，缩短距离感："朱小姐 / 先生，您好！我姓李。您叫我 1 小时后打给您电话的"

2. 同类借故开场法

营销员："朱小姐 / 先生，我是 ×× 公司市场部李明，我们没见过面，但可以和您交谈 1 分钟吗？"

顾客朱："可以，什么事情？"

顾客也可能回答"我很忙"或者"正在开会"或者以其他原因拒绝。

营销员必须马上接口：那我 1 个小时后再打给您，谢谢。"然后，营销员要主动挂断电话！

当 1 个小时后打过去时必须营造一种很熟悉的气氛，缩短距离感：朱小姐 / 先生，您好！我姓李。你叫我 1 小时后打给您电话的　　"

3. 他人引荐开场法

营销员："朱小姐 / 先生，您好，我是 ×× 公司市场部的李明，您的好友王华是我们公司的忠实用户，是他介绍我打电话给您的，他认为我们的产品也比较符合您的需求。"

顾客朱："王华？我怎么没有听他讲过呢？"

营销员："是吗？真不好意思，估计王先生最近因为其他原因还没来得及给您引荐吧。您看，我这就心急地主动给您打电话了"。

顾客朱："没关系的。"

营销员："那真不好意思，我向您简单地介绍一下我们的产品吧　　"

4. 自报家门开场法

营销员："朱小姐 / 先生，您好，我是 ×× 公司的医学顾问李明。不过，这可是一个推销电话，我想您不会立刻就挂电话吧！"

顾客朱："我最讨厌推销的人！"

顾客也可能回答："你准备推销什么产品。"

（若这样就可以直接介入产品介绍阶段）

营销员："那我还真的要小心了，别让您再增添一个讨厌的人，呵呵。"

顾客朱："呵呵，小伙子，还挺幽默的，准备推销什么产品，说来听听。"

营销员："是这样的，最近我们公司在做一次关于 ××× 市场调研，不知您对我们的服务或产品有什么看法？"

5. 从众心理开场法

营销员："您好，朱小姐 / 先生，我是 ×× 公司市场部的李明，我们公司是专业从事 ××× 的，我打电话给您的原因是因为目前我们的服务（产品）已成功地帮助了许多人。"

顾客朱："是吗？能详细介绍一下你们的服务内容吗？"

6. 巧借东风开场法

营销员："您好，请问是朱小姐 / 先生吗？"

顾客朱："是的，什么事？"

营销员："您好，朱小姐 / 先生，我是 ×× 公司市场部的李明，今天给您打电话最主要的是感谢您对我们公司一直以来的支持，谢谢您！"

顾客朱："这没什么！"

营销员："为答谢老顾客对我们公司一直以来的支持，公司特准备一次优惠酬宾活动，我想，朱小姐／先生一定会很感兴趣的！"

顾客朱："那说来听听！"

总之，营销人员要根据自身的情况，选择合适的开场白。但是一定要记住，有效开场白的目的是让客户在短时间内对自己及谈话内容感兴趣。

（二）有效提问的技巧

营销人员可以通过提问的方式获得客户信息，同时也调动客户兴趣，这样他才会愿意继续交谈，要牢牢把握谈判的主动权，在电话营销中获得先机。

1. 设计问题遵循的规律

（1）提出选择性的问题，给对方划定一个范围，便于引导出问题的答案。例如，"在您选择航空公司的原因中，价格、机型、延误率哪一些是您会优先考虑的项目呢？""见面时间是周一方便还是周二呢？"

（2）采用连惯式提问，得到一个问题答案后，马上提出一个相关的问题。例如，"请问以前做过这方面的培训吗，效果怎么样？""请问您对我们这项服务满意吗，感受怎么样？"

（3）专业提问，提问要展示出自己的专业度，给客户一种可以信任的感觉。第一次与客户通话时一般都要采用这些提问方式进行提问，与客户建立初步的关系。第二次与客户通话时，电话营销人员就可以采取开放式的提问，让客户谈谈自己的想法和感受，但这也需要电话营销人员来进行引导。例如，"关于这类服务能给我们提一些建议吗？""您觉得我们哪些方面还做得不是很完善？""您觉得怎样做才最好呢？"

（4）采用四级提问法。这四级分别是信息层提问、问题层提问、影响层提问、解决层提问。

第一级，信息层提问。用来收集准客户的一些基本信息，目的是对准客户做一个初步了解，从而判断对方是否是目标客户。例如，"您是从事哪个行业？""对于计算机功能方面有什么特别要求？""什么样的价位比较合适您。"等。

第二级，问题层提问。用来询问目标客户在开展某项工作时遇到了哪些问题，或者通过提问与客户一起发现潜在的问题，目的是用来判断客户是否有相关需求或者激发客户的潜在需求。例如，"在候机时，您最大的顾虑是什么？"

第三级，影响层提问。针对客户在日常工作中遇到的某些问题，这些问题对客户工作造成了哪些影响的提问。目的是用来进一步突出问题，扩大和强化客户的需求。例如，"飞机延误时，也没有随身携带打发时间的东西，这时候您最想得到什么样的服务呢？"

第四级，解决层提问。针对客户目前存在的问题，提出解决方案的提问。目的是解决客户问题，满足客户需求。例如，"针对目前的这个问题，您打算怎样处理？"

需要强调的是，"四级提问法"在使用过程中，根据具体情况，每一级提问的详细情况可以不一样，也可以省略某一级提问，但不要越级使用。

2．激发客户的好奇心

1）向客户提出刺激性问题

提出刺激性问题可以激发客户的好奇心，因为人们总是对未知的事情比较感兴趣。而提出刺激性问题会使客户自然而然地想知道究竟。例如，"我能问您一个问题吗？"由于人们不仅仅对请教的问题感兴趣，而且还有好为人师的自然天性，因此，被询问的客户会很自然地回答："好的，你说吧。"也许他们还会设想营销人员会问什么，这就是人的天性。

2）利用群体趋同效用

在拜访客户时，如果其他人都有着共同的趋势，客户必然也会加入，而且通常想知道更多信息。例如，营销人员说："坦白地讲，赵小姐，我已经为您的许多同行解决了一个非常重要的问题。"这句话足以让赵小姐感到好奇。当然，好奇的赵小姐会主动参与进来，当她听到"解决了大多数公司都有的重要问题"时，肯定想知道是什么问题，是如何解决的。这就达到了激起客户好奇心的最佳效果。

3）不给客户提供全部信息

很多营销人员花费大量时间来满足客户的好奇心，却极少想过设法激起客户的好奇心。他们的看法是自己的价值就是为客户提供信息，所以就不厌其烦地陈述自己公司的服务（产品）能给客户带来的利益。

满足客户的好奇心无疑会向客户提供全部信息，而提供全部信息会大大降低客户进一步参与的欲望。试想一下，如果客户已经掌握了他们想要了解的所有信息，他们还会对营销人员的通话内容好奇吗？他们又有什么理由要听营销人员的营销陈述呢？

因此，如果想激起客户的好奇心，使客户想主动了解更多的信息，那么，就不要一开始向他们提供全部信息，从而激起客户的好奇心。

4）为客户提供新奇的东西

人们总对新奇的东西感到兴奋、有趣，想"一睹为快"。更重要的是，人们不想被排除在外，这大概可以解释为什么人们对于新产品信息和即将发生的公告信息总是"贪得无厌"，所以营销人员可以利用这一点来吸引客户的好奇心。

例如，"李经理，我们将要推出两款新产品以帮助人们快捷地办理登机牌。你看是否有必要让您提前了解这个信息的发布？"如果新产品发布的确与客户的业务相关，那么，客户提前了解就显得至关重要。营销人员还可以告诉客户要限制参与的客户数量并签订"不泄露"协议，从而使自己的信息更具有独特性。

总之，在拜访客户时，成功吸引客户参与有效的营销沟通的关键在于激发他们的好奇心。怀有好奇心的客户会选择参与，反之则不然。激发客户好奇心是标准会谈程序的第一步，也是促进客户进一步了解所提供的产品或服务的"火花"。

因此，营销人员可以采用不同的方法激发客户的好奇心，只要能让客户感到好奇，就可以发展更多的新客户，发现更多的需求，传递更多的价值，营销业绩也会大大提高。

三、有效应对客户的投诉和抱怨

（一）允许客户抱怨

客户在抱怨服务或产品的时候，营销人员要扮演好倾听者的角色，一定不要在抱怨的时候试图去争辩。这个时候客户需要的是倾诉和发泄，营销人员只需要耐心地倾听，注意和对方眼神的交流，要让对方感受到，营销人员的真诚和关心，减少客户的怒气。

（二）弄清客户抱怨的原因

要解决问题就需要探究其根本原因，从问题根源着手。营销人员一定要弄清楚客户的想法和需求，积极探寻需求背后隐藏的深层次的原因，要多向客户提引导式的问题，并让对方完整地阐述观点，做到对症下药。

（三）及时采取补救措施

根据客户提出的意见，认真分析问题出现的原因，然后向客户解释原因，表示歉意，根据具体情况给予最大程度的补救措施，使客户感受到营销人员的真诚和专业的工作态度，尽最大努力消除客户的负面情绪，为继续合作打下基础。

（四）给予客户帮助

要站在客户的立场和角度考虑问题，如果是因为服务或产品本身的问题给客户造成了麻烦，应该尽可能地给予客户帮助，先解决目前比较棘手的问题。客户满意度是合作是否成功的关键指标，即使出现问题了也不要逃避责任，而是要积极面对问题，让客户感受到营销人员真诚的服务态度，也是可以挽回客户信任的。

资料链接 7-4

国航电话销售服务中心实现将近 300% 的收入增长

中国是世界上空运增长速度最快的地区。专家预测：未来 20 年，中国航空市场年增长率预计超过 9%，远高于世界平均增长水平，并在 20 年后成为除美国之外最大的民用航空市场。与此同时，航空业也是竞争最激烈的市场之一：中国民航业一度经历行业巨亏、激烈竞争和并购风波。另外，恶性竞争长期存在。以上种种直接导致各航空公司收益相对"惨淡"。此外，国际航空巨头也对中国市场虎视眈眈，甚至大展拳脚。一片内忧外患的局面下，开源节流是中国航空业突破重围的首选。

中国国际航空公司电话销售服务中心通过采用 Avaya 智能通信方案，大幅提高了销售收入和客户服务水平，显示通信系统可成为企业取得商业成功的关键手段。自从国航 2006 年 8 月实施 Avaya 先进的客户服务中心技术以来，国航电话销售服务中心的月收入同比增长接近 300%。中心现在能够更加敏捷地响应客户需求，提供更具个性化的服务。

国航电话销售服务中心全面采用了 Avaya 客户服务中心解决方案，该中心取代了以前的"国航电话订座中心"。采用 Avaya 的新系统以后，不管客户在哪里打电话，客户电话都可以无缝地接到能够最恰当地解决问题的销售服务代表处。客户可以从国航位于北京、上海和成都的 300 多名销售服务代表处获得及时和个性化的服务，如购票、业务咨询、升舱改期、高端旅客服务、大客户服务、团队服务、意见与建议受理等。

由于销售服务代表能够在通话期间看到旅客的基本信息和历史活动记录，因此销售服务代表可以更轻松、更方便地处理问题，服务客户。国航电话销售服务中心高级经理黄峰女士说："新系统使我们能够以更加智能的方式处理客户咨询、完成售票服务，它极大地提高了电话销售服务的能力。"

黄峰女士还表示，新系统让国航这个 2008 年北京奥运会的合作伙伴做好了在奥运期间为国内外旅客提供最优质服务的准备。目前，电话销售服务中心在销售国航"奥运产品"方面取得了突出业绩。黄峰女士说："为了适应国航的不断发展，新系统还会不断扩充，我们也将实施更多的应用，加深通信系统和后台业务应用的整合，为旅客提供更加方便、快捷、放心的服务。"

国航采用的 Avaya 解决方案由 Avaya S8710 媒体服务器、ACD（Automatic Call Distribution，自动互叫分配设备）、Avaya 交互中心（Avaya Interaction Center）、Avaya 交互应答（Avaya Interactive Response）及呼叫管理系统组成。

Avaya 中国公司总经理表示："通过国航的成功经验可以清楚地了解智能通信如何给企业带来实际的收益。智能通信不仅是一种愿景，已经是实实在在的应用，并正在帮助企业获得成功。作为企业通信领域的领导者和智能通信概念的倡导者，Avaya 将专注于帮助中国企业利用通信技术和应用提高生产率、增强竞争实力。"

（资料来源：http://www.d1net.com/cc/example/89296.html.）

第四节　网络营销技巧

一、网络营销概述

（一）概念

网络营销是以现代营销理论为基础，借助网络、通信和数字媒体技术实现营销目标的商务活动；是由科技进步、顾客价值变革、市场竞争等综合因素促成的；是信息化社会的必然产物。网络营销根据其实现方式有广义和狭义之分，广义的网络营销指企业利用一切计算机网络进行营销活动；而狭义的网络营销专指国际互联网营销，是指组织或个人基于开发便捷的互联网络，对产品、服务所做的一系列经营活动，从而达到满足组织或个人需求的全过程。网络营销是企业整体营销战略的一个组成部分，是建立在互联网基础之上，借助于互联网特性来实现一定营销目标的营销手段。简单地说，网络营销就是利用互联网开展的一系列营销活动。

（二）分类

（1）搜索引擎营销：分为 SEO 和 PPCSEO，即搜索引擎优化，是通过对网站结构、高质量的网站主题内容、丰富而有价值的相关性外部链接进行优化，而使网站用户及搜索引擎更加友好，以获得在搜索引擎上的优势排名，为网站引入流量。

（2）电子邮件营销：以订阅的方式将行业及产品信息通过电子邮件的方式提供给所需要的用户，以此建立与用户之间的信任与信赖关系。

（3）即时通信营销：利用互联网即时聊天工具进行推广宣传的营销方式。

（4）病毒式营销：病毒式营销模式来自网络营销，利用用户口碑相传的原理，是通过用户之间自发进行的费用低的营销手段。

（5）BBS 营销：尤其是对于个人站长，大部分到门户站论坛灌水，同时留下自己网站的链接。

（6）博客营销：博客营销是建立企业博客或个人博客，用于企业与用户之间的互动交流及企业文化的体现，一般以诸如行业评论、工作感想、心情随笔和专业技术等作为企业博客内容，使用户更加信赖企业，深化品牌影响力。

（7）微博营销：通过微博平台为商家、个人等创造价值而执行的一种营销方式，也是指商家或个人通过微博平台发现并满足用户的各类需求的商业行为方式。

（8）微信营销：主要通过微信公众平台二次开发系统展示商家微官网、微会员、微推送、微支付、微活动、微 CRM、微统计、微库存、微提成、微提醒等，已经形成了一种主流的线上线下微信互动营销方式。

（三）特点

1. 传播的超时空性

营销的最终目的是占有市场份额，由于互联网能够超越时间约束和空间限制进行信息交换，使得营销脱离时空限制进行交易变成可能，企业有了更多时间和更大的空间进行营销，可每周 7 天、每天 24 小时随时随地提供全球性营销服务。

2. 交互的便捷性

互联网通过展示商品图像，商品信息资料库提供有关的查询，来实现供需互动与双向沟通。还可以进行产品测试与消费者满意调查等活动。互联网能为产品联合设计、商品信息发布及各项技术服务提供最佳工具。

3．个性化

互联网上的促销是一对一的、理性的、消费者主导的、非强迫性的、循序渐进式的，而且是一种低成本与人性化的促销，能避免推销员强势推销的干扰，并通过信息提供与交互式交谈，与消费者建立长期良好的关系。

4．成长性

互联网使用者数量快速增长并遍及全球，使用者多属年轻人、中产阶级，有高教育水准。由于这部分群体购买力强而且具有很强的市场影响力，因此互联网是一项极具开发潜力的市场渠道。

5．整合性

互联网上的营销可由商品信息至收款、售后服务"一气呵成"，因此也是一种全程的营销渠道。另外，禹含网络建议企业可以借助互联网将不同的传播营销活动进行统一设计规划和协调实施，以统一的传播资讯向消费者传达信息，避免不同传播中不一致性产生的消极影响。

6．超前性

互联网是一种功能最强大的营销工具，同时兼具渠道、促销、电子交易、互动顾客服务及市场信息分析与提供的多种功能。它所具备的一对一营销能力符合定制营销与直复营销的未来趋势。

7．高效性

计算机可储存大量的信息，代消费者查询，可传送的信息数量与精确度远超过其他媒体，并能应市场需求及时更新产品或调整价格，因此能及时、有效地了解并满足顾客的需求。

8．经济性

通过互联网进行信息交换，代替以前的实物交换，一方面可以减少印刷与邮递成本，可以无店面销售，免交租金，节约水电费用与人工成本；另一方面可以减少由于迂回多次交换带来的损耗。

二、网络营销策略

（一）让客户关注和感兴趣

1．确定目标人群

首先，要确定目标人群，了解他们的特征和爱好，并根据不同的特征制定不同的网络营销战略，才能吸引有效客户关注的目光。需要注意的是，网民常处于浏览状态，只有把产品的标题取得有新意才能吸引人。产品信息的语言要通俗易懂、简练，并放在显眼的位置，网民通常是从此处寻找有效信息。消费者通常是货比三家再决定是否购买，所以企业要注重对品牌、价格、评论等的设置，让消费者觉得既醒目又有说服力。这样企业才能在激烈的网络营销中占有一席之地。

拓展阅读

手机购物使用比例提升至 38.9%

2014 年 7 月 21 日，中国互联网络信息中心发布第 34 次《中国互联网络发展状况统计报告》。整体来看，随着中国的互联网发展逐渐成熟，相关数据的增速正趋于平稳，而"移动"一词再次成为关键词。在此次报告中，有以下几个现象值得我们关注。

1. 整体互联网网民数量增速放缓

截至 2014 年 6 月，我国网民规模达 6.32 亿，半年共计新增网民 1442 万人。互联网普及率为 46.9%，较 2013 年年底提升了 1.1 个百分点。

2. 增速放缓的重要原因

(1) 智能手机对功能手机的替代已经基本完成，其对网民普及率增长的拉动效果减弱（工信部数据显示，2014 年第一季度，我国智能手机出货量为 1.0 亿部，同比下降 24.7%）。

(2) 由于易转化群体逐渐被纳入网民群体，互联网渗透难度加大，非网民群体中低学历群体所占比例很高，且该人群上网意愿非常低。

3. 手机网民规模首次超越传统 PC

截至 2014 年 6 月，我国手机网民规模达 5.27 亿，较 2013 年年底增加 2699 万人。网民中使用手机上网的人群占比由 2013 年的 81.0% 提升至 83.4%，手机网民规模首次超越传统 PC（不包括平板电脑）网民规模。

实际上，手机网民规模在 2013 年全年激增 8009 万人之后，潜在手机网民已被大量转化。手机网民在网民中的占比已经处于相当高位，未来一段时间我国手机网民增长将主要依靠创新类移动应用迎合非手机网民潜在网络需求来拉动。

4. 移动支付用户规模半年增长 63.4%

截至 2014 年 6 月，我国使用网上支付的用户规模达到 2.92 亿，较 2013 年年底增长 12.3%。移动支付用户规模达到 2.05 亿，半年度增长率为 63.4%，网民手机支付的使用比例由 25.1% 提升至 38.9%。

5. 移动支付用户大增带动了商务类应用的增长

(1) 电商类应用：截至 2014 年 6 月，我国手机购物用户规模达到 2.05 亿，半年度增长率为 42%，是网购市场整体用户规模增长速度的 4.3 倍，手机购物的使用比例由

28.9% 提升至 38.9%。

（2）团购类应用：截至 2014 年 6 月，我国手机团购用户规模达到 1.02 亿，半年度增长率为 25.5%，手机团购的使用比例由 16.3% 提升至 19.4%。

（3）旅游类应用：截至 2014 年 6 月，我国手机预订机票、酒店、火车票或旅行行程用户规模达到 7537 万人，较 2013 年 12 月增长 2980 万人，半年度增长率为 65.4%，我国网民使用手机在线旅行预订的比例由 9.1% 提升至 14.3%。

6. 手机搜索成为第二大手机应用

截至 2014 年 6 月，我国搜索引擎用户规模达 5.07 亿，使用率为 80.3%，较 2013 年 12 月增长 1783 万人，增长率为 3.6%。与此同时，手机搜索用户数达 4.06 亿，使用率达到 77.0%，较 2013 年 12 月增长 4080 万人，增长率为 11.2%。手机搜索已经超过手机新闻，成为除手机即时通信以外的第二大手机应用。而占据第一的即时通信应用增速则有所放缓。截至 2014 年 6 月，我国手机即时通信网民数为 4.59 亿，较 2013 年年底增长了 2842 万，半年增长率达 6.6%。手机即时通信使用率为 87.1%，较 2013 年年底提升了 1 个百分点。

7. 手机视频用户保持两位数增长

截至 2014 年 6 月，我国手机视频用户规模为 2.94 亿，与 2013 年年底相比增长了 4709 万，增长率为 19.1%。网民使用率为 55.7%，相比 2013 年年底增长 6.4 个百分点。

而就整体而言，截至 2014 年 6 月，我国网络视频用户规模达 4.39 亿，较 2013 年年底增加 1057 万人，用户增长率为 2.5%，增速明显放缓。网络视频用户使用率为 69.4%，与 2013 年年底基本持平。

此外，还有一些现象也值得我们了解。

（1）中国网站数量近 3 年首次下滑：截至 2014 年 6 月，中国网站数量为 273 万个，2013 年年底为 320 万个。

（2）中国 IPv6 地址数量增长停滞：截至 2014 年 6 月，我国 IPv6 地址数量为 16 694 块 /32，较 2013 年年底增长 0.1%。而 IPv4 地址总数也基本维持不变，共计有 33 041 万个。

（3）网游增速放缓：截至 2014 年 6 月，中国网络游戏用户规模达到 3.68 亿，网民使用率从 2013 年年底的 54.7% 升至 58.2%。手机网络游戏用户规模为 2.52 亿，使用率从 2013 年年底 43.1% 提升至 47.8%。

（4）网络文学增速亦不快：截至 2014 年 6 月，我国网络文学用户规模为 2.89 亿，较 2013 年年底增长 1498 万，半年增长率为 5.5%。网民网络文学使用率为 45.8%，较 2013 年年底增长了 1.4 个百分点。

（资料来源：http://it.shou.com/20140721/n402515287.shtml.）

2. 吸引眼球的广告

网络广告不像电视中的广告，电视中的广告具有很大的局限性，电视中的广告在数量上和网络广告在数量上也是无法相比的。网络广告数量大、内容繁杂，要想使浏览用户注意到自己的网站广告，就需要花费很大的精力。那么，网络广告如何能做到吸引用户的眼球？

（1）网络广告多不胜数，只有有创意的、能给人留下深刻印象的广告才能打动用户的购买欲望，激发他们的消费需求。如提供让受众参与的广告，使受众觉得开心而又无法拒绝自己的产品，这才是网络广告的魅力。

（2）大公司、大广告商要发挥品牌优势。大公司建立网站后要充分运用其固有的优势，让更多的受众进入其网站获取公司的产品信息。同时，应与一些知名度较高的网站进行网站联接，或参与广告网站交换联盟，实现更多的让潜在消费者了解企业和产品的机会。

（3）提供"有偿广告"，用付费的方式吸引人们看广告。例如，推出看广告累计加分制，当看过的广告达到一定数目时，即可获得广告主提供的礼品或其他奖励。

（4）因为网络广告不能像电视广告那样给人们产生巨大的视觉冲击，所以广告营销人员要了解消费者的心理活动，针对受众需求提供广告信息，与受众建立长久的网络关系，及时向他们提供最新的广告信息，并通过他们向更多的人传递这些信息。

（5）网络广告内容要具体、真实，不能提供虚假的信息。实现直接销售时，应提供具体、真实的产品目录，并对每一种产品做简单的介绍，使客户对产品有一个基本的了解。如可以在线试用的，可适当提供给客户一些免费试用。

（6）利用传统媒体进行广告站点的宣传。例如，在报纸、电视上登广告以使更多的受众了解和熟悉广告站点。通过传统媒介的宣传，以提高广告站点或公司站点的知名度。传统媒体与互联网的结合，将进一步促进网络广告的发展，使更多的潜在消费者了解产品的信息。

网络广告与传统媒体广告最明显的不同之处在于它的互动性和大容量，它可以使消费者选择自己所需的广告信息。网络广告所具有的向大范围受众提供各自所需信息的这一传统媒体所没有的优势，将被用来进行销售反馈、客户服务、网上交易及在其他传统媒体尚未发现的应用领域。

（二）让客户第一时间找到

1. 选择合适的关键词

首先，要明确一点，关键词不是自己选的，而是客户选的，所以要保证每个可能用到的关键词都要覆盖，而不是选择其中几个发布产品信息，否则就会流失很多客户。

关键词是描述产品及服务的词语，选择合适的关键词是一个网站 SEO 优化的第一步，同时也是一个企业网站推广排名成败的关键。选择关键词的一个重要的技巧是选取那些常为人们在搜索时所用到的关键字。

（1）根据产品联想到的关键词。一般我们看到一件产品，就马上联想出不少词组，这些都是关键词。这部分是一般人都可能想到或者用到的，比较通俗，实用性强。

（2）征求大家的意见。可以组织整个公司员工共同探讨，让大家自由联想可能用到的关键词，还可以咨询朋友和家人，这样就可以收集很多关键词。接下来就分析这些关键词，提取有用的关键词。

（3）巧设错别字。有时比较常见的错别字可以给企业网站带来不少流量。关键词拓展就涉及长尾关键词，也是 SEO 优化者经常用到的设置技巧。长尾关键词的拓展方法如下。

①百度指数工具。

②在百度或谷歌搜索框输入产品就会出现一大堆长尾关键字。

③在百度百科搜索核心词如"（双眼皮）会得到"、"双眼皮修复"、"双眼皮手术"等"核心词汇"。

（4）辅助工具：追词网、莫大数据聚合了百度（必应、雅虎、搜狗、搜搜、有道、谷歌）相关的及联想词。

（5）51啦、cnzz等统计器工具，收集时间段关键词。

（6）百度竞价后台，当竞某个词的时候，系统会推荐相关关键词。

（7）地域拓展法，如 SEO，福建 SEO、上海 SEO、北京 SEO 等。

（8）季节拓展法。例如，鼻炎可以拓展为夏季鼻炎注意事项、春季鼻炎注意事项等。

（9）职业拓展法。例如，如何预防前列腺炎，可以拓展为司机如何预防前列腺炎、教师如何预防前列腺炎等。

（10）性别拓展法。例如，去痘方法可以拓展为男士去痘方法、女性去痘方法、男孩去痘方法等。

（11）用户思维习惯法，如哪里有、哪里买、哪里可以、怎样、如何、怎么、多少钱、哪里好、最好的、哪里便宜等。

（12）百度搜索风云榜。

（13）企业自身的公司名称、品牌、别名等。

有了这么多的关键词之后，就要把关键词合理地整合成一个句子，组成一个标题。

2. 影响搜索引擎排名的因素

在网络营销方式中，搜索引擎营销稳居所有营销方式的榜首，排名其次的分别是社会化媒体营销和电子邮件营销。可以说，搜索引擎营销无论是在互联网初期，还是在现今乃至未来，都将在网络营销的世界占据很大的份额。如果企业要利用搜索引擎营销这一方式达到自己的需求，对于影响排名结果的因素必须要清楚。

1）域名

域名因素需要考虑的是域名的后缀和域名存在的时间两个方面。因此，在域名选用上尽量使用 .com 的后缀域名，而时间方面可暂不考虑。

2）构架

网站架构是搜索引擎营销的核心内容之一，以良好的用户体验为标准而建立的网站架构是会受到搜索引擎的青睐的。合理的网站架构＋独有的网站内容不但会被用户关注，也能得到搜索引擎的"良好待遇"，即排名。

3）链接

网站的链接一般分为站内链接和站外链接两种。站内链接优化的好与坏，与网站架构是息息相关的。因此，网站机构搭建之初，对于站内链接层次的安排尤为关键，URL（Uniform Resource Locator，统一资源定位符）长度越少越好，越短越妙。

外部链接即友情链接和其他可发布信息站点上留下的链接。外部链接一定不要乱发，在一些质量低的网站不要留链接，可以去各大 PR（PageRank，网页的级别技术）值高的网站发链接、交换友情链接。

4）稳定性

无论是租用空间，还是独立的服务器托管，首先要保证网站稳定的访问和速度的快捷。一个经常打不开的网站，再怎么做优化也没有效果；同样，一个打开速度超慢的网站也是不会得到搜索引擎的重视。

5）关键词

关键词是整体 SEO 必不可缺的环节，因此，关键词的选择是一个重点。不妨选择一些长尾关键词＋主关键词，或许会得到意想不到的营销效果。

6）时间

搜索引擎营销中的时间也是很关键的环节。网站自上线的那一刻就存在着价值，并存在着自己的记录档案，如果档案很干净，想得到搜索引擎的关注和推荐是很容易的事，反之则很困难。若是从别人手中购买的域名，那就要看看这个域名的档案是否干净，是否有排名作弊的行为。

以上只是一些搜索引擎营销中基础的东西，除此外，还应该学习一些数据方面的分析，这都是进行 SEO 的必备技能。

（三）建立网络品牌

1．突出特点

建立网络品牌的目的是为了更好地营销，更快速地在同类竞争者中取胜。要想建立良好的网络品牌，最重要的是要突出自己的服务（产品）的特点，用优秀的理念吸引潜在客户。通俗地讲，就是要把自己的服务（产品）同别家的区别开，突出自身的特点和优势，让这个特点深入客户的内心，形成品牌效应。

2．统一形象

在提炼出和别人不一样的服务（产品）理念之后，营销人员应当将这个理念贯穿于营销过程始终，不管是 LOGO 设计、广告宣传，还是平台设计、策略推广，都应持续运用这个理念，最终形成自己的网络品牌。

3. 有规律地强化客户记忆

在初步建立起网络品牌之后，应该持续维护该网络品牌，适度加大网络品牌的推广力度，分配一定的时间和精力进行固有客户群的维护，在获得更多利润的同时稳固自己的网络品牌在客户心中的地位。

拓展阅读

如何在互联网上建立品牌的 15 条建议

我们可以使用网络提升品牌的可见度、彰显独特的品牌价值定位、讲述品牌的故事、找到特定客户群并记录、与顾客和潜在客户交流。以下有 15 条建议，可帮助企业在互联网上树立品牌。

(1) 创建一个博客，经常维护它，可以显著提升搜索引擎可见度，增加专业性，创建讨论组，增进对品牌的信任度，获得更多订阅者。

① 近 60% 的人们利用搜索引擎，在互联网上寻找某个品牌的产品。

② 确保你在博文中加入了最重要的搜索关键词（谷歌关键词可以帮助你）。

③ 你必须认真思考，怎样定期在你的博客中加入一些有意义的内容。博客是需要经常更新的，否则就没人访问了。

(2) 当你建立订阅者列表后，向这些订阅者发送一些有用的内容和链接。

① 设计一个时间表，定时发送，坚持下去。

② 确保在每封邮件中都加入你所推销品牌的签名和网页的链接。

(3) 在互联网上，视觉效果/图像是很重要的。你要确保在博文中加入适当而有力的图片或视频来增强效果。

(4) 人们每天大约观看 4 亿个 YouTube 视频。68% 的视频观看者会分享视频的链接。所以，要创建极有吸引力的视频，讲述你的品牌故事，并将其发表在 YouTube 上。

(5) 使用 RSS 源更广泛地发布头条新闻及新的内容、新的通知。

(6) 在你觉得含有有价值内容的每个页面都添加一个"此页链接"的按钮，这样可以通过外部链接增加网站的访问量。还可以加入在 Facebook、微博、InShare、g＋1 等的相关链接，以及其他任何链接到有价值内容的链接。

(7) 定期举行在线研讨会和电话会议。

(8) 考虑使用 Facebook 广告的方式来实现客户锁定。

(9) 建立一个联盟来扩大你的接触范围。

(10) 世界上有超过 5 亿的移动手机用户和 1.1 亿的智能手机用户。因此，应为你的品牌开发一个手机应用。

（11）将网络信息传递与更传统的媒体信息传递结合起来，可以产生更大的影响。

（12）可以利用百度或 Google 的搜索行销来付费发布广告。

（13）在搜索排名靠前的网站上分享链接和发布广告，对你的品牌的生意的作用是巨大的。

（14）监测人们在社交媒体网站上对你所推销品牌的评价。

（15）使用在线调查平台来了解人们是怎样看待你和你的竞争对手的品牌的。

思考与练习

一、简答题

1．航空服务营销人员应该从哪些方面来完善自身的礼仪修养？每一方面都应该注意什么？

2．和客户做面对面的营销沟通时，事前应该准备什么？

3．电话营销人员应该怎样用开场白引起客户的兴趣？

4．网络营销策略有哪些技巧？

二、论述题

从航空服务营销方法与技巧的角度，试论述影响航空服务营销的因素有哪些？

第八章 服务营销新理念

知识目标

- 了解航空服务网络营销。
- 了解航空服务消费联盟。
- 了解航空服务个性化营销。
- 了解航空服务整合营销。

能力目标

- 能了解航空服务营销在新形势下的变化发展。
- 能运用服务营销新理论进行初级的营销策划。

第一节　航空服务网络营销

一、网络营销的概念

网络营销，又称线上营销或者电子营销，是以互联网为核心平台，以网络用户为中心，以市场需求和认知为导向，利用各种网络应用手段实现企业营销目的的一系列行为。

网络营销是一种综合性营销，可进行从品牌推广、信息发布到销售、服务、市场调研等一系列的工作，包括电子商务、企业展示、企业公关、品牌推广、产品推广、产品促销、活动推广、挖掘细分市场、项目招商等方面。

二、网络营销的职能

网络营销的职能说明了网络营销的作用和网络营销工作的主要内容，同时也说明了网络营销所应该可以实现的效果。对网络营销职能的认识有助于全面理解网络营销的价值和网络营销的内容体系，因此网络营销的职能是网络营销的理论基础之一。

（一）网络品牌

网络营销的重要任务之一就是在互联网上建立并推广企业的品牌，知名企业的网下品牌可以在网上得以延伸，一般企业则可以通过互联网快速树立品牌形象，并提升企业整体形象。

网络品牌建设是以企业网站建设为基础，通过一系列的推广措施，达到顾客和公众对企业的认知及认可。在一定程度上，网络品牌的价值甚至高于通过网络获得的直接收益。

（二）网址推广

网址推广是网络营销最基本的职能之一，在以前，有人认为网络营销就是网址推广。相对于其他功能来说，网址推广显得更为迫切和重要，网站所有功能的发挥都要以一定的访问量为基础，所以，网址推广是网络营销的核心工作。

（三）信息发布

网站是一种信息载体，通过网站发布信息是网络营销的主要方法之一，同时，信息发布也是网络营销的基本职能。所以也可以这样理解，无论哪种网络营销方式，结果都是将一定的信息传递给目标人群，包括顾客／潜在顾客、媒体、合作伙伴、竞争者等。

（四）销售促进

营销的基本目的是为增加销售提供帮助，网络营销也不例外，大部分网络营销方法都与直接或间接促进销售有关。但促进销售并不限于促进网上销售，事实上，网络营销在很多情况下对于促进网下销售十分有价值。

（五）销售渠道

一个具备网上交易功能的企业网站本身就是一个网上交易场所，网上销售是企业销售渠道在网上的延伸。网上销售渠道建设也不限于网站本身，还包括建立在综合电子商务平台上的网上商店及与其他电子商务网站不同形式的合作等。

（六）顾客服务

互联网提供了更加方便的在线顾客服务手段，从形式最简单的 FAQ（frequently asked questions，常见问题解答）到邮件列表，以及 BBS、MSN、聊天室等各种即时通信服务，顾客服务质量对于网络营销效果具有重要影响。

（七）顾客关系

良好的顾客关系是网络营销取得成效的必要条件，通过网站的交互性、顾客参与等方式，在开展顾客服务的同时也增进了顾客关系。

（八）网上调研

通过在线调查表或者电子邮件等方式，可以完成网上市场调研。相对传统市场调研，网上调研具有高效率、低成本的特点，因此，网上调研成为网络营销的主要职能之一。开展网络营销的意义就在于充分发挥各种职能，使网上经营的整体效益最大化，因此，仅仅由于某些方面效果欠佳就否认网络营销的作用是不合适的。网络营销的职能是通过各种网络营销方法来实现的，网络营销的各个职能之间并非是相互独立的，同一个职能可能需要多种网络营销方法的共同作用，而同一种网络营销方法也可能适用于多个网络营销职能。

三、网络营销的方式

常见的网络营销方式有搜索引擎营销、博客营销、友情链接营销、论坛营销、Email 营销、口碑营销、事件营销、网络广告等。

（一）搜索引擎营销

搜索引擎营销（search engine marketing，SEM）就是根据用户使用搜索引擎的方式，利用用户检索信息的机会尽可能将营销信息传递给目标用户。简单地说，搜索引擎营销就是基于搜索引擎平台的网络营销，利用人们对搜索引擎的依赖和使用习惯，在人们检索信息的时候尽可能将营销信息传递给目标消费者。利用搜索引擎工具可以实现四个层次的营销目标：①被搜索引擎收录；②在搜索结果中排名靠前；③增加用户的点击（点进）率；④将浏览者转化为顾客。

（二）博客营销

博客营销是通过博客网站或博客论坛接触博客作者和浏览者，利用博客作者个人的知识、兴趣和生活体验等传播商品信息的营销活动。博客就是一种网络日记，日记的内容通常是公开的，自己可以发表网络日记，也可以阅读别人的网络日记，因此博客可以理解为一种个人思想、观点、知识等在互联网上的共享。博客营销就是利用博客这种网络应用形式开展网络营销的工具。公司、企业或者个人利用博客这种网络交互性平台，发布并更新企业、公司或个人的相关概况及信息，并且密切关注并及时回复平台上消费者对于企业或个人的相关疑问及咨询，通过较强的博客平台帮助企业或公司以零成本获得搜索引擎的较前排名，以达到宣传目的的营销手段。

（三）友情链接营销

友情链接是具有一定资源互补优势的网站之间的简单合作形式，即分别在自己的网站泡馆上放置对方网站的 LOGO 图片或文字的网站名称，并设置对方网站的超链接，使得用户可以从合作网站中发现自己的网站，达到互相推广的目的，因此常作为一种网站推广基本手段。目前，航空公司基本都有自己的网站，并广泛运用友情链接，这样可以使旅客通过更多途径找到公司，了解公司信息。

（四）论坛营销

论坛营销就是企业利用论坛这种网络交流的平台，通过文字、图片、视频等方式发布企业的产品和服务的信息，从而使目标消费者更加深刻地了解企业的产品和服务，最终达到宣传企业的品牌、加深市场认知度的网络营销活动。

（五）Email 营销

Email 营销是在用户事先许可的前提下，通过电子邮件的方式向目标用户传递有价值信息的一种网络营销手段。Email 营销有三个基本因素：基于用户许可、通过电子邮件传递信息、信息对用户是有价值的。三个因素缺少一个，都不能称为有效的 Email 营销。

四、航空服务网络营销的模式

（一）直销模式

1. 电子商务网站

电子商务一般指在全球各地广泛的商业贸易活动中，在因特网开放的网络环境下，基于浏览器/服务器应用方式，买卖双方不谋面地进行各种商贸活动，实现消费者的网上购物、商户之间的网上交易和在线电子支付，以及各种商务活动、交易活动、金融活动和相关的综合服务活动的一种新型的商业运营模式。电子商务打破了国家与地区有形或无形的壁垒，使生产企业达到全球化、网络化、无形化、个性化、一体化。通俗地讲，电子商务就是指利用简单、快捷、低成本的电子通信方式，买卖双方不谋面地进行的各种商业和贸易活动。

航空服务电子商务是指航空公司通过互联网进行的一系列商务活动。随着国内因特网使用人数的增加，利用因特网进行网络购物并以银行卡付款的消费方式已日渐流行，市场份额也在迅速增长。目前，各大航空公司都建立了自己的官方网站，方便旅客快捷地了解、查询航班信息，购买电子客票。如今，电子客票正在逐步成为航空公司主要的销售手段。

2. 电话销售服务中心

电话销售服务中心采取航空售票呼叫中心系统，可以提供航空呼叫的 24 小时语音功能、电话智能分配功能、订票业务处理功能等。老消费者用电话打入即可以在计算机中"智能"地弹出老消费者的电话号码、姓名、身份证、送票地址和所有历史订票资料（如果电话是某个公司的，将弹出该公司在本公司订票的所有业务），同时在老消费者打入电话以后还会"智能"地优先转接到原来提供服务的话务坐席中，非常方便地为消费者提供高品质的服务。电话销售服务中心是一套融呼叫中心功能、智能来电识别老消费者坐和航空售票业务功能综合为一体的专业双智能航空订票系统。

电话销售服务中心是航空公司维系稳定的消费者关系，发展直销过程中不可或缺的组成部分。通过电话销售服务中心，航空公司可以收集消费者信息的渠道，也可以直接与消费者沟通、为消费者提供服务。围绕消费者关系管理理念建设的电话销售服务中心，将有助于航空公司提升客服的响应速度，降低消费者服务的差错率，提高服务质量，增加直销比例，并且能够收集数据，为营销活动的策划提供决策依据。

资料链接 8-1

三大航空公司发招 机票直销提速

2007 年 2 月 15 日，国航在成都的全球电话销售服务中心正式投入使用，规模达 100 人以上的团队开始为西部十省市提供呼叫服务，同时也开通了国内第一家信用卡电话支付的订票业务。与此相对，南航在自己的 B2C 网站发布了 1～1.5 折的促销机票，川航也加强了电子客票的营销。绕过代理人渠道，直接和乘客对话成为航空公司新的动向。与此同时，机票代理渠道还面临着携程网等新兴网络订票商的威胁。

1. 直销比代理更有价格优势

经历了 2007 年年初大规模架构调整后，国航在成都的西南营销中心首次"挥刀"。调任自北京的国航西南营销中心副总经理张允透露，在成都的全球电话销售服务中心是国航的第二个呼叫中心，能够同时接纳 90 部打进的电话。

此举对国航的更大意义在于直销。国航弃用了多年来各省市不同的服务电话，开始采用统一的电话。与以往不同的是，这个电话和中国银行、招商银行和中信银行等合作，开展了国内首个信用卡电话支付。"价格体系和代理人渠道完全一致"，张允反复强调该中心和国航 B2C 网站对公司未来直销业务的意义。南航则更加激进，南航成都营业部透露，南航在自己的 B2C 网站上发布提前 45 天出票的机票，部分航线运价水平达到 1～1.5 折。也就是说，通过网站向航空公司直接购票，能得到比代理渠道更低的价格。

此外，本地航空公司川航在电子商务上也采取了措施，在川航网站直接购买电子客票可以获得 3% 的优惠——这恰恰是航空公司返给代理人的折扣。

2. 传统机票代理"腹背受敌"

"实际上很多代理人的网上电子客票比我们做得好！"张允并不认为航空公司的直销是抢机票代理人的"饭碗"。但现实是，与国航将高调推广的统一直销电话相比，让乘客记住每个城市大大小小代理人的电话是困难的。"比如他从成都到沈阳，在当地还想买到哈尔滨的机票，不再需要满街找名片，只打这个电话就可以，也不需要送票。"张允说。基于信用卡的电话支付让电子客票真正有了意义，他对前景的乐观来自于国航在北京第一个呼叫中心的成功：只用了半年时间，该中心每天销售出的机票就达到100万元。

而在传统代理人的面前还有另一个巨大的竞争对手——类似携程网这样的全国网络机票销售商，已经开始抢占原来属于各地代理人的市场。数据显示，携程网在2006年的机票预定数量达到639万张，比2005年增长了83%。

为什么会出现这样的变局？"其实就和那本书里讲的道理一样，无论你在全球哪个地方，通过互联网都能得到同样的价格。"张允本人也是《世界是平的》的忠实读者，他认为电子客票和网络的发展将改变机票销售格局。

（资料来源：http://www.chengdu.gov.cn/news/detail.jsp?id=121674.）

3. 天猫

天猫是我国最大的企业对消费者购物网站，由淘宝网分离而成，多由知名品牌的直营旗舰店和授权专卖店组成。西部航空有限责任公司、东方航空公司、深圳航空有限责任公司、海南航空股份有限公司等都在天猫建立了官方旗舰店。

4. 手机消费者端

手机消费者端是可以在手机终端运行的软件。随着3G时代的到来，手机上网已经进入了人们的生活。手机消费者端为企业开辟了全新的营销推广手段，通过软件技术将公司的产品和服务介绍安装于消费者的手机上，相当于把公司的名片、宣传册和产品等一次派发给用户，而且用户还会主动保留它们。手机消费者端为企业提供了完善、便捷、多样、高效的移动营销。通过手机消费者端，航空公司为智能手机用户提供查询、订票、支付、值机、里程查询兑换服务等一站式航空出行服务。

5. 微信公众平台

微信公众平台是腾讯公司在微信的基础上新增的功能模块，通过这一平台，个人和企业都可以打造一个微信公众号，并实现和特定群体的文字、图片、语音的全方位沟通、互动。微信公众平台分为订阅号、服务号和企业号三类平台，利用公众账号平台进行自媒体活动。简单来说就是进行一对多的媒体性行为活动，如商家通过申请公众微信服务号实现展示商家微官网、微社区、微会员、微推送、微支付、微活动、微报名、微分享、微名片等，还可以实现部分轻应用功能，已经形成了一种主流的线上线下微信互动营销方式。通过航空公司的微信平台，旅客可通过回复对应功能数字，轻松实现航班查询、机票预定、手机支付、办理登机手续及常旅客积分查询等多种功能。同时，航空公司也可以通过微信平台实时推送促销信息等。

（二）分销模式

1. 旅游电子商务网站

旅游电子商务是指以网络为主体，以旅游信息库、电子化商务银行为基础，利用最先进的电子手段运作旅游业及其分销系统的商务体系。航空公司的计算机预订系统（computerized reservation system，CRS）就是一个旅游业内的机票分销系统，它连接了航空公司与机票代理商（如航空售票处、旅行社、旅游饭店等）。机票代理商的服务器与航空公司的服务器是在线实时链接在一起的，当机票的优惠和折扣信息有变化时会实时地反映到代理商的数据库中。机票代理商每售出一张机票，航空公司数据库中的机票存量就会发生变化。类似去哪儿网、携程网、艺龙旅行网这样的全国网络机票销售商，已经逐步抢占了原来属于各地代理人的市场。

实训项目 8-1

【实训主题】根据国内某一航空公司的运营现状，分析其是如何制定网络营销策略的。

【实训目的】了解航空服务网络营销的方式。

【实训形式】小组活动，3～5人为一小组。

【实训步骤】进入航空公司网站，分析企业是如何制定网络营销策略的。写出实训报告，并分组汇报，从而理解航空服务网络营销的内涵。

【实训评价】教师评价、其他小组成员评价、自评。

第二节　航空服务消费联盟

一、消费联盟的概念

消费联盟是指某个营销主体以自愿入会的方式吸纳消费者加盟消费，取得该主体及其行销网络的消费资格。营销主体将消费者在其行销网络中的累计消费金额换算成消费积分，然后根据消费者积分的多少，按一定比例给予消费者回报的一种营销方式。

消费者加盟某一行销网络之后，即获得该网络统一颁发的消费卡。消费者持卡可在行销网络中的任何一家结盟企业以正常价格刷卡消费，每一笔消费金额都将累计自己的积分，根据自己消费积分的多少可以享受结盟企业联合提供的优厚利益回馈——现金或其他奖励。

二、航空服务消费联盟运作方式

(一) 消费者加盟

航空服务消费者通过填表入会的方式取得消费卡，成为联盟中的固定消费者。航空公司根据其乘坐本公司航班的里程数给予乘客以一定比例的免费里程优惠。这种做法对提高顾客的忠诚度、刺激消费起到很好的作用。

(二) 企业结盟

单一的消费者加盟模式存在明显的局限性。首先，旅客需要乘机旅行相当的距离才能够累积足够的里程，积累的积分只能在以后乘机时才能够消费，对于一些不经常乘机旅行的顾客来说吸引力不大；其次，由于各航空公司都采取类似的做法，因此，单纯的赠免费里程并不能有效地吸引新顾客。为了补救上述缺陷，各航空公司开始探索新的经营模式。

航空公司与包括酒店、超市、健身房、餐馆、咖啡店等旅游相关行业商家结盟，签订结盟协议，使其成为联盟中的固定供应商，旅客乘机旅行时获得的积分可以随时在这些联盟企业中消费，为顾客提供了多样化的选择机会。如此发展下去则形成一个庞大的跨地域、跨行业的行销网络。由此，使得航空公司的顾客忠诚度大为提高，同时，各联盟企业也从中得到了很大好处。

(三) 制定积分规则

消费者加盟和企业结盟后，制定积分规则是航空服务消费联盟成功运作的关键环节。规则的内容主要包括积分的产生办法，积分与回馈品（赠品或优惠折扣）的兑换比例，航空公司与加盟企业之间关于积分所换取赠品或其他优惠的政策。科学合理的积分规则是联盟各方实现共赢的保证，同时，规则也不是一成不变的，应该根据情况适时进行修改，使各方的利益都能够兼顾。

(四) 管理联盟成员企业

加盟企业的数量多少及其分布对于航空服务消费联盟能否成功地吸引大量旅客参与有着非常重要的作用。数量众多的加盟企业一方面可以产生大量的积分，另一方面方便旅客兑换消费积分，为旅客提供了大量的积分消费选择机会。联盟企业分散在不同的地区和不同的行业，每天都有大量的数据需要传输和处理，给联盟的管理带来了巨大的挑战，联盟只有借助计算机，有线、无线互联网络等现代化的信息技术手段及具有很强专业技术实力的运营服务提供商建立的综合信息管理平台系统，才能保证联盟的正常运作。

(五) 进行积分交易

旅客拥有消费卡后，航空公司或加盟企业提供的商品或服务即获得相应的积分，当积分数达到积分规则规定的数量后，旅客就可以进行积分消费。消费一般限于联盟企业提供的赠品或优惠，消费积分后，得到积分的企业通过信息管理系统与提供积分的企业按照积分规则划转资金或实物。

资料链接 8-2

"天合联盟"知多少：联盟背景及现有成员

2000 年 6 月 22 日，美国达美航空公司、法国航空公司及大韩航空有限公司、墨西哥国际航空公司宣布共同组建"天合联盟"。作为世界三大航空联盟之一，目前天合联盟共拥有 18 家成员公司、2644 个干线机队，每天运营航班约 15 000 余架次，通达 186 个国家和地区的 993 个目的地，年旅客吞吐量达到 5.37 亿人次。2012 年 11 月 21 日，厦门航空有限公司成为天合联盟第 19 个成员航空公司。

航空联盟的概念源自更早以前就存在于民用航空业界的班号共享与延远航线代理制度。班号共用令航空公司间在很大程度上实现了无缝连接。1997 年，美国联合航空公司与汉莎航空公司、加拿大航空公司、北欧航空公司、泰国国际航空公司宣布正式成立星空联盟。这导致了其竞争对手必须组合在一起，并成立其他联盟，以对抗星空联盟。1999 年，寰宇一家成立；2000 年，天合联盟宣布成立。

世界三大航空联盟在市场上各有优势，星空联盟主要占据着亚洲、欧洲和南美市场，寰宇一家则在大西洋地区拥有相当优势，天合联盟主要在北美地区"称霸"，随着东航和华航的加入，天合联盟在我国的优势得以强化。

天合联盟成员将从联盟中获益，获得更高的品牌认知，提高市场定位，增加更多航点，降低运营成本，改善旅客服务及知识共享。

品牌认知：通过联盟网络，航空公司将服务更多旅客，使品牌得到推广，同时提高联盟在全球的影响力，提高品牌认知。

航线网络：天合联盟每日经营着 15 000 多个航班，旅客将能借助联盟的网络迅速无缝隙中转到达世界 186 个国家和地区的 993 个目的地。

旅客服务：天合优享、无缝中转等。

成本削减：成员将共用机场值机、售票点；共用机场人员及设备，降低地面运营成本；优化候机室，打造天合专有休息室等。

知识共享：成员间分享好的经验，信息共享，尤其是涉及安全、旅客服务、运营效率等。

（资料来源：http://www.caacca.org/rdgz/jqrd/201211/t20121121_3627.html.）

三、航空服务消费联盟的优势

（一）协同运作，利益共体，有利于企业间建立一种长期稳定的合作关系

在当前市场竞争加剧、市场需求多变的营销环境下，企业必须与供应商、分销商、消费者甚至竞争对手进行有效的合作，才能获得长期、稳定的发展，获得"1+1＞2"的协同效应。消费联盟是以企业结盟方式为基础的，不同企业间通过签订结盟协议，共同开拓市场，能使企业间建立一种长期稳定的协作关系，做到优势互补、共同发展。它改变了当前企业间关系松散、各自为"战"的状况。对同行业企业来说，它能避免同业间为争夺市场而进行的"价格战"等恶性竞争，通过共同制定销售政策，促使同业竞争良性发展；对不同行业企业来说，它能实现营销要素的优势互补，发挥联盟的多功能综合优势。战略管理学认为，当两个或两个以上的要素有机组合在一起，其所发挥的功能总和大于各要素简单的代数之和时，就出现了协同效应。消费联盟倡导企业间的有机合作，共同的利益使大家走到一起。企业联手不仅是营销档次的升华，也是扩充本身竞争力的有效手段，符合21世纪企业发展的新趋势。

（二）利益回馈，有利于建立一批忠实的消费者群体

当今社会，企业营销的最大困难是顾客忠诚度日益下降。企业很难建立一支稳定的、忠诚的消费者群。而稳定的、忠诚的消费者群恰恰又是企业获得稳定的利润的关键。广告信息量的"爆炸"和消费者固有的"喜新厌旧"心理使企业很难锁定目标消费者。而要锁定目标消费者，就要长期地、源源不断地给他们回馈利益，这是维系企业与消费者"天长地久"关系的关键，正如一位社会学家所说的："世界上没有永远的朋友，也没有永远的敌人，只有永远的利益。"传统的营销方式虽然也强调维护消费者的利益，但很少有稳定的、制度化的保证，如果竞争对手用较低的价格进行销售，或用类似的技术解决顾客的问题，则消费者很少可能成为转换品牌的游离分子。而消费联盟则是联盟企业通过消费者的重复消费累计消费积分，将过去由中间商瓜分的利润用制度化的方式直接回馈给消费者。而且，由于消费联盟实行的是生产、消费、销售、服务一体化，杜绝了仿冒和不公平行为，还可以使消费者获得超值的品质和服务利益。消费者持卡消费越多，其得到的利益回报也将越丰厚。广告不再是强有力的竞争"武器"，竞争对手很难用煽动性的广告语来破坏企业与消费者之间结成的"利益共同体"，从而保证了顾客群的稳定性。

（三）资源共享，有利于节省营销费用

在当今社会，企业营销的优势在于是否能用较低的代价获取更多的、有效的营销资源。企业的营销资源越丰富，其市场营销的效率就越高，营销成本则越低。传统营销的一大弊端就是缺乏一种营销资源共享的观念与机制，企业间相互封闭，缺乏资源的交流，以致营

销费用节节攀升。消费联盟的资源共享是多方面的。如前所述，消费联盟是由两个网络构成的：消费网络和行销网络。其中，消费网络的消费卡持有者是结盟企业彼此拥有的最大的"共享资源"。由于利益的驱动，消费网络不仅稳定，而且会不断扩张。众所周知，顾客群越稳定，购买的回头率越高，则营销费用越低。因为开发一个新顾客比维持一个老顾客需要高若干倍的费用与时间。而消费联盟维持老顾客的费用，又比一般市场营销方式的维持费用更低；同时，由于企业结盟，企业间联手开拓市场，其平均平摊的费用比单体企业开拓市场的费用低很多。另外，企业结盟后，不同企业间可以在资信、技术、信息、管理、渠道等方面进行相互沟通和交流，亦能形成共享资源，从而节省大量市场调研、产品开发、渠道开拓和促销等方面的费用，实现以小博大。

（四）产、销合一，有利于提高营销效率

不同的营销方式有不同的适用条件，产生不同的营销效率。在当今消费节奏不断加快、消费个性化趋势日益明显的情况下，营销方式的设计必须加强产、销直接联系，改变渠道成员之间松散的结构模式，从而提高营销的整体效率。可以说，"产、销合一"是21世纪营销的大趋势。而消费联盟所倡导的正是厂商与消费者的直接联盟，它不仅将传统营销方式中由中间商瓜分的利润直接回馈给消费者，从而建立了产、销之间的利益联系，结成利益共同体，而且它还为产、消之间架起了一条双向沟通的桥梁，加强了产、销之间的情感联系和信息交流，双方相互认同、紧密合作，联手构筑了一道防御竞争对手"侵略"的壁垒，形成了一个产、销共生双赢的良性局面，从而提高了营销效率。

实训项目 8-2

【实训主题】以国内某一航空公司为切入点，了解航空公司消费联盟的运作模式与现状。
【实训目的】了解航空服务消费联盟的运作模式。
【实训形式】实地考察或查找资料。
【实训步骤】①组织学生；②请航空公司的工作人员讲解或查资料；③实训汇报。
【实训评价】教师评价、学生评价、自评。

第三节 航空服务个性化营销

一、个性化营销的概念

个性化营销最简单的理解就是量体裁衣。具体来说，就是企业面向消费者，直接服务于顾客，并按照顾客的特殊要求制作个性化产品的新型营销方式。个性化营销在观念上充分关注每个顾客的独一无二的个性，并以国际互联网等信息技术为支持，识别每个顾客的个性化需要，并相应做出各种营销反应。它避开了中间环节，注重产品设计创新、服务管理、企业资源的整合经营效率，实现了市场的快速形成和裂变发展，是企业制胜的有力武器。特别是随着信息技术的发展，个性化营销的重要性日益凸显。

二、航空服务个性化营销的具体内容

由于服务的特点，航空服务产品有别于传统的有形产品。它既包括航空公司运用飞机实现旅客或者货物的空间位移，也包括在这个过程中提供的有形或者无形的服务。其中，有形服务包括飞机机型、客舱设施、机餐等；无形服务包括服务方式、服务形象、服务流程等。航空服务个性化需求包括个性化的产品和个性化的服务；是指营销者利用各种沟通手段与顾客进行沟通，充分了解顾客的个人特点，如年龄、身份、职业、品味等及过去的购买行为和购买偏好等因素，因人而异地提供独特的产品和针对性服务。

（一）个性化的产品

产品市场的变幻使产品的角色发生转换：由性能化至个性化。一是产品的外延与内涵发生巨大的变化。从产品的外延看，不仅传统的农产品、工业品成为商品，而且知识、服务、信息、艺术及技术等都有了价值，无形产品逐渐占据消费者的选择视野。从产品的内涵看，无形产品成为产品的核心要素，衡量产品价值的标准产生了变化，即由传统的以物质为基础转为以知识、审美等附加值含量为基础进行衡量。消费者基本表现为追求纯粹个性化的选择方式，根据产品是否符合自己的生活方式，或者产品是否代表一种激动人心的新概念—— 一种值得向往的体验来选择，他们要的是在得到优异的质量的基础上全面释放自我个性的方案。

航空服务个性化营销的核心就是要满足消费者张扬个性的内在需求，从消费者的视角出发定义自己的产品。因此，航空公司必须建立相应的产品策略。首先要建立一个数据库。掌握消费者独一无二的个性化信息，包括姓名、职业、教育程度、住址、电话号码或银行账户等客观存在。更重要的是搜集包括消费者价值取向、日常生活习惯、个性偏好等尽可能多的信息资料。细节部分要留意企业与消费者发生的每一次联系，如购买的方式、特色、数量、价格、特定的需要等，这些均为航空服务产品开发的前提。其次，使消费者参与开发个性化产品。消费者根据自己的个性需求自行设计、改进。

（二）个性化的服务

个性化的服务，也叫定制服务，就是按照顾客特别是一般消费者的要求提供的特定服务。个性化服务包括三个方面：服务时空的个性化，即在人们希望的时间和希望的地点得到服务；服务方式的个性化，即根据个人爱好或特色来进行服务；服务内容个性化，服务内容不再是千篇一律、千人一面，而是各取所需、各得其所。

航空服务个性化定制服务

近年来航空服务业个性化定制服务悄然兴起。高端旅客，如金银卡旅客、头等舱旅客、公务舱旅客和要客更关注和青睐有针对性的个性化服务，而不满足于当前单一、生硬的标准化服务。旅客层次越高，个人价值主张越明显。航空公司如何为此类旅客设计量身定制的高端服务，成为能否引领潮流的关键因素。在服务投入上，或者在许多点的改进方面，包括东航加入天合联盟和 SKYrRAX 星级提升方面，公司整体的学习能力都很强、很快，但核心在哪里？针对个体的差异而提供不同服务，这是服务业的整体发展潮流。第一，基于价值的个性化服务，不同消费者群对企业有不同的价值，因此在层次感上一定要拉开差距，使 20% 的消费者感受到 80% 的服务。第二，基于事件的个性化服务，每一个旅客在与东航合作的过程中，发生了哪些事，东航要通过事件管理进行个性化服务，缩短公司与旅客之间的距离，而现在公司基本没有事前的服务，只有事后的处理。管家式的服务是基于两者之间的了解，这就是基于事件的个性化服务。例如，上次某旅客乘坐东航航班开心了，或者不开心了，企业在下一次服务中可以强化他的喜悦感受，或通过努力减少他的不满感受。第三，基于个性偏好的个性化服务，要了解旅客喜欢什么、不喜欢什么，在各个接触点因人而异推出不同的服务。现在东航也在推进一些相关的服务。例如，"东方尊享"服务使很多高端旅客很满意，但是针对旅客文化、传统的差异，服务也应该差异化。东航同本站站长就曾提出，同本航线不适宜推广"东方尊享"服务。因为同本人性格偏保守，不喜欢成为公众视线的聚焦点。个性化服务的最终目的是将适应旅客需求的资源配送到各服务接触点，其难点在于前期的旅客偏好收集和将信息推送到最终服务接触点的有效渠道选择。

个性化营销把对人的关注、人的个性释放及人的个性需求的满足推到空前中心的地位，企业与市场逐步建立一种新型关系，建立消费者个人数据库和信息档案，与消费者建立更为个人化的联系，及时地了解市场动向和顾客需求，向顾客提供一种个人化的销售和服务。顾客根据需求提出商品性能要求，企业尽可能按顾客要求进行生产，迎合消费者个别需求和品味，并应用信息，采用灵活战略适时地加以调整，以生产者与消费者之间的协调合作来提高竞争力，以多品种、中小批量混合生产取代过去的大批量生产。这有利于节省中间环节，降低销售成本。不仅如此，由于社会生产计划性增强，资源配置接近最优，商业出现"零库存"管理，节约了企业的库存成本。销售者可以混合多种战略，一些战略针对相对较大的细分市场，另外一些针对深度定位市场。其中一部分业务将个性化，其目标消费者群将被细分为以单个人为单位，建立一对一的关系。

(资料来源：刘敏 .2013. 东方航空服务营销战略转型 .)

三、航空服务个性化营销策略

（一）促销策略

一是充分发挥传统的广告、人员推销、营业推广、公共关系等促销手段的作用，在宣传中要突出企业生产的弹性化，能满足不同消费者的个性化需求。二是通过互联网这一信息通道进行产品、企业信息的传播，要注意追踪每一位顾客，分别与之进行沟通，除将必要的信息传递给每一位特定的顾客外，还要搜集顾客的需求信息。三是特别介绍企业为顾客提供个性化服务的能力，在售前、售中、售后，只要消费者有特殊要求均可满足，以赢得每一位顾客的忠诚。

（二）价格策略

由于消费者的需求趋于个性化，因此企业要改变传统的单一定价策略，利用计算机技术和信息技术，以需求为导向，根据不同的消费需求和价格弹性分别定价。要注意运用以下策略：一是理解价值定价策略；二是差别定价策略；三是声望定价策略。

（三）产品策略

产品策略即指企业能提供什么样的产品和服务满足消费者的要求。产品策略是企业为了在激烈的市场竞争中获得优势，在生产、销售产品时所运用的一系列措施和手段，包括产品定位策略、产品组合策略、产品差异化策略、新产品开发策略、品牌策略及产品的生命周期运用策略。航空个性化营销产品策略要满足消费者的个性化需求。首先，建立"顾客库"。掌握顾客的姓名、职业、教育程度、住址、电话号码或银行账号，搜集包括顾客习惯、偏好在内的所有尽可能多的信息资料，还要注意记录企业与顾客发生的每一次联系。例如，顾客购买的方式、数量、价格、特定的需要、家庭成员的姓名和生日等，这些均为产品开发的前提。其次，开发个性产品。航空公司可以按照以下方式进行：消费者根据自己需求提出产品性能要求；航空公司设计产品，包括航班、机型、客舱服务、候机室服务、行李服务、离机服务等，产品形式尽可能多，供消费者在这个范围内自己选择，挑选出最适合自己的。

（四）渠道策略

由于产品的个性化，航空公司可采取前向一体化的策略，绕过中介直接面向消费者，从而更快、更方便地满足消费者的需求。可运用以下策略：一是渠道结构扁平化；二是渠道终端个性化；三是渠道关系互动化。

实训项目 8-3

【实训主题】了解航空服务个性化营销。

【实训目的】熟悉航空服务个性化营销的内容和策略。

【实训形式】小组活动，3～5人为一小组。

【实训步骤】选择一家航空企业，进行小组讨论，为航空企业确定个性化营销步骤方案，实训汇报。

【实训评价】教师评价、其他小组成员评价、自评。

第四节　航空服务整合营销

一、整合营销的概念

整合营销是一种对各种营销工具和手段的系统化结合，根据环境进行即时性的动态修正，以使交换双方在交互中实现价值增值的营销理念与方法。

整合就是把各个独立的营销综合成一个整体，以产生协同效应。这些独立的营销工作包括广告、直接营销、销售促进、人员推销、包装、事件、赞助和消费者服务等。战略性地审视整合营销体系、行业、产品及消费者，从而制定出符合企业实际情况的整合营销策略。同时，整合营销以消费者为核心，重组企业行为和市场行为。综合协调地使用各种形式的传播方式，以统一的目标和统一的传播形象，传递一致的产品信息，实现与消费者的双向沟通，迅速树立产品品牌在消费者心目中的地位，建立产品品牌与消费者长期密切的关系，更有效地达到广告传播和产品行销的目的。

二、航空服务整合营销的主题

（一）对目标市场进行市场定位

整合营销最重要的主题是关于目标市场是否更有针对性的争论。营销不是针对普通消费的大多数人，而是针对定制消费的较少部分的人。"量体裁衣"的做法使得满足消费者需求的目标最大化。但是"量体裁衣"很容易被认为是"给每一位个体消费者一份独特的产品"，从而忽略了产品品牌的其他诉求，影响品牌被其他人群认知和分享。可以说，"量体裁衣"是不完整的，也不是最理想的营销手段。整合营销设定的目标是，对消费者的需求反应最优化，把精力浪费降至最低。在这个意义上才能得到理想的营销哲学：营销需要综合考虑更多的目标消费者的点滴需求。

1. 区域定位

区域定位是指企业在进行营销策略时，应当为产品确立要进入的市场区域，即确定该产品是进入国际市场、全国市场，还是在某市场、某地等。只有找准了自己的市场，才会使企业的营销计划获取成功。例如，北京、上海和深圳作为经济发达地区，高端消费者相对国内其他区域较多，许多消费者对票价的敏感度相对较低，更看重的是乘坐的舒适度和附加的服务。因此，在这样的市场上，相同时刻的航班要取得竞争优势，就需要在服务方面下功夫，如提高航班的准点率、丰富机上娱乐设施、提供丰盛的航空餐食、整体提升乘坐的服务体验等，这样才能得到高端旅客的青睐，在高舱销售方面取得良好的成绩。而对于一些收入水平较低的地区，在消费者对票价的敏感度较高的情况下，航空公司应该从降低航班成本、提供优惠票价以吸引客源提高客座率的方法来抢占市场份额。

2. 阶层定位

每个社会都包含许多社会阶层，不同的阶层有不同的消费特点和消费需求，航空服务产品究竟面向什么阶层，是航空公司在选择目标市场时应考虑的问题。根据不同的标准，可以对社会上的人进行不同的阶层划分。例如，按知识划分，就有高知阶层、中知阶层和低知阶层。进行阶层定位，就是要牢牢把握住某一阶层的需求特点，从营销的各个层面上满足他们的需求。

3. 职业定位

职业定位是指企业在制定营销策略时要考虑将产品或劳务销售给什么职业的人。例如，将饲料销售给农民及养殖户，将文具销售给学生，这是非常明显的，而真正能产生营销效益的往往是那些不明显的、不易被察觉的定位。不同的职业往往决定了消费者的收入水平，从而影响了消费者的需求。

4. 个性定位

个性定位是考虑把企业的产品如何销售给那些具有特殊个性的人。这时，选择一部分具有相同个性的人作为自己的定位目标，针对他们的爱好实施营销策略，可以取得最佳的营销效果。例如，航空公司就可以把消费者划分为追求乘坐舒适度的高端旅行者、高端商务旅客、价格敏感性的旅客、背包族、实用型的旅客等，从而制定不同的营销策略。

5. 年龄定位

在制定营销策略时，企业还要考虑销售对象的年龄问题。不同年龄段的人，有自己不同的需求特点，只有充分考虑到这些特点，满足不同消费者的需求，才能够赢得消费者。例如，不同年龄阶段的消费者乘坐飞机的频率不同，对航空产品的需求也不同。年轻的消费者出行考虑的主要是经济因素，看中的是机票的价格，而年长的消费者看中的是乘坐的舒适度和安全性。

（二）建立消费者数据库

整合营销应该和消费者本身有关，也就是需要全面地观察消费者。消费者的消费是航空公司利润的来源。只有充分了解消费者的需求和习惯，才有可能为其提供满意和惊喜的服务，继而产生较高的消费者忠诚度，引导其重复和多次消费，为航空公司的创造效益。因此，建立完善的消费者数据库非常重要。完善的消费者数据库需要有顾客和潜在顾客的名单及关于每一个顾客的营销数据，包括历史的和预测的，顾客的姓名、住址、购买的产品和次数、对促销产品的反应等消费行为信息都应包含在内。通过对消费者数据库中数据信息进行挖掘和分析，可以细分消费者的类别，根据不同类别的消费者采取针对性的营销策略，从而大大提高营销工作的有效性和准确性。在满足消费者个性化需求的同时也提高了其对航空公司服务的满意度和忠诚度。

（三）增加与消费者的接触点

整合营销必须考虑到如何与消费者沟通。消费者和品牌之间有更多的"联络点"或"接触点"，这不是单靠媒介宣传所能达到的。消费者在使用产品时对产品有更深的了解、打开包装见到产品时、拨打销售电话都是一种沟通方式，消费者之间相互交谈也产生了"病毒传播"般的销售机会。进入网络营销时代，营销的方式变得更加多元化，微博营销、微信营销、微电影营销、社交媒体营销等新的营销方式层出不穷，给企业增加了很多与客户的接触机会。航空公司更应抓住这个媒体大发展的机遇，通过各种新兴媒体提高和增加公司的知名度、影响力，传播自己的企业文化，推广自己的航线产品，与客户进行交互式沟通，增强公司的美誉度，让客户为航空公司进行口碑营销，树立具有航空公司特色的品牌形象。

三、航空服务整合营销的内容

整合营销是一种在满足顾客需求的同时，最大程度地实现企业目标的双赢营销模式。一方面，企业从 4C [consumer（消费者）、cost（成本）、convenience（便利）和 communication（沟通）] 理论出发，按照消费者的需求和欲望开发和提供合适的产品，在顾客愿意付出的成本内确定产品价格，以为顾客提供购物便利为依据进行分销，并持续一致地与顾客保持双向沟通；另一方面，企业还是一个营利组织，有生存、发展及利润等目标。企业要想在满足顾客需求的同时实现企业目标，必须借助于整合营销，把企业战略、营销战略和沟通战略联结和协调起来，把顾客利益、顾客需求转化为企业利益和企业目标，实现顾客和企业的双赢。

（一）营销战略整合

整合营销观念认为，企业的所有部门都要为"满足顾客需要"而工作，同时，企业的所有部门不仅仅要考虑顾客利益，还要考虑企业利益。通过整合营销，可以实现二者的统一，形成持久的竞争优势。整合营销观念把企业的营销由策略层次提升到战略层次，从而提出了业务整合和系统规划的必要性。营销战略整合理论把营销的视角分为三个层次：企业层次、营销层次、营销沟通层次，相应地有企业战略、营销战略、沟通战略。

（二）营销工具整合

营销战略必须通过具体的营销方案来实施，其内容就是实现营销资源在各种营销工具之间的分配，达到效益最大化。营销工具主要包括产品、价格、分销和促销（沟通）。营销工具整合的内容包括营销组合要素之间的整合，营销组合中每一要素的内部整合。

（三）营销沟通整合

营销沟通面临的主要问题是如何以最低成本取得一定沟通效果？如何以一定成本取得最大沟通效果？为此，必须对各种沟通工具进行研究。航空服务整合营销沟通工具主要包括广告、促销、直销宣传与公关赞助、展会、电子营销、体验营销等。通过各种沟通工具的协调运用，达到协同效果。

四、航空服务整合营销传播的主要途径

航空服务消费者接收信息的渠道越来越多，这些渠道是消费者了解航空公司的途径，主要包括电视广告、报纸广告、亲朋介绍、售票处介绍、旅行社介绍、杂志广告、售点广告、电台广告、宣传单、户外广告、个人体验、电话簿/114查询、新闻、飞机上的宣传、网络广告/介绍、展会、国际调查报告等。在这些信息渠道中，广告的作用自然很大，但是其他信息渠道也不能忽视。整合营销的过程是综合运用多种传播渠道，传递一致的信息给消费者的过程，使消费者对航空公司有清晰一致的认识，实现公司品牌与消费者之间的良好沟通。并且由于通过不同渠道获得同样的信息，会加深消费者对信息的信赖程度。航空服务整合营销传播途径见图8-1。

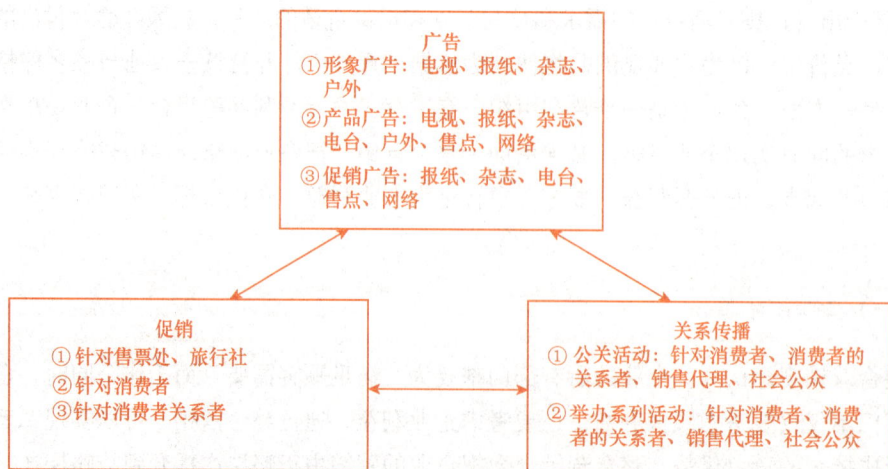

图 8-1　航空服务整合营销传播途径

实训项目 8-4

【实训主题】以国内一家航空公司为例，分析其目标市场的市场定位与细分策略。

【实训目的】理解航空服务整合营销的主题与内容。

【实训形式】小组活动，5~7人为一小组。

【实训步骤】以小组为单位汇报分析结果，讨论、比较航空公司的市场定位与细分策略，从而理解航空服务整合营销的主题与内容。

【实训评价】教师评价、其他小组成员评价、自评。

思考与练习

一、案例分析题

在做出游计划时喜欢先尝试刷一下亚航特价机票的人，应该向托尼·费尔南德斯借一点"运气"：他在2001年收购亚航时抢到了超级特价——1林吉特（当时约合0.26美元）。

费尔南德斯之前有着不错的职业经理人履历，曾担任过华纳唱片集团马来西亚地区的总经理，但亚航那时却无人看好，作为一家马来西亚国有公司，自1996年开始运营之后就陷入了经营困境。费尔南德斯接盘并出任CEO之后，亚航推出的网络订位、无机票、准点保证、免付燃油附加费、免除行政杂费等一系列低成本运营举措使其迅速赢得了看重价格的客户群。美国《商业周刊》将"亚洲之星"奖项颁发给他，并如此评价：他领导的团队正在推动着整个东南亚民航政策发生变化。这些企业家们寻求与众不同的变革，使亚洲成为世界最具活力的经济区。

对比国际上那些传统航空巨头，这家马来西亚公司完全不具备崛起的空间。尤其对比欧洲、美国，亚洲航空市场有着天然的劣势。欧美主要国家对于增加飞行目的地和航班次数几乎没有限制，这让那些航空巨头公司在崛起时能够迅速抢占地盘。与此同时，大的航空公司基本是以本国市场为基地，在获得稳定的本土市场增长之后再进行国际扩张，马来西亚本国市场却无法给亚航带来这样的发展基础。

但亚航仅用十年时间就完成了颠覆。不仅在2011年的总载客量达到3千万人次，并且让这一数据保持着10%左右的年增速增长。即便在高油价的冲击之下，2012年亚航第三季度的净利润仍上涨3.6%，而此时欧美的航空巨头却陷入了亏损"泥潭"。

1. 时间就是金钱

成立泰国亚洲航空子公司是亚航的关键一步，随后它又将其扩张势力伸向印度尼西亚、菲律宾、日本等地。更为重要的是在2007年，亚航成立了世界范围内首家真正意义上的低成本长途公司亚航X，其目标是通达世界上任何一个飞行时间在4小时以上的站点。

对于长途航线的开通，初期行业内普遍持怀疑态度，但亚航X却在不到6个月的时间内，让现金流达到了完美的上升态势，在第一年即销售了4亿马币，并在2008年年底获得较大收益。截至2011年年底，亚航长途机队规模发展到11架，收益和旅客价值翻了三倍达到7.5亿马币，游客数量超过100万人次。

根据悉尼的咨询机构亚太航空中心的一份调查资料显示，亚航任何一条航线的单位成本（总成本除以每公里座位数）在全世界都是最低的。这一点令低成本航空公司的美国西南航空公司都对其刮目相看。以亚航X为例，它的单位成本约为2.9美分，而这其中1.3美分是燃料成本，而大部分的航空公司的单位成本为8美分，燃油成本则是3美分。

作为目前亚洲规模最大的低成本航空公司，它依旧是东南亚一批廉价航空公司争相效仿的对象，如新加坡的捷星亚航、菲律宾的宿务太平洋航空以及印度尼西亚的雄狮航空。它们学习的不仅包括如何有效地控制成本，还有亚航布局航线的思路，以及独特的品牌和市场营销方式。

按照费尔南德斯的思路，小到舱内灯泡的度数、开关灯时间及安装座椅用多少个铆钉这类微不足道的设计成本，在亚航也是一件非常值得重视的事情。飞行员更是有一套规范化的"省油"操作规程。

对于亚航来说，节省时间就是节省成本的一大秘诀。传统航空公司的飞机使用率只有50%，也就是说每天只飞12个小时，而亚航长途充分利用飞机的闲置时间，一天可以飞行16~17个小时。亚航25分钟的转场时间也创造了本地区最快的停站记录。

如何做到飞行时间更长的同时依然保留相同的飞机维护和检查时间？首先，亚航主要使用空客320，而亚航X统一使用空客330宽体客机，统一机型的使用可以大幅度降低飞机维护、零配件更换及空勤人员培训的费用。而且在亚航的飞机降落后，经常可以看到机组人员主动留下来帮助打扫机舱，同时行李也是集装打包，这些细节都能加快转场时间，从而节省时间成本。

2. 飞得更高

低成本并不代表廉价和低水准，也不意味着服务打折。"低成本运营使航空公司降低不必要的开支，依照按需索取的原则，旅客可根据自己的需要选择并购买特定的服务项目，旅客最大的受益就是大大降低出行成本。"亚航首席执行官阿兹兰·奥斯曼·瑞尼说。

事实证明，阿兹兰与费尔南德斯一样，同样是一位思维活跃，为亚航不断带来创新尝试的领导者。这些非航空专业领域出身的CEO赋予了亚航更多的灵感。例如，乘客在购买亚航的机票时，可以选择支付少额的押金，获取占据三个位置的权利，而当飞机上的座位没有全部售出时就可以付一个人的机票价格，享受三个位置的宽敞空间。

一改往日人们对于廉价航空低端服务的印象，费尔南德斯要求每一名员工都是多面手。例如，空姐要会迅捷地清洁机舱、讲笑话、有幽默感，这似乎与美国西南航空公司有异曲同工之妙。

不仅如此，传统的低成本航空公司都是全经济舱设置，但亚航的飞机上却拥有相当于传统航空公司商务舱的"平躺床"。因为阿兹兰认为，对于乘客而言，机场豪华的休息室可能并不重要，而是在飞行过程中能够睡觉。

这些崭新的尝试都让亚航如同它鲜艳的红色机身一样从众多航空公司里"脱颖而出"。当然也可以说，它赶上了一个好时代。例如，经济不景气带动低成本航空市场的繁荣，东南亚旅游业不断发展下引来的庞大背包客人群。

对于低成本航空公司来说，在航线布局时，进入一线城市并不一定是明智之举。亚航起初遵循的是"中型城市、非枢纽机场"的原则，注重开发和培养大型航空公司所忽略的航线市场。用费尔南德斯的话讲："我们飞的地方并不是热点航线，而是那些交通不便，从来没有航空公司飞过的航线。"这样的确能省去一笔不菲的机场起降费。

亚航在航线布局规划时也能不断提高飞机的使用率，从而降低成本。例如，亚航在设计航线时，能从北京飞到吉隆坡，再接着从吉隆坡飞往下一个城市。当然这样做的代价可能是需要旅客牺牲自己的睡眠时间。传统航空通常依靠头等舱、商务舱的客人来赚钱，这些客人往往不愿意牺牲自己的时间来配合航空公司，而亚航没有这样的困扰，因为那些对价格比较、敏感愿意凌晨来机场登机的旅客们正是亚航的主力消费群。

亚航将传统航空公司烦琐、豪华、奢侈的运营模式进行创新和简化，同时根据乘客需求开发出更多非航运盈利项目，从而增加收入。除了机票收入外，亚航 X 的非航收入的比例就占到总收入的 20%，包括行李托运、机上销售等众多项目。

费尔南德斯曾经指出，亚航身处东南亚这个庞大市场，加上印度和中国，以及其他能够争取的重要市场，那么亚航就可以轻易地将市场规模扩大数十亿人甚至更多。亚航的广告语说："现在人人都能飞"。换个角度看，这数十亿人都在亚航的营销计划之内。

（资料来源：http://www.gemag.com.cn/14/31493_1.html.）

【问题】

1. 述亚航主要采取了哪些新的营销手段？

2. 亚航突破困境，取得成功的案例给我们带来什么启示？

二、简答题

1. 简述航空服务网络营销的模式。
2. 简述网络营销的职能。
3. 简述航空服务消费联盟运作方式。
4. 简述航空服务个性化营销的具体内容。
5. 简述航空服务整合营销传播的主要途径。

三、论述题

在新形势下，国内航空公司可以采取哪些新的营销手段，提升自身的竞争力？试分析每种营销手段的优势与不足。

参 考 文 献

藏锋者. 2013. 网络营销实战指导：知识 策略 案例. 2 版. 北京：中国铁道出版社.

菲利普·科特勒，等. 2012. 营销管理. 14 版. 王永贵，等译. 北京：中国人民大学出版社.

高飞. 2010. 现代企业管理学. 北京：中国社会出版社.

管永胜. 2011. 网络营销的 6 个关键策略. 北京：中国物资出版社.

黄蕾，周建设. 2010. 航空服务营销. 武汉：武汉理工大学出版社.

霍金斯，等. 2007. 消费者行为学. 10 版. 符国群，等译. 北京：机械工业出版社.

荆建林. 2008. 经典营销. 北京：北京高教音像出版.

肖凭. 2014. 新媒体营销. 北京：北京大学出版社.

马广岭，韩奋畴. 2014. 民航市场营销. 北京：国防工业出版社.

马涛. 2014. 电话营销口才训练与实用技巧. 北京：海潮出版社.

乔梁. 2011. 超级销售口才实战训练. 北京：中国纺织出版社.

邱华. 2010. 服务营销. 2 版. 北京：科学出版社.

汪泓，等. 2013. 机场运营管理. 北京：清华大学出版社.

王宝玲. 2012. 超级销售口才训练方法. 北京：中国纺织出版社.

王巡. 2013. 航空客户消费行为分析与航班优化研究. 成都：西南交通大学.

吴健安. 2005. 市场营销学. 北京：高等教育出版社.

魏埙. 1991. 现代西方经济学教程. 天津：南开大学出版社.

邢桂平. 2010. 礼仪就这么简单. 北京：北京工业大学出版社.

张安民，许宏良，等. 2005. 中国航空货运. 北京：航空工业出版社.

郑兴无. 2001. WTO 与航空运输业的开放：兼论 APEC 区域航空运输业的开放. 北京：经济管理出版社.

周嵘. 2010. 面对面顾问式实战销售. 南京：凤凰出版社.

周思敏. 2010. 你的礼仪价值百万. 北京：中国纺织出版社.